중학 국어 독해 기본서

생각독해 I 미리보기

디딤돌 독해력

생각 읽기가 독해다!

생각독해 I

디딤돌

생각독해가 더 궁금하다면? 영상 가이드를 확인하세요!

생각독해?

우리가 무슨 생각을 하고 있는지
알 수 있겠어?

글쓴이의 생각읽기가 "생각독해"입니다.

1

수능국어, 여전히 어렵다

전문가들은 앞으로도 수능 변별 과목으로서의 국어 즉, '불국어'가 계속될 것으로 전망합니다.

수능에서 국어는 단어나 문장 하나 쉽게 읽고 넘기기 어려울 정도로 지문의 밀도가 높고 **주제나 콘텐츠의 수준이 고차원적**입니다. 또한 이해력과 추론력, 논리력 등 종합적인 사고 능력을 요구하는 영역으로 바뀌어 가고 있기 때문에 단순히 줄거리 정도를 파악하는 수준이나 문제 풀이 중심의 유형화된 학습 방식으로는 대처가 어렵습니다.

[27~32] 다음 글을 읽고 물음에 답하시오.

16세기 전반에 서양에서 태양 중심설을 지구 중심설로 제시하며 시작된 천문
수리 과학의 발전을 통해 ~~도대체 뭐라는 거야?~~
다. 서양의 우주론 이 전파되자 중국에서는 중국과 서양
론을 회통하려는 시도가 전개되었고, 이 과정에서 자신
유산에 대한 관심이 제고되었다.
복잡한 문제를 단순화하여 푸는 수학적 전통을 이어
르니쿠스는 천체의 운행을 단순하게 기술할 방법을 찾

27. 다음은 윗글을 읽은 학생의 독서 기록 중 일부이
참고할 때, '점검 결과로 적절하지 않은 것은?

○읽기 계획: 1문단을 훑어보면서 뒷부분을 예측하고 질문
한 후, 글을 읽고 점검하기

예측 및 질문 내용	점검 결
~~오답률이 무려 81.7%라고?~~ 론에 태양 중심설과 지구 이 소개되어 있을 것이다.	예측과 같음
의 영향으로 변화된 중국의 되어 있을 것이다.	예측과 다름
○서양에서 태양 중심설을 제기한 사람은	질문의 답이

2

중등에서도 독해력은 중요하다

'독해력'은 국어뿐만 아니라 모든 교과의 성취도에 절대적인 영향력을 끼치는 기본 학습 능력이기에 매우 중요합니다. 특히나 중학교에 올라가면 독해력의 중요성을 더욱 실감하게 됩니다.

깊이 있는 사고, 세분화 · 전문화된 내용들, 개념어/전문어/한자어 등 어려운 어휘, 폭넓은 배경지식……

중등 교육과정에서의 독해력은 수능과 직접적으로 맞닿아 있습니다. 이 시기가 독해력을 키울 수 있는 적기이자 마지노선입니다.

어려워진, 그리고 바뀌게 될

여러 가지 학습 변수들……

하지만 요령이 아닌 '본질'은 변하지 않습니다.

결국 수능까지 이어지는 독해력의 핵심은

'글'을 통한 '생각읽기'입니다.

생각을 만나는

'글'을 통해 하나의 주제로 다양한
영역의 생각들을 접한다

> 흠… 저러면 만점인데…
> 문제 출제하기 쉽지 않겠어!

"생각독해"가 곧 수능독해입니다.

생각을 생각하는

자연스럽게 배경지식을 넓히고
글의 내용을 구조화한다

3

미래형 교육도 독해가 기본이다

 핵심1 **교육 패러다임의 변화 – 고교학점제 전면 도입**

지난해 마이스터고에 도입된 고교학점제는 2025년부터 모든 고등학교에서 시행됩니다. 이에 따라 대입 제도도 개편되어 2024년에 공개될 예정입니다.

이러한 변화는 계열을 구분하기보다 융합적 사고와 역량을 키우도록 다양한 선택의 기회를 보장해 주자는 취지를 반영한 것입니다.

교육부 2022년 개정 교육과정 추진 계획 보도 자료 참고

 핵심2 **중학교 논술형 평가 확대 및 논·서술형 수능 도입 가능성**

단순 암기에서 벗어나 자기 주도적으로 새로운 지식과 가치를 창출할 수 있는 창의성과 협업 능력 양성을 위한 것입니다. 일반적으로 논술형 문제는 제시문에 대한 정확한 독해력을 바탕으로 자신의 지식을 논리적으로 풀어 낼 수 있어야 합니다. 여기서 더욱 중요한 것은 쓰기 능력보다 문제에서 요구하는 바를 정확히 찾아내는 독해력입니다.

글쓴이의 진짜 생각

?

최종적으로 출제자의 입장이 되어
글쓴이의 진짜 생각을 읽는다

독서와 독해를 한 번에!

다방면의 지식과 깊이 있는 내용의 지문들을 수록하여
독서를 통해서 얻을 수 있는
독해의 본질적 능력을 키울 수 있습니다.

수능과 미래형 교육과정에 필요한 독해력을 키우다!

고차원적이고 흥미로운 **빅 아이디어를 중심**으로 다양한 주제들의 글을 접하며
수능과 미래형 교육과정에서 요구하는 **종합적인 사고력, 독해력**을 키울 수 있습니다.

생각독해 !

글을 읽는 건 독서지만,

생각을 읽어 내는 건 독해입니다.

생각독해로 '진짜 독해'를 해 볼까요?

시작편

Big Idea
1. 호기심   2. 빅 퀘스천   3. 해프닝
4. 도구   5. 차이   6. 기원   7. 소멸

기본편

Big Idea
1. 발견   2. 빛   3. 아름다움
4. 힘   5. 신비   6. 라이벌   7. 존재

Big Idea
1. 욕망   2. 운동   3. 원리   4. 패러다임
5. 비밀   6. 본질   7. 상상

심화편

Big Idea
1. 즐거움   2. 위기   3. 선택
4. 효율   5. 아이러니   6. 공존   7. 한계

Big Idea
1. 소통   2. 균형   3. 변화   4. 수수께끼
5. 진화   6. 시스템   7. 미래

생각독해는 생각의 확장과 통합이 가능한
빅 아이디어로 구성되어 있어요. 빅 아이디어란
교과 지식뿐 아니라, 인문학에서도 주제를 선별,
이를 통합할 수 있는 대주제를 말합니다.

Contents

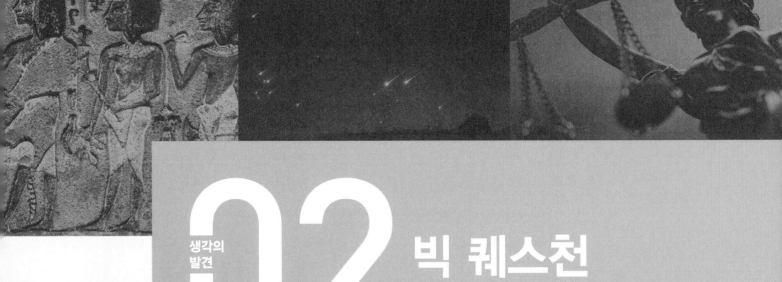

생각의
발견

02 빅 퀘스천

❶
빅 퀘스천을 말하다!

가끔 가다 한 번씩 '나는 왜 공부하지?', '나는 왜 살지?', '사후 세계는 진짜 있을까?'와 같은 질문을 해 볼 때가 있어요. 나 스스로도 대답을 못하지만, 사실 이런 질문들은 세상 그 누구도 속 시원하게 대답해 주지 못해요. 이렇게 쉽게 대답할 수도, 대답을 들을 수도 없는 커다란 질문들을 영어 그대로 '빅 퀘스천'이라고 해요. 그런데 '빅 퀘스천'을 던지기 시작한 것은 아주 오래되었고, 답을 찾고자 하는 질문도 다양해요. 어쩌면 이런 질문들은 던지는 것 자체로도 큰 의미가 있을 거예요. 그 답을 찾는 과정에서 우리 인류의 문명과 역사가 발전해 왔으니까요. 그럼, 어떤 '빅 퀘스천'들이 있었는지 알아볼까요?

단원을 여는 첫 장입니다. 이 단원의 주제인 '빅 퀘스천'에 대한 생각을 활짝 열어 보세요.
❶ 단원의 주제와 연관된 그림과 글을 보면서 주제에 관한 생각을 깨워 보세요.
❷ 하나의 주제로 다양한 영역에서는 어떤 생각들이 펼쳐지는지 6개의 **생각읽기**로 확인하세요.

사회에 정의가 꼭 필요할까

정의에 대한 질문

❷
Q 정의란 무엇인가요?

　　현대 사회에서 발생하는 다양한 윤리 문제는 어떤 관점을 취하느냐에 따라 그 원인과 해결 방안이 달라질 수 있다. ㉠개인 윤리 관점을 취할 경우, 개인의 잘못된 이기심과 비양심이 문제의 주요 원인이 된다. 그래서 도덕 판단 능력과 실천 의지, 습관, 이타성* 등 개인의 도덕성 함양이 문제의 해결 방안으로 제시된다. 그리고 도덕적인 사회 역시 개인의 도덕성 함양을 통해 구현될 수 있다고 본다.

　　그러나 현대 사회의 윤리 문제는 대부분 사회 구조나 제도와 깊은 관련이 있어 개인의 양심이나 도덕성의 회복만으로 해결하기에는 한계가 있다. 그래서 사회 구조와 제도의 차원에서 윤리 문제를 조망하고 해결책을 모색하는 ㉡사회 윤리가 등장하였다. 사회 윤리 관점에서는 개인의 도덕성 문제를 넘어 사회 구조와 제도의 부도덕함에 주목한다. 그래서 사회 구조와 제도에 내재된 부조리에 관심을 가지고 개인의 도덕성 함양과 더불어 사회 구조와 제도를 바로잡으려는 노력을 강조한다. 특히 니부어는 개인의 도덕성과 개인이 모인 집단의 도덕성을 구분하며, 집단이 개인에 비해 이기심을 조절하고 억제하는 힘이 현저히 떨어진다는 점을 지적하였다. 그리고 한 사회가 도덕적인 사회로 나아가기 위해서는 개인의 도덕성은 물론 사회의 도덕성을 함께 고양* 시켜야 한다고 주장하였다.

　　사회는 구성원 간에 협력을 이끌고 갈등을 조정하며 구성원 개인의 기본 권리를 보장하고 의무를 할당하기 위해 사회 구조와 제도를 필요로 한다. 이러한 사회 구조와 제도는 개인이나 집단이 서로 관계를 맺는 일정한 관계의 틀로 작용하면서 구성원들의 삶에 큰 영향을 미친다. 남녀 차별, 인종 차별, 신분 제도 등과 같은 불평등한 사회 구조와 제도가 구성원의 삶을 억압해 왔다는 것은 인류 역사를 통해 잘 드러난다. 그러므로 개인의 자유와 권리가 존중되고, 구성원 각자의 권리와 의무가 공정하게 분배되기 위해서는 무엇보다 사회 구조와 제도가 정의로워야 한다. 정의란 '같은 것은 같게, 다른 것은 다르게' 대우하는 것을 말한다. 정의의 의미는 잘못된 행위를 바로잡는 것, 다른 사람에게 피해를 준 만큼 보상하는 것, 각자의 몫을 정당하게 분배하는 것 등에서 찾아볼 수 있다. 오늘날에는 공정한 절차에 따라 자유와 평등이 조화롭게 실현된 상태를 정의의 의미로 이해하기도 한다. 정의롭지 못한 사회 구조와 제도는 구성원의 기본권을 침해하고, 개인 간이나 집단 간에 갈등을 일으키는 보이지 않는 원인이 되기도 한다. 이런 측면에서 사회 제도가 추구해야 할 제1 덕목으로 정의가 강조되는 것이다.

　　사회는 권리, 의무, 소득, 기회, 명예, 지위 등과 같이 한정된 재화를 놓고 벌어지는 구성원 간의 이해 갈등을 공정하게 중재할 수 있어야 한다. 그리고 구성원 각자가 자신의 몫을 정당하게 누릴 수 있도록 공정한 원칙과 기준을 적용해야 한다. 근로자는 마땅히 받아야 할 임금을, 학생은 마땅히 받아야 할 점수를, 범죄자는 마땅히 받아야 할 처벌을 받는 등 구성원 각자가 '응분*의 몫'을 받을 때 정의로운 사회로 나아갈 수 있을 것이다.

* 이타성: 자기의 이익보다는 다른 사람의 이익을 더 꾀하는 성질.
* 고양: 정신이나 기분 따위를 북돋워서 높임.
* 응분: 어떠한 분수나 정도에 알맞음.

③
0 이 글의 표제와 부제로 가장 적절한 것은 무엇인지 고르세요.

① 사회에 정의가 필요한 이유
　 – 사회 윤리를 중심으로　　　　　　　　　　　☐
② 사회에 정의가 필요한 이유
　 – 개인의 도덕성을 중심으로　　　　　　　　　☐
③ 사회에 정의가 필요한 이유
　 – 사회 구성원들의 갈등 양상을 중심으로　　　☐
④ 사회 정의의 실현 방법
　 – 개인의 양심과 도덕성 회복을 중심으로　　　☐
⑤ 사회 정의의 실현 방법
　 – 개인과 집단의 차이점을 중심으로　　　　　☐

NEWS

표제: 기사의 핵심 제목
부제: 표제를 보충하는 제목

표제는 기사의 핵심 제목이고,
부제는 보충하는 제목이야

본격적인 단원 학습이 시작되었습니다. '사회에 정의가 꼭 필요할까'라는 첫 번째 **생각읽기**입니다.
❶ 글의 내용을 함축하고 있는 **그림**을 통해 **생각읽기**에서 어떤 내용이 펼쳐질지 예측해 보세요.
❷ **주제와 관련된 질문인 Q**는 글을 읽을 때 그 방향의 길잡이가 되어 줍니다.
❸ **0번 문항**은 글의 주제를 관통하는 핵심 문제입니다. 참신한 유형의 문제들도 만날 수 있습니다.

1 **이 글을 읽고 답할 수 있는 질문이 아닌 것은 무엇인가요?**

① 윤리 문제를 해결하려면 무엇이 필요할까?

② 공정한 원칙과 기준은 누가 정해야 하는가?

③ 개인 윤리와 사회 윤리의 차이점은 무엇인가?

④ 사회 제도가 추구해야 할 제1 덕목은 무엇인가?

⑤ 정의롭지 못한 사회 구조와 제도는 어떤 결과를 불러오는가?

2 **이 글과 〈보기〉를 참고할 때, 니부어의 관점으로 볼 수 있는 것은 무엇인가요?**

┤보 기├

　　니부어는 개인의 도덕적 행위는 사회 집단의 도덕적 행위와 구별되어야 한다고 주장하였다. 그에 따르면 인간 집단은 개인에 비해 충동을 올바르게 인도하고 억제할 수 있는 이성과 자기 극복의 능력 그리고 타인의 욕구를 수용하는 능력이 훨씬 결여되어 있다. 개인들이 보여 주는 것에 비해 훨씬 심각한 이기주의가 모든 집단에서 나타나고, 이러한 집단의 이기심은 피할 수 없는 것처럼 보인다. 따라서 사회적 갈등은 도덕적 권고만으로 해결하는 데 한계가 있으며, 사회 구조와 제도 차원에서 사회 정의의 실현을 통해 극복할 수 있다. 그는 개인이 이타성 함양을 통해 도덕적인 인간으로 성장하고, 사회는 사회 구조와 제도 면에서 정의를 지향할 때 도덕적인 사회로 나아갈 수 있다고 보았다.

① 개인의 도덕성은 집단의 도덕성보다 떨어질 수 있다.

② 개인의 잘못된 이기심과 비양심이 사회 문제의 주된 원인이다.

③ 사회적 갈등은 개인의 이타성 함양을 통해서만 극복될 수 있다.

④ 사회 구조와 제도 개선을 통해 개인의 도덕성이 올바르게 표현될 수 있어야 한다.

⑤ 사회 정의를 실현하기 위해서는 무엇보다 구성원 개인의 자율적인 실천이 중요하다.

3 ㉠과 ㉡에 대한 이해로 적절하지 <u>않은</u> 것은 무엇인가요?

① ㉠은 윤리 문제의 원인을 개인의 이기심에서 찾는다.
② ㉠은 윤리 문제의 해결 방안으로 개인의 도덕성 함양을 제시한다.
③ ㉡은 윤리 문제의 원인을 사회 구조와 제도에서 찾는다.
④ ㉡은 사회 구조와 제도에 내재된 부조리에 관심을 가지고 이를 바로잡으려 한다.
⑤ ㉡은 윤리 문제를 해결하는 데 있어 개인의 도덕성 함양은 불필요하다고 주장한다.

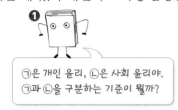

❶ ㉠은 개인 윤리, ㉡은 사회 윤리야.
㉠과 ㉡을 구분하는 기준이 뭘까?

4 이 글을 바탕으로 〈보기〉를 이해한 내용으로 가장 적절한 것은 무엇인가요?

┤보 기├

어느 날 교사들이 모여서 팀을 나누어 상금을 걸고 축구 시합을 하게 되었다. 두 팀으로 나뉜 교사들은 경기가 시작되자마자 죽기 살기로 달려들면서 교묘하게 반칙도 하고, 심판에게 거칠게 항의하거나 잡아떼기도 했다. 이를 지켜보던 사람들은 "평소 학생들을 올바르게 가르치고 이끌던 교사들이었는데, 과연 같은 사람이 맞는가."라며 당황스러워했다.

① 개인으로서의 교사와 집단으로서의 교사의 행동은 구분해 평가되어야겠군.
② 교사들 각각의 이기심과 비양심 때문에 공정한 경기가 이루어지지 못했겠군.
③ 교사들이 경기 중 반칙을 한 것은 경기가 공정하지 못하다고 생각했기 때문이겠군.
④ 부도덕한 경기를 한 교사들은 학생들을 가르치는 교사로서 자질이 없다고 볼 수 있겠군.
⑤ 경기가 공정하게 이루어지기 위해서는 경기에 참여한 교사들의 도덕성 함양이 가장 중요하겠군.

문제를 풀다가 막힐 때? 걱정하지 마세요. 우리를 도와주는 장치들이 곳곳에 있습니다.
❶ 독해를 위한 똑똑한 조언! 학습자 스스로 문제를 해결할 수 있도록 출제자의 마음이 담긴 **도움닫기 힌트**가 주어집니다.

역사는 왜 배울까

역사에 대한 질문

Q '사실로서의 역사'와 '기록으로서의 역사'는 어떻게 다를까요?

반구대 바위그림*에는 옛사람들이 살았던 흔적이 남아 있다. 이는 당시에 고래, 호랑이, 사슴, 멧돼지 등 여러 동물들이 있었고, 사람들이 배를 타고 작살을 이용해 고래를 잡거나 울타리 안에서 소를 기르며 생활하였던 사실을 알려 준다. 그러나 바위그림만으로 당시 사람들의 생각과 생활 모습을 제대로 아는 데에는 한계가 있다. 이때 바위그림이나 토기와 같은 유적이나 유물보다 과거의 사실을 더욱 자세하고 정확하게 알려 주는 것이 바로 문자 기록이다. 한 예로 공주 송산리 고분군에 있는 7기의 무덤 가운데, 현재는 무령왕릉만이 무덤의 주인이 누구인지 밝혀졌다. 그 이유는 무엇일까? 바로 무덤 안에서 죽은 사람의 이름이 기록된 지석*이 발견됐기 때문이다. 문자 기록은 과거를 이해하는 데 가장 중요한 열쇠가 된다. 그래서 역사를 구분할 때에는 문자 기록이 있는지 여부를 기준으로 그 이전을 선사 시대, 그 이후를 역사 시대로 나눈다.

역사는 크게 '사실로서의 역사'와 '기록으로서의 역사'로 구분된다. '사실로서의 역사'는 인간이 살아온 발자취로, 지금까지 일어난 과거의 모든 사실을 의미한다. 즉 과거에 일어난 객관적 사실 그 자체이다. 그러나 과거의 사실이 우리에게 그대로 전해지지는 않으며 이를 정확히 알기도 어렵다. 우리가 알 수 있는 것은 과거의 사람들이 기록이나 유물, 유적 등으로 남겨 놓은 사실 뿐이다.

우리는 기록을 통해 과거를 알 수 있지만, 모든 기록이 과거의 사실을 정확히 담고 있는 것은 아니다. 그렇기 때문에 역사가들은 과거에 대한 기록을 최대한 모아 꼼꼼히 살펴보고 믿을 만한 것인가를 검증한다. 그런 다음 검증된 기록들 가운데 의미 있는 내용만을 추려낸다. 역사가가 사실을 왜곡하지 않고 있는 그대로 서술하는 것은 매우 중요하다. 그렇지만 수많은 기록들 가운데 필요한 것을 선택하여 역사를 서술하는 과정에는 역사가의 주관적 입장이 필연적으로 들어갈 수밖에 없다. 역사가는 다양한 관점에서 과거의 사실을 해석하고 평가하여 재구성하는데, 이를 과거인이 기록한 사실과 더불어 '기록으로서의 역사'라고 부른다. 우리가 역사를 배운다고 할 때는 이렇게 끊임없이 새롭게 쓰여진 ㉠'기록으로서의 역사'를 배우는 것이다.

흔히 '역사를 공부하면 미래가 보인다'는 말을 한다. 정말 그럴까? 이미 지나간 과거를 통해 어떻게 미래를 볼 수 있다는 말일까? 역사는 개인이나 가족 혹은 한 사회의 장래를 점치는 무속인의 신통력이나 예언과는 다르다. '역사를 공부하면 미래가 보인다'는 말은 과거의 역사를 통해 현재는 물론 미래를 바라보는 역사적 통찰력을 가질 수 있다는 것을 의미한다. 여기서 말하는 통찰력이란 인류 역사의 축적된 경험과 역사 법칙에 대한 인식을 의미하는 것이다. 예를 들면 한반도에서는 다른 나라의 침략이 여러 번 반복되었는데 이는 강대국들 사이에 놓여 있는 한반도의 지리적 요인이 그 원인으로, 우리는 앞으로도 한반도를 둘러싼 국제 정세 변화에 능동적으로 대처할 필요가 있음을 예측할 수 있다. 우리가 경험해 보지 못한 오랜 과거의 역사라 하더라도 이를 통해 현재와 미래에 대처할 수 있는 시각을 가질 수 있는 것이다. 이렇게 본다면 과거의 역사는 현재 우리 삶과 동떨어진 것이 아니라 밀접한 관계를 갖는다고 이해할 수 있다. 현재는 과거의 산물로서 현재의 모든 사실은 과거에서 비롯되었다. 이처럼 역사에는 인류가 지금까지 쌓아온 온갖 삶의 경험과 지혜가 ⓐ담겨 있다. 그러므로 우리가 역사를 배우면 현재에 당면한 과제를 올바로 이해하고 처리할 수 있는 안목과 지혜, 교훈을 얻을 수 있을 것

❶

글쓴이는 왜 특정 단어를 반복할까
반복되는 말에 주목하자!
핵심 내용 파악의 열쇠니까~

▶ 원리로 생각읽기 18쪽

이다. 그리고 더 나아가 미래를 보다 의미 있게 살아갈 방법과 방향도 찾을 수 있게 될 것이다.

* 반구대 바위그림: 울산광역시 울주군 대곡리에 있는 선사 시대의 바위그림.
* 지석: 죽은 사람의 인적 사항이나 무덤의 소재를 기록하여 묻은 판석이나 도판. 조상의 계보, 생일과 죽은 날, 평생의 행적, 가족 관계, 무
  덤의 소재와 방향 등이 기록되며 무덤 앞이나 옆에 묻혀 있다.

0 이 글을 바탕으로 〈보기〉를 이해한 내용으로 적절한 것은 무엇인가요?

┤보 기├

독일 국민들은 걸어 다니면서 발에 걸리는 돌인 '슈톨퍼슈타인'을 보면서 전쟁을 되새긴다. '슈톨퍼슈타인(Stolperstein)'은 'stolpern(걸려서 비틀비틀 넘어지다)'과 'stein(돌)'의 합성어로, '걸려 넘어지게 하는 거친 돌'이란 뜻이다. 이는 제 2차 세계 대전 당시 나치에 의해 강제 노동 수용소에 끌려간 희생자들의 이름과 생년월일, 사망 날짜 등을 슈톨퍼슈타인에 새겨 넣어 그들을 기억하고 위로하려는 것이다.

슈톨퍼슈타인

독일의 승전 기념탑은 프랑스와의 전쟁에서 승리한 기념으로 세운 탑이다. 하지만 영광의 자리 주변에는 반성의 흔적들이 공존한다. 유대인 홀로코스트 기념관, 테러의 지정학 전시장 등이 그 대표적인 예이다. 이는 가해자로서의 역사도 그들 역사의 일부라는 것을 보여 주는 것으로 그렇게 독일인들은 과거의 전쟁을 기억하고 있는 것이다.

승전 기념탑

① 인류에 관한 과거의 기록이면 모든 것이 역사가 될 수 있다.
② 우리는 역사를 배움으로써 과거의 잘못을 되풀이하지 않을 수 있다.
③ 역사를 공부할 때에 현재의 관점으로 역사적 사실을 왜곡하면 안 된다.
④ 우리는 역사를 연구할 때, 과거 조상들이 만들어 놓은 유물이나 문화재 등을 활용한다.
⑤ 역사란 사료 속에 감추어져 있는 사실들을 발굴하고 그것에 의미를 부여하는 과정이다.

글을 읽다 보면 숨어 있는 독해 원리를 발견할 수 있습니다.
❶ **생각읽기**와 이어지는 **원리로 생각읽기**에서
'글쓴이의 생각'이 어떻게 드러나고 있는지 자세히 알 수 있습니다.

1 다음은 수업의 일부를 메모한 것입니다. 이 글을 참고할 때 수업을 들은 학생의 반응으로 적절하지 **않은** 것은 무엇인가요?

> 문익점은 고려 말(1363년) 원나라에서 목화씨를 붓대 속에 넣어 가지고 들어와 우리나라에 최초로 목화 재배를 가능하게 했습니다. 그런데 이상한 것은 우리는 이것 외에 문익점이라는 사람에 대해 알고 있는 점이 별로 없다는 것입니다. 왜 그럴까요? 역사에서는 특정한 개인의 모든 과거와 세세한 삶 모두를 주목하지 않기 때문입니다. 역사는 문익점의 행적 가운데 의미를 부여할 수 있는 '역사적 행위'만을 선택해 이를 기록으로 남겼습니다. 따라서 문익점에 대해 기록된 내용만을 배운 우리는 문익점의 전 생애 중 목화씨를 가져온 사실만을 기억하게 되는 것입니다. 문익점의 전 생애는 여러 사실(事實, facts)이라고 할 수 있습니다. 그러나 역사는 그가 '목화씨를 가져왔다'는 점만을 주목해 사실(史實, historical facts)로 인정하고 기록한 것입니다.

① 문익점이 목화씨를 가져온 사실은 '기록으로서의 역사'라고 할 수 있겠군.
② 문익점이라는 사람의 세세한 삶 모두는 '사실로서의 역사'라고 할 수 있겠군.
③ 역사가는 문익점이 목화씨를 가져온 사실을 의미 있다고 여겨 기록으로 남겼겠군.
④ 역사가는 문익점이 목화씨를 가져온 사실에 대해 객관적으로 기록할 의무가 있겠군.
⑤ 문익점이 목화씨를 가져온 사실에 대해 다른 나라의 역사가는 다르게 평가할 수 있겠군.

2 다음 중 ㉠에 해당하는 것은 무엇인가요?

① 668년에 신라와 당의 연합군에 의해 고구려는 멸망하였다.
② 고려인들은 몽골의 침략에 저항하여 고려의 자주성을 보여 주었다.
③ 1592년 4월 일본은 20만 명이 넘는 군사를 이끌고 조선을 침략했다.
④ 백제의 계백은 군사 5천여 명으로 신라의 김유신이 이끄는 군사 5만여 명과 전투를 벌였다.
⑤ 이순신은 명량 대첩에서 12척의 배를 가지고 133척의 왜군과 전투를 벌여 큰 승리를 거두었다.

3 이 글을 바탕으로 〈보기〉를 이해한 내용이 적절하지 <u>않은</u> 것은 무엇인가요?

┤보 기├

"진의 시황제는 나라를 하나로 합치고, 흉노의 침입을 막아 내어 중국의 기틀을 다졌다."

– 중국 한나라의 역사책, 『사기』

"진의 시황제는 무리한 토목건축으로 재정을 낭비해 나라를 위태롭게 하였다."

– 중국 송나라의 역사책, 『자치통감』

① 과거 사실은 역사가의 사관이나 시대가 지남에 따라 변할 수 있다.

② 한나라와 송나라의 역사가는 진의 시황제에 대해 다른 해석을 내렸다.

③ 진의 시황제라는 같은 인물도 바라보는 관점에 따라 평가가 다를 수 있다.

④ 한나라와 송나라의 역사가들은 역사를 서술하는 데 주관성을 완전히 배제하기 위해 노력했다.

⑤ 한나라와 송나라의 역사가는 진의 시황제가 한 일 중에서 기록해야 한다고 판단한 것이 달랐다.

4 밑줄 친 말이 ⓐ와 유사한 의미로 사용된 것은 무엇인가요?

① 흙이 화분에 <u>담겨 있다</u>.

② 매실이 알코올에 <u>담겨 있다</u>.

③ 옥수수가 광주리에 <u>담겨 있다</u>.

④ 바구니에 과일이 가득 <u>담겨 있다</u>.

⑤ 그의 말에는 단호한 뜻이 <u>담겨 있다</u>.

❶ 주변 환경에 맞추어 몸의 색을 바꾸는 카멜레온처럼
한 단어도 글의 흐름에 따라 그 뜻이 조금씩 달라지기도 해.

글에서뿐만 아니라 문제에서도 독해 원리가 숨겨져 있습니다.
❶ 한 컷의 그림에 어떤 **독해 원리가 함축**되어 있는지 알아가는
재미를 느껴 보세요.

반복되는 단어에 주목해야 하는 이유

다음 기사문에서 반복되는 단어를 찾아볼까요?

NEWSPAPER	○○신문	PAGE 2

커피를 마시러 가도, 영화를 보러 가도, 음식점에 가도, 어느 곳에서나 포인트 카드를 갖고 있는지 물어본다. 포인트 카드가 있으면 값을 절반 가까이 깎아 주는 곳도 있고, 바로 값을 깎아 주지는 않더라도 포인트를 적립해서 현금처럼 사용하도록 해 주는 곳도 있다.

이처럼 기업들이 포인트 카드를 제공하는 이유는 무엇일까? 포인트 카드는 단골손님을 만드는 효과가 있기 때문이다. 영화를 볼 때 A영화관의 포인트 카드가 있으면 다른 영화관보다 A영화관으로 가게 되고, B서점의 포인트 카드가 있으면 책을 살 때 B서점을 먼저 찾게 된다. 이렇게 기업들은 포인트 카드를 만들어 냄으로써 더 많은 단골손님을 확보하려고 한다.

글을 읽을 때 가장 중요한 정보가 바로 핵심 어휘입니다. 이 핵심 어휘나 어구는 글 속에서 반복적으로 등장하는 경우가 많습니다.

그럼 글쓴이는 왜 특정 어휘나 어구를 반복할까요? 글에서 **반복되는 어휘나 어구**가 바로 **글의 중심 화제**이기 때문입니다. 글을 쓰는 사람은 자기도 모르게 중점적으로 말하고 싶은 내용을 지속적으로 반복합니다. 이렇게 반복되는 내용을 통해 글의 중심 화제를 파악하면 글의 주제도 자연스럽게 이해할 수 있습니다. 우리가 글을 읽는 목적은 결국 글쓴이가 무엇에 대해 말하고 있는지를 생각해야 하기 때문이죠.

14쪽 지문

흔히 '**역사**를 공부하면 미래가 보인다'는 말을 한다. 정말 그럴까? 이미 지나간 과거를 통해 어떻게 미래를 볼 수 있다는 말일까? **역사**는 개인이나 가족 혹은 한 사회의 장래를 점치는 무속인의 신통력이나 예언과는 다르다. '**역사**를 공부하면 미래가 보인다'는 말은 과거의 **역사**를 통해 현재는 물론 미래를 바라보는 **역사**적 통찰력을 가질 수 있다는 것을 의미한다. 여기서 말하는 통찰력이란 인류 **역사**의 축적된 경험과 ～～～～～～～～～～～～ ～례를 들면 한반도에서는 다른 나라의 침략이 여러 ～～～～～～～～～～～～～～～～ 있는 한반도의 지리적 요인이 그 원인으로, 우리는 ～～～～～～～～～～～～～～～～ 능동적으로 대처할 필요가 있음을 예측할 수 있다. 우리가 경험해 보지 못한 오랜 과거의 **역사**라 하더라도 이를 통해 현재와 미래에 대처할 수 있는 시각을 가질 수 있는 것이다. 이렇게 본다면 과거의 **역사**는 현재 우리 삶과 동떨어진 것이 아니라 밀접한 관계를 갖는다고 이해할 수 있다.

> 지속적으로 반복되는 단어가 중심 화제!
> 중심 화제를 찾는 것이 독해의 시작이다!

정답: 포인트 카드

①
독해연습 1

아래 문장을 읽고, 물음에 답하세요.

> (가) 거짓말 탐지기는 몸에 나타나는 변화로 거짓을 말하고 있다는 증거를 찾아내는 대표적인 방법이다.
>
> (나) 거짓말을 할 때 나타나는 심장 박동, 체온, 호흡, 혈압, 맥박 같은 신체의 변화를 감지하여 진실 여부를 판별하는 것이다.

1 (가)와 (나)에서 반복되는 단어를 찾아 써 보세요.

2 (가)와 (나)를 중심 문장과 뒷받침 문장으로 각각 구분해 보세요.

②
독해연습 2

아래 문단을 읽고, 물음에 답하세요.

> 흔히 사람들은 한옥을 친자연적 건축물이라고 말한다. 친자연적이라는 말에는 자연환경과 조화를 이루어 심리적 안정감이나 미적 쾌감을 준다는 의미가 담겨 있다. 한옥이 자연에서 얻은 자재를 활용하고 자연 채광을 이용하기 때문이다. 그러나 친자연적이라는 말에는 생활하기 불편하다는 의미도 내포되어 있다고 여기는 이들도 있다. 한옥은 여름에는 덥고 겨울에는 추워 생활하기 힘들다는 것이다. 그러나 이는 한옥을 깊이 있게 알고 있지 못한 데에서 나오는 편견이다.

1 위 글에서 반복되는 단어를 찾아 중심 화제를 써 보세요.

2 위 글의 중심 화제를 바탕으로 중심 내용을 한 문장으로 완성해 보세요.

• 한옥은 _____과 조화를 이루고, 생활하기에도 편리한 친자연적 건축물이다.

독해력 꿀팁만 모아 놓은 **원리로 생각읽기**입니다. 어려워 보이는 원리도 재미있는 퀴즈와 우리가 공부했던 글로 쉽게 이해할 수 있습니다.
❶ 독해연습 1: 배운 독해 원리를 문장 단위로 적용해 봅니다.
❷ 독해연습 2: 배운 독해 원리를 문단 단위로 적용해 봅니다.

나는 왜 나일까

우리 몸을 구성하는 피부는 끊임없이 벗겨지고, 4주마다 완전히 새로운 피부로 바뀐다고 한다. 뼈의 조직 역시 끊임없이 죽고 다른 조직으로 바뀌는데, 이렇게 몸 전체의 모든 뼈가 새로 바뀌는 데는 7년이 걸린다고 한다. 피부와 뼈를 비롯한 우리의 몸의 조직들은 새롭게 바뀌고 변화하는데, 이렇게 새로운 상태의 '나'가 과연 진짜 '나'라고 볼 수 있을까? 그렇지만 상식적으로 7년 전의 내가 내가 아닌 것은 아니다. 나는 변했지만 그때의 내가 지금의 '나'와 같은 사람이라고 말할 수 있는 근거는 무엇일까? 이와 같은 문제를 판단하는 데 근거가 되는 것이 바로 '어제의 나와 오늘의 나는 동일한가', 즉 개인 동일성의 개념이다.

개인 동일성에 대한 가장 상식적인 대답은 사람의 몸, 곧 신체가 개인 동일성을 판단하는 근거가 된다는 것이다. 이렇게 사람의 겉모습을 보고 개인 동일성을 판단하는 것이 신체 이론이다. 그러나 신체 이론에는 문제가 있다. 어떤 사람이 10년이라는 시간이 흘러 용모나 체격이 달라졌다고 해서 10년 전의 그 사람과 10년 후의 그 사람이 동일한 개인이 아니라고 말할 수는 없다. 따라서 신체 이론은 조금 변형될 필요가 있다. 신체가 다르더라도 과거부터 지금까지 시간과 공간에서 쭉 이어져 있다면 동일한 개인으로 보아야 한다는 것이다. 즉 시간과 공간이 단절되지 않은 신체에서는 개인 동일성이 보장되는 것이다.

그러면 다음과 같은 상황은 어떨까? 어느 한 나라에 왕자가 있다. 그는 길에서 우연히 본 적이 있는 거지가 어떻게 사는지 항상 궁금했다. 반면 거지는 왕자가 되는 것이 꿈이었다. 어느 날 이들의 바람이 이루어져 서로의 몸이 바뀌게 되었다. 둘의 얼굴과 몸은 그대로지만 왕자의 몸은 거지의 기억과 감정을, 거지의 몸은 왕자의 기억과 감정을 그대로 가지고 있다. 이런 종류의 이야기는 영화나 드라마, 만화 등에서 자주 소재로 다뤄지고 있는데, 대체로 서로의 영혼이 맞바뀌어서 생긴 현상으로 해석한다. 정말로 영혼이라는 것이 있다면 우리 몸, 즉 신체가 계속해서 변화하더라도 예전의 '나'와 지금의 '나'가 같다는 것을 영혼이 같기 때문이라고 설명할 수 있다. 이렇게 사람의 영혼을 근거로 동일성을 판단하는 것이 영혼 이론이다. 영혼 이론은 개인 동일성을 판단하는 손쉬운 이론이기는 하지만 치명적인 약점을 가지고 있다. 바로 영혼이라는 존재를 확인할 방법이 없다는 것이다.

과학 기술이 발달하여 뇌를 이식할 수 있게 되었다고 가정해 보자. 그리고 어떤 남자와 한 여자의 뇌를 맞바꾼다고 해 보자. 즉 각자의 신체는 그대로 두고 뇌만 바꾸는 것이다. 서로의 뇌를 바꾼 뒤, 남자와 여자의 지인들은 이들을 누구라고 여길까? 전후 사정을 안다면 아마도 주변 사람들은 남자의 신체를 가진 사람을 여자라고 여길 것이다. 왜냐하면 그는 외모만 남자일 뿐 여자의 기억을 갖고 있으며, 여자의 버릇을 취할 것이기 때문이다. 이처럼 개인의 동일성을 보장해 주는 근거가 신체가 아닌 기억, 버릇, 느낌 따위의 심리적인 특성이라는 것이 ⓘ심리 이론이다. 그런데 심리 이론도 좀 더 다듬을 필요가 있다. 어떤 사람이 고등학생 시절 봉사 활동을 하던 중 불현듯 어린 시절 집에서 음식을 만든 기억이 났다고 하자. 그리고 시간은 더욱 흘러 40대가 된 그가 고등학교 시절의 봉사 활동은 생생하게 기억하지만 어린 시절에 음식을 만든 일은 전혀 기억나지 않는다고 해 보자. 심리 이론에 따르면 어린 시절을 기억하지 못하는 40대의 그는 어린 시절의 그와는 다른 사람이다. 여기서 개인 동일성이 보장되려면 신체 이론에서 시간과 공간의 연속성을 덧붙였듯이 심리 이론도 기억의 연속성을 강조해야 한다. 즉 현재의 내가 작년의 기억 모두는 아니지만 상당 부분을 연속적으로 가지고 있고, 작년의 내가 재작년의 기억 모두는 아니지만 상당 부분을 연속적으로 가지고 있다는 식으로 설명한다면 현재의 '나'는 어릴 적의 기억을 온전히 가지고 있지는 못하더라도 그 중간 고리들이 어릴 적의 '나'와 현재의 '나'를 연결시켜 준다고 볼 수 있는 것이다.

0   **이 글의 표제와 부제로 가장 적절한 것은 무엇인지 고르세요.**

① 개인 동일성이 개념
     – 판단 근거를 중심으로   ☐

② 개인 동일성의 개념
     – 신체 이론을 중심으로   ☐

③ 개인 동일성의 변화
     – 연속성을 중심으로   ☐

④ 개인 동일성의 변화
     – 기억 이론을 중심으로   ☐

⑤ 개인 동일성의 문제점
     – 심리적인 특성을 중심으로   ☐

1 이 글의 서술상의 특징으로 가장 적절한 것은 무엇인가요?

① 가정과 예시를 통해 독자의 흥미를 불러일으키고 있다.

② 대조의 방식을 통해 설명 대상을 명확히 전달하고 있다.

③ 전문가의 견해를 인용하여 문제의 핵심을 강조하고 있다.

④ 시간의 흐름에 따른 이론의 변화와 발전 과정을 설명하고 있다.

⑤ 서로 다른 이론의 장단점을 비교하여 상호 간의 우열을 가리고 있다.

같은 내용을 말하더라도 누가 말하느냐에 따라 말하는 방법이 서로 다르잖아? 서술상의 특징은 글쓴이가 말하는 방법이라고 생각하면 돼!

2 이 글을 통해 확인할 수 <u>없는</u> 질문은 무엇인가요?

① 개인 동일성의 개념은 무엇인가?

② 개인 동일성에 대한 이론에는 어떤 것들이 있을까?

③ 개인 동일성을 판단하는 이론의 한계점은 무엇인가?

④ 개인 동일성 문제가 제기된 역사적 배경은 무엇인가?

⑤ 개인 동일성을 판단하는 심리적인 특성에는 어떤 것이 있을까?

3 ⊙의 관점에서 〈보기〉의 '수진'의 개인 동일성을 판단한 내용으로 적절한 것은 무엇인가요?

⊙은 심리 이론이야!
심리 이론에서 개인
동일성을 판단하는
기준이 뭐였지?

├ 보 기 ┤

　영화 「내 머릿속의 지우개」에서 평소 건망증이 심한 수진은 편의점에 두고 나온 음료와 지갑을 찾으러 갔다가 철수와 마주친다. 이후 수진과 철수는 운명적인 만남을 이어가다 결혼을 한다. 수진의 건망증은 점점 심해져 병원을 찾아가지만 의사는 수진의 뇌가 점점 죽어 간다고 말한다. 결국 수진은 완전히 기억을 잃게 되고, 철수를 난생 처음 보는 사람처럼 대한다. 그리고 철수는 그런 수진을 안타깝게 지켜본다.

① 수진은 기억을 잃었지만 철수가 수진을 기억하고 있기 때문에 동일하다.
② 수진은 동일하거나 연속된 기억을 갖고 있지 않기 때문에 동일하지 않다.
③ 수진이 기억을 잃어버려 영혼의 존재를 확인할 수 없으므로 동일하지 않다.
④ 수진이 기억을 잃은 것은 신체적인 변화와 연결되어 있기 때문에 동일하다.
⑤ 수진의 신체는 시간과 공간이 단절되지 않고 연속되어 있기 때문에 동일하다.

4 〈보기〉를 참고할 때 개인 동일성 문제에서 '신체 이론'과 '영혼 이론'이 등장하게 된 배경을 추론한 내용으로 가장 적절한 것은 무엇인가요?

├ 보 기 ┤

　많은 문화권에서 신체와 별도로 영혼이 존재한다고 믿는다. 그리스 철학자들은 생각하는 능력의 근원이 영혼 혹은 프시케라고 여겼으며, 오늘날에는 이를 정신이라고 부른다. 플라톤은 영혼이 신체가 머무는 물질세계와 분리된 세계에 속한다고 믿은 반면, 아리스토텔레스와 그의 추종자들은 신체와 영혼을 떼어 놓을 수 없는 관계로 보았다.

① '영혼'의 존재를 확인할 수 없다고 생각했기 때문이다.
② '신체'와 '영혼'은 분리될 수 없는 관계라고 생각했기 때문이다.
③ '영혼'은 '신체'가 죽더라도 영원히 존재한다고 생각했기 때문이다.
④ '신체'는 달라지지만 '영혼'은 달라지지 않는다고 생각했기 때문이다.
⑤ 인간을 구성하는 기본 요소가 '신체'와 '영혼'이라고 생각했기 때문이다.

행복에 대한 질문

Q 밀은 행복을 무엇이라고 생각했을까요?

글쓴이는 왜 부정 진술을 사용할까

부정 진술 뒤에 나오는 긍정 진술에 주목하자!

그게 곧 대상에 대한 주된 입장이니깐~

► 원리로 생각읽기 28쪽

행복이란 무엇일까

철학에서는 오래전부터 행복에 대한 논의를 지속해 왔고, 수많은 철학자가 나름의 대답을 내놓았다. 그중 철학자 밀(John Stuart Mill)이 생각하는 행복이란 무엇일까? 공리주의*자인 밀은, 행복이란 기쁨을 주는 것이고 고통이 없는 상태이며, 불행은 고통이 있고 기쁨을 상실한 상태라고 ⓐ정의(定義)했다. 기쁨, 즉 고통이 없는 것이 바람직한 삶의 유일한 목표라고 보았다. 그러면 무엇이 기쁨을 주는 것일까? 벤담(Jeremy Bentham)과 같은 공리주의자는 물질적인 쾌락을 기쁨의 출발점으로 보았다. 즉 물질적 ⓑ만족(滿足)을 기쁨의 ⓒ원천(源泉)으로 생각하며, 물질적 만족감을 높이는 것이 가장 좋은 것이고 곧 행복이라 여겼다. 그러나 밀은 물질적 만족이 행복에 기여하는 가장 중요한 가치라고 생각하지 않았다. 물질적 만족은 우리가 추구하는 본질적 가치를 달성하는 데 도움이 될 때만 그 의미를 가진다고 본 것이다.

그렇다면 밀은 행복의 본질과 행복의 조건으로 무엇을 들었을까? 그는 사람이 자기 존재에 ⓓ긍지(矜持)를 가질 때 행복해진다고 보았다. 이는 곧 우리가 자기 자신에 대한 존경심을 가질 때 가장 행복하다는 의미로 해석할 수 있다. 이 자긍심은 사람마다 다르게 느끼기는 하지만 누구에게나 행복의 가장 중요한 요소가 된다. 또한 자기 스스로 삶을 꾸려 나가는 자립적 능력, 이성적 자세, 관용적인 태도, 다방면에 대한 관심, 타인에 대한 자발적인 관심과 동정심을 갖는 것이 행복의 조건이라고 생각했다.

이러한 모든 조건을 관통하면서 밀이 말하는 행복 개념은 무엇일까? 밀은 행복이란 인간이 타고난 능력을 최대한 발휘할 수 있는 상태라고 보았다. 인간은 계속해서 자기 발전을 이루어 나갈 때 행복해진다. 이때의 자기 발전이란 각자가 가진 능력을 높이 발전시키고 적극적으로 활용하는 것이다. 밀은 여기서 두 가지를 가정하고 있다. 첫 번째로 인간의 자기 발전이 삶의 목표이면서 동시에 행복 그 자체라는 점이다. 행복을 결과가 아닌 삶의 과정 그 자체로 본 것이다. 두 번째는 인간의 자기 발전은 각자가 타고난 개성대로 자유롭게 추구될 때 비로소 달성될 수 있다는 점이다. 밀은 사람마다 각자의 발전을 추구하는 일이 최고의 가치라고 생각한 철학자 중 한 사람이었기 때문이다.

인간은 행복해지기 위해 어떤 능력을 발전시켜야 할까? 밀은 우선 지적인 능력을 강조한다. 그는 진보하는 존재인 인간에게 가장 중요한 것이 바로 지적인 능력이라고 생각하였다. 그리고 이 능력을 발휘하는 것은 그 자체로 내재적인 가치가 있기 때문에 다른 모든 감각적인 기쁨을 능가하는 즐거움을 얻을 수 있다고 보았다. 그렇기 때문에 밀은 지적인 소양의 계발을 강조하였는데, 그는 사람이 일정 수준의 교양을 갖출 때 비로소 여러 가지 현실적인 제약을 극복하는 힘을 얻을 수 있다고 믿었다. 밀은 주지주의*의 관점에서 지식의 중요성과 만능성을 강조한 것이다. 두 번째로 밀은 지식뿐만 아니라 감성적 능력의 발전도 중시하였다. 인간의 내재된 감성과 본능적 요소를 자연스럽게 발전시키는 것은 모든 사람이 지니고 있는 각자의 개별적 자기의식*을 발전시키는 데 필수적인 요소라고 주장한다. 물론 감성은 이성에 의해 적절하게 제어되어야만 한다. 마지막으로 밀은 인간의 도덕적 성숙을 발전의 한 요소로 ⓔ제안(提案)하였다. 지성과 감성의 발전과 더불어 인간의 도덕적 의식이 발전할 때 진정한 자기 발전이 완성된다. 밀은 도덕적 발전의 지표로 이기심을 억제하고 타인의 복지에 관심을 기울일 것을 요청했는데, 이는 그가 사회성을 강조하고 있음을 보여 주는 것이다.

이처럼 밀은 지성, 감성, 도덕성이라는 세 가지 차원의 능력이 종합적으로 발전된 상태가 행복이라고 규정하며, 각자 자기 자신만의 특별한 삶의 계획을 실현해 나갈 때 진정한 행복을 느낄 수 있다고 강조하였다.

* 공리주의: 행위의 목적이나 선악 판단의 기준을 인간의 이익과 행복을 증진하는 데에 두는 사상.
* 주지주의: 감정이나 정서보다는 지성 또는 이지(理智)를 앞세우는 경향이나 태도.
* 자기의식: 바깥 세계나 타인과 구별되는 자아로서의 자기에 대한 의식. 자의식

0 **이 글의 집필 의도로 가장 적절한 것은 무엇인가요?**

① 행복에 대한 밀의 이론을 설명하기 위해
② 현대인에게 행복의 중요성을 알리기 위해
③ 밀의 행복의 개념이 지닌 한계를 비판하기 위해
④ 밀과 벤담의 행복 이론의 차이를 탐구하기 위해
⑤ 현대인에게 자기 발전의 중요성을 전달하기 위해

이 글을 '왜' 썼는지가 바로 집필 의도야.
주제와 관련지어 글쓴이의 의도를 파악해야 해!

1 이 글의 내용과 일치하지 <u>않는</u> 것은 무엇인가요?

① 밀은 인간의 능력 중 지적인 능력을 강조하였다.
② 밀은 인간의 도덕적 성숙을 자기 발전의 한 요소로 제안하였다.
③ 밀은 인간의 내재된 본능적 요소를 최대한 제어해야 한다고 하였다.
④ 밀은 지성, 감성, 도덕성이 조화를 이룬 상태가 행복이라고 규정하였다.
⑤ 밀은 이기심을 억제하고 타인의 복지에 관심을 기울일 것을 요청하였다.

2 다음은 행복에 대해 두 철학자가 나눈 대화입니다. 이 글을 바탕으로 할 때 적절하지 <u>않은</u> 것은 무엇인가요?

> 밀: 행복이란 기쁨을 주는 것이고 고통이 없는 상태이며, 불행은 고통이 있고 기쁨을 상실한 상태입니다. 고통이 없는 삶이 우리 삶의 유일한 목표일 것입니다. ········ ①
>
> 벤담: 물질적인 쾌락이 기쁨의 출발점이 될 수 있습니다. 인간은 물질적 만족감이 있어야 행복을 느낄 수 있지요. ················· ②
>
> 밀: 물질적 만족도 행복의 요소이겠지만, 사람은 자기 존재에 자긍심을 가질 때 비로소 행복해집니다. ················· ③
>
> 벤담: 저도 동의합니다. 물질적 만족은 우리가 추구하는 본질적 가치의 달성에 도움이 될 때만 그 의미가 있지요. ················· ④
>
> 밀: 인간은 계속해서 자기 발전을 이루어 나갈 때 행복해집니다. 행복은 결과가 아니라 삶의 과정 그 자체인 것이죠. ················· ⑤

3 이 글과 〈보기〉를 바탕으로 판단한 내용으로 가장 적절한 것은 무엇인가요?

> ─┤ 보 기 ├─
>
> 에피쿠로스는 쾌락을 목표로 삼아 반드시 어떤 일을 성공시켜서 커다란 쾌락을 성취할 것을 기대하고 행동하는 것보다 욕심 없이 살아갈 때 더 큰 행복을 누리게 된다고 설명한다. 쾌락이란 것은 적극적으로 추구한다고 해서 더 큰 행복을 가져오는 것이 아니라 욕망을 절제할 때 더 많이 얻을 수 있다는 것이다. 에피쿠로스는 우리의 신체에 어떠한 고통도 없으면서 동시에 정신에도 불안과 근심이 없는 상태를 이상적인 상태로 여겼다. 이를 통해 행복한 삶을 살기 위해서는 건강한 육체와 근심, 불안, 걱정에서 해방된 마음의 평정 상태를 유지해야 함을 알 수 있다. 에피쿠로스는 육체에는 고통이 없고 정신에는 불안과 근심이 없는 이상적인 상태를 아타락시아(ataraxia)라고 불렀다.

① 밀은 에피쿠로스와 달리 자기 발전을 강조했다.
② 밀은 에피쿠로스와 달리 고통이 없는 상태를 행복이라고 판단했다.
③ 에피쿠로스는 밀과 달리 지적인 능력의 활용을 중시했다.
④ 에피쿠로스는 밀과 달리 감성이 이성을 제어해야 한다고 생각했다.
⑤ 밀과 에피쿠로스는 모두 욕망을 적극적으로 추구해야 한다고 주장했다.

4 ⓐ~ⓔ를 활용하여 만든 문장으로 적절하지 않은 것은 무엇인가요?

① ⓐ: 우리 모두 힘을 합쳐 정의가 구현되는 사회를 만들자.
② ⓑ: 그녀는 현실에 만족을 느끼며 살고 있다.
③ ⓒ: 제 에너지의 원천은 가족들의 응원과 사랑입니다.
④ ⓓ: 그는 자신이 경찰인 것에 긍지를 느끼고 있다.
⑤ ⓔ: 함께 일을 해 보자는 제안에 응하기로 했다.

부정 진술에 주목해야 하는 이유

두 철학자가 '절대적인 진리'에 대해 논쟁하고 있습니다. 소피스트의 부정 진술에 주목하여 소크라테스의 다음 말을 떠올려 볼까요?

진리란 시대와 장소에 따라 변하는 상대적인 것이다. 그러니 영원히 변하지 않는 절대적인 진리는 없어.

인간은 이성적인 존재이므로 절대적인 진리를 찾을 수 있어. 그러니 언제, 어디서나, 누구에게나 통하면서도 변하지 않는 _____

소피스트   소크라테스

글쓴이는 대부분 자신의 생각을 긍정 진술(긍정문)로 나타내게 됩니다. 여러분이 대화할 때 "~아니다", "~이지 않다."라고 부정 진술로 표현하는 것보다 "그것은 ~라고 주장한다.", "그것은 ~이다."라고 긍정 진술로 말하는 것이 더 보편적인 것처럼 말이죠.

부정 진술이란 '~아니다, ~않다, ~못하다, ~이지 않다.'와 같은 부정문을 이용한 진술 방식을 말해요. 그럼 글쓴이는 왜 부정 진술을 사용할까요? 위 대화에는 부정문 독해를 쉽게 하는 열쇠가 숨어 있습니다. **부정 진술 뒤에는 긍정 진술로 앞의 생각과는 다른 생각을 제시**할 때가 많습니다.

24쪽 지문

철학에서는 오래전부터 행복에 대한 논의를 지속해 왔고, 수많은 철학자가 나름의 대답을 내놓았다. 그중 철학자 밀(John Stuart Mill)이 생각하는 행복이란 무엇일까? 공리주의자인 밀은, 행복이란 기쁨을 주는 것이고 고통이 없는 상태이며, 불행은 고통이 있고 기쁨을 상실한 상태라고 정의한다. 기쁨, 즉 고통이 없는 [ ] 면 무엇이 기쁨을 주는 것일까? 벤담(Jeremy [ ]) 기쁨의 출발점으로 제안한다. 즉 물질적 만족 [ ]는 것이 가장 좋은 것이고 곧 행복이라 여긴다. 그러나 **밀은 물질적 만족이 행복에 기여하는 가장 중요한 가치라고 생각하지 않았다.** 물질적 만족은 우리가 추구하는 본질적 가치를 달성하는 데 도움이 될 때만 그 의미를 가진다고 본 것이다.

> 부정 진술 뒤에 나오는 긍정 진술을 보면,
> 글에서 주된 인물의 핵심 주장이 담겨 있다!

정답: 절대적인 진리는 있어.

독해연습 1   아래 문장을 읽고, 물음에 답하세요.

> 사실 객관적인 증거는 없지만, 우주의 크기를 생각해 보면 외계인 또는 외계의 문명이 존재할 가능성은 언제나 열려 있다.

1 위 문장을 다시 읽고, 부정 진술을 찾아 써 보자.

2 위 문장을 다시 읽고, 이번엔 긍정 진술을 찾아 써 보자.

3 1과 2의 부정 진술과 긍정 진술 중 글쓴이의 의도를 나타내는 것이 무엇인지 골라 보자.

독해연습 2   아래 문단을 읽고, 물음에 답하세요.

> 언어는 기본적으로 인간 상호 간의 의사소통을 위한 기호의 체계이다.❶ 모든 기호가 그렇듯이, 언어도 전달하고자 하는 '내용'과 그것을 실어 나르는 '형식'의 두 가지 요소로 구분된다.❷ 언어에서의 내용은 의미이며, 형식은 음성이다.❸ 이러한 의미와 음성의 관계는 마치 동전의 앞뒤와 같아서, 이 중에서 어느 하나라도 결여되면 언어라고 할 수 없게 된다.❹

1 ❶~❹에서 부정 진술문이 있는 문장을 찾아 번호를 써 보자.

2 부정 진술에 주목하여 위 글의 핵심 주장을 정리해 보자.

밤하늘은 왜 어두울까

우주가 무한하고 별들이 고르게 분포되어 있다면, 우리 눈앞에 펼쳐진 2차원의 밤하늘은 별들로 가득 메워져 밤에도 환해야 한다. 왜냐하면 우리의 시선이 결국은 어느 별엔가 가 닿을 것이기 때문이다. 그렇지만 실제로 우리가 보는 밤하늘은 그렇지 않다. 이 문제에 대한 의문은 오래전부터 존재했지만, 이것을 하나의 화두*로 만든 사람은 19세기 독일의 천문학자이자 의사인 하인리히 올베르스다. 그래서 이 역설*을 '올베르스의 역설'이라고 한다. 소행성 발견자인 올베르스는 '⬚ ㉠ ⬚'이라고도 하는 이 역설로 더욱 유명해졌다. 이 질문에 대한 올베르스의 답은 우주 공간에 빛을 흡수하는 물질, 즉 성간 가스*나 먼지 같은 것들이 존재한다고 가정하는 것이었다. 하지만 우주 공간의 물질들이 무한히 많은 천체가 내놓는 빛을 계속 흡수하게 되면, 어느 시점에는 그 물질이 빛을 다시 방출하여 빛나게 되므로 우주는 마찬가지로 밝아질 것이기 때문에 이는 옳은 답이라고 할 수 없었다.

핼리 혜성을 발견한 것으로도 유명한 핼리는 밤하늘이 어두운 이유는 먼 곳에서 온 별빛이 너무 희미하여 우리 눈으로 볼 수 없기 때문이라고 생각했다. 실제로 별빛의 세기는 지구로부터의 거리의 제곱에 반비례하기 때문에 아주 먼 곳에 있는 별빛의 세기는 매우 작아진다. 따라서 핼리는 밤하늘의 어두운 부분을 따라가면 별빛을 만날 수 있지만 지구에서는 그 별빛을 볼 수 없다고 생각했다. 과연 그럴까? 먼 곳의 별빛이 약해지는 것은 사실이지만 아무리 희미한 별빛이라도 모든 방향에서 빛이 온다면 모든 곳이 밝아질 수밖에 없다.

올베르스의 역설을 처음으로 해결한 사람은 뜻밖의 인물로, 유명한 추리 소설 「검은 고양이」를 쓴 미국의 작가이자 아마추어 천문가인 에드거 앨런 포였다. 포는 밤하늘이 왜 어두운지에 대해 설명하면서 빛의 속도와 별의 수명이라는 자료를 처음으로 도입했다. 빛의 속도는 매우 빠르긴 하지만 정해진 시간에 갈 수 있는 거리가 한정되어 있다. 초속 30만 km인 빛은 1초에 지구를 여덟 바퀴 돌고, 1초 안에 달까지 갈 수 있으며, 8분이면 태양까지 간다. 정말 가공할 만한 속도이다. 하지만 별과 별 사이의 공간, 은하와 은하 사이의 공간이 얼마나 큰지 생각해 보면 상대적으로 빠른 속도가 아닐 수도 있다.

만약 우주가 처음부터 존재했던 것은 아니라고 가정해 보자. 별들도 처음부터 존재했던 것은 아니며, 우주의 역사에서 어느 한순간에 나타났다고 생각해 보는 것이다. 그 순간부터 일정한 시간 동안 빛이 갈 수 있는 거리는 한정되어 있다. 즉 우리가 있는 곳과 그 한정된 거리 사이에 포함된 빛만이 지구까지 도달할 수 있었다는 뜻이다. 그러므로 밤하늘을 밝히는 별의 수는 유한하며, 어쩌면 그렇게 많지 않을 수도 있다. 이처럼 포는 빛의 속도가 한정되어 있기 때문에, 그리고 별이 처음부터 존재하지 않았기 때문에 밤하늘이 어두운 것이라고 설명한다. 1884년 영국의 물리학자 윌리엄 톰슨 켈빈은 빛의 ⬚ ⓐ ⬚와 별의 ⬚ ⓑ ⬚ 때문에 밤이 어둡다고 설명하고, 포가 머릿속으로만 예측했던 것을 계산을 통해 증명해 보였다.

* 화두: 관심을 두어 중요하게 생각하거나 이야기할 만한 것.
* 역설: 일반적으로 모순을 야기하지 아니하나 특정한 경우에 논리적 모순을 일으키는 논증. 어떤 사실의 앞뒤, 또는 두 사실이 어긋나서 서로 맞지 않지만 그 속에 중요한 진리가 함축되어 있는 것으로 간주한다.
* 성간 가스: 별과 별 사이의 공간 대부분을 차지하는 기체. 수소를 주성분으로 하는 원자와 분자로 이루어져 있다.

0 ㉠에 들어갈 말로 가장 적절한 것은 무엇인가요?

① 우주 경계의 역설
② 어두운 밤하늘의 역설
③ 빛의 상대 속도의 역설
④ 거리와 빛의 세기의 역설
⑤ 별의 수명과 밝기의 역설

1, 3, 5, □, 9, 11

정답은 7!
□ 안에 들어갈 숫자를 어떻게 알 수 있었지?

1 이 글의 서술 방식으로 가장 적절한 것은 무엇인가요?

① 개념을 정의하고 그 개념을 고찰하고 있다.

② 이론의 장단점을 비교하여 독자의 이해를 돕고 있다.

③ 현상이 발생하는 원리를 과정에 따라 제시하고 있다.

④ 여러 가지 사례를 통해 일반화된 견해를 도출하고 있다.

⑤ 현상의 원인을 다룬 이론의 문제점을 제시하고 해답을 찾고 있다.

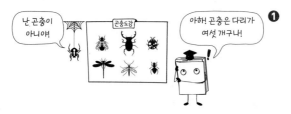

개별적이거나 특수한 것에서 **전체를 아우를 수 있는 원리나 개념을 이끌어 내는 것**을 일반화된 견해라고 해!

2 ⓐ와 ⓑ에 각각 들어갈 말로 적절한 것은 무엇인가요?

	ⓐ	ⓑ
①	한정된 속도	한정된 수명
②	한정된 수명	한정된 속도
③	무한한 속도	무한한 수명
④	상대적 수명	한정된 속도
⑤	상대적 속도	무한한 수명

3 이 글과 〈보기〉를 바탕으로 알 수 있는 내용이 <u>아닌</u> 것은 무엇인가요?

┤보 기├

　밤하늘에서 관측되는 별이나 은하의 별빛을 스펙트럼으로 분석해 보면 '적색 편이(Red Shift)'라는 현상이 나타나는 것을 볼 수 있다. '적색 편이'는 스펙트럼 색상의 특정한 이동을 나타내는 말인데, 관측자에게서 멀어지는 물체에서 특징적으로 나타난다. 지구에서 관측되는 모든 외계 천체들의 스펙트럼에는 적색 편이가 공통적으로 나타나는데, 이는 곧 우주의 모든 별들이 지구로부터 멀어지고 있다는 이야기다. 이것은 우주 팽창의 증거가 될 수 있다.

① 우주가 팽창하는 속도는 빛이 지구에 다다르는 속도보다 빠르다.
② 먼 곳에 있는 별빛의 세기는 작아지므로 적색 편이가 관측되지 않는다.
③ 무한한 별을 보게 된다면 무한한 양의 빛이 관측자의 눈에 도달해야 한다.
④ 우주가 팽창하기 때문에 먼 거리의 별과 은하들은 우리들로부터 멀어지고 있다.
⑤ 밤하늘을 밝히는 별의 개수는 유한하며, 모든 별들은 지구로부터 멀어지고 있다.

4 이 글을 바탕으로 추론할 수 있는 내용을 〈보기〉에서 골라 바르게 묶은 것은 무엇인가요?

┤보 기├

ㄱ. 지금 우리가 보고 있는 별빛은 과거의 빛이다.
ㄴ. 우주 공간을 메우고 있는 먼지와 가스층이 빛의 속도에 영향을 미친다.
ㄷ. 빛의 속도가 무한히 빠르다면, 밤하늘의 별은 지금보다 밝게 빛날 것이다.
ㄹ. 시간이 지나면 지금의 밤하늘에 어둡게 보이던 부분에 별이 새롭게 나타날 수 있다.

① ㄱ, ㄴ　　　　　② ㄱ, ㄹ　　　　　③ ㄴ, ㄷ
④ ㄴ, ㄹ　　　　　⑤ ㄷ, ㄹ

발문이나 선지에서 어려운 개념들을 만나도 걱정하지 마세요.
이해하기 쉽도록 그림으로 한 번 더 설명!
❶ 필수 독해 개념들은 형광펜으로 표시되어 있습니다.
　구체적인 상황이나 비유를 통한 설명으로 쉽게 이해할 수 있습니다.

이집트 벽화 속 사람들은 왜 독특할까

「늪지로 사냥을 나간 네바문」

이집트 벽화에
대한 질문

Q 고대 이집트 사람들은 왜
벽화에서 인물의 정면과 측면
이 동시에 나타나도록 그렸을
까요?

대영 박물관이 소장한 「늪지로 사냥을 나간 네바문」은 얼굴과 다리는 측면에서 본 모습을, 가슴과 눈은 정면에서 본 모습을 그린 것이다. 해부학적으로 불가능한 자세지만, 이 그림뿐 아니라 고대 이집트 벽화 대부분이 이런 식으로 그려졌다. 동양, 특히 중국에서는 인물을 그릴 때 정면 상이 대상의 인품과 특징을 압축적으로 보여 준다고 생각하여 정면에서 본 모습을 주로 그렸다. 그에 비해 서양에서는 인물을 그릴 때 측면에서 본 모습을 적극적으로 그렸는데, 해부학적 구조상 옆에서 볼 때 얼굴 특징이 또렷이 살아나기 때문이다. 이렇듯 인간이 두 가지의 이미지 면을 동시에 갖고 있는 까닭에 정면 상과 측면 상 외에 동서양 모두 이 둘을 한꺼번에 나타내는 부분 측면 상을 ⓐ발달시켰다. 그런데 흥미로운 것은 앞에서 보았듯 ㉠고대 이집트 벽화의 경우, 자연스러운 방식이 아니라 신체 부위에 따라 편의적으로 ⓑ봉합하는 방식으로 정면과 측면을 동시에 나타냈다는 점이다. 그 이유는 무엇일까?

일단 대부분의 벽화가 무덤에 그려진 벽화인 고분 벽화라는 사실에 주목할 필요가 있다. 고대 이집트인들은 무덤의 주인이 내세에서도 이승에서와 마찬가지로 사냥하고 잔치를 벌이며 살 것이라고 생각하였다. 그런데 무덤의 주인이 벽화에서 자연스러운 부분 측면 상으로 그려지면 그 원근 표현에 따라 사지* 중 일부가 작게 그려지거나 아예 안 보이는 경우가 생길 수 있다. 멀리 있거나 다른 것에 겹쳐져 있어 그렇게 보일 수도 있지만, 그 부분이 실제로 작거나 없어서 그렇게 보일 수도 있을 것이다. 하지만 이집트인들이 보기에 그런 염려를 준다는 것 자체가 문제였다. 자칫하면 무덤의 주인 즉, 사자(死者)는 작은 팔을 가지고, 혹은 사지 가운데 하나 없이 내세를 살아야 할 것이다. 고대 이집트인들에게 있어 인체의 일부를 작게 그려 넣는 것은 이처럼 원근에 따른 불가피한 시각적 표현이 아니라 실제의 크기를 줄여 버리는 것으로 느껴졌던 것이다. 그것은 불균형이요, 파괴였다. 이는 그들의 그림이 기본적으로 시각 상이 아니라 촉각 상에 ⓒ토대를 둔 것이었기 때문이다.

촉각 상이란 촉각적 경험이 가져다주는 이미지이다. 이를테면 동일한 종류의 사물이 앞뒤로 떨어져 있어서 한 지점에서 볼 때 크기가 달라 보여도 만져 보면 같듯, 사물의 객관적 형태나 모양에 대한 인식을 상으로 나타낸 것이다. 반면에 시각 상이란 시각적 경험이 가져다주는 이미지이다. 같은 사물도 보는 위치에 따라 더 크거나 작아 보이듯, 주체가 본 그대로 상을 나타낸 것이다. 그런 까닭에 시각적으로 어떻게 보이느냐보다 실제 그 형태나 모양이 어떤가에 더 관심을 둔 이집트 벽화는 시각 상보다 촉각 상을 더 중시한 그림이라고 할 수 있다.

원근법적 표현에 익숙한 오늘날의 시각에서 보면 이처럼 시각 상보다 촉각 상에 더 ⓓ치중하여 그린 이집트인들의 표현이 어색하게 느껴질 수 있다. 하지만 미술의 보다 보편적인 기능은 시각적 사실의 재현*이 아니라 세계에 대한 앎과 이해 그리고 느낌을 전달하는 데 있다. 이를 시각적 사실성에 의지해 표현하는 것은 그 전달을 위한 수많은 방법 중 하나에 불과한 것이다. 흔히 미술을 공간 예술이라고 하지만, 미술은 단순히 공간을 시각적 감각에 의지해 파악하고 표현하는 예술이 아니라, 공간과 세계에 대한 ⓔ총체적 이해를 토대로 그 속에서 벌어지는 갖가지 사건들에 대한 우리의 인식과 사유를 다양한 조형[*] 형식에 의존해 표현하는 예술이라

할 수 있다.

* 사지: 사람의 두 팔과 두 다리를 통틀어 이르는 말.
* 재현: 다시 나타남. 또는 다시 나타냄.
* 조형: 여러 가지 재료를 이용하여 구체적인 행태나 형상을 만듦.

0 ㉠의 특징이 잘 나타난 그림으로 적절한 것은 무엇인가요?

 복잡한 글도 그림으로 표현하면 훨씬 더 단순해져.

1 이 글을 읽고 답할 수 <u>없는</u> 질문은 무엇인가요?

① 미술의 보편적인 기능은 무엇일까?
② 시각 상과 촉각 상의 차이점은 무엇일까?
③ 동서양 인물화의 차이점은 왜 나타나는 것일까?
④ 인물화에 나타나는 원근법적 기법에는 어떤 것이 있을까?
⑤ 이집트 벽화는 시각 상과 촉각 상 중 어떤 것이 강조되어 있을까?

2 이 글의 내용 전개 방식으로 가장 적절한 것은 무엇인지 고르세요.

① 현상의 원인을 심층적으로 분석하고 있다. ☐
② 문제가 되는 현상에 대한 대안을 제시하고 있다. ☐
③ 추상적인 내용을 자신의 경험과 관련지어 설명하고 있다. ☐
④ 현상에 대한 의문을 전문가의 이론을 바탕으로 설명하고 있다. ☐
⑤ 대상 간의 차이점을 언급한 후 양자 간의 바람직한 조화를 강조하고 있다. ☐

3 이 글의 내용과 일치하지 <u>않는</u> 것은 무엇인가요?

① 고대 이집트 벽화는 대부분 고분 벽화이다.
② 고대 이집트인들은 영혼이 불멸한다고 믿었다.
③ 고대 이집트 벽화는 시각적 사실성을 중시하였다.
④ 서양에서는 측면을 나타낸 초상화가 많이 그려졌다.
⑤ 고대 이집트 벽화에는 측면과 정면이 혼합된 형태로 나타나 있다.

4 이 글을 바탕으로 〈보기〉를 이해한 내용으로 적절한 것은 무엇인가요?

┤보 기├

기원전 1400년 무렵의 이집트 고분 벽화, 「악사와 무희」

　이집트 벽화에서 사람을 그린 것임에도 정면과 측면의 봉합이 아니라 정면과 측면 어느 한쪽에서 본, 보다 사실적인 묘사를 한 그림들도 있다. 악사나 무희*를 그린 그림이 이에 해당한다. 이집트인들은 신분이 낮은 존재를 그릴 때는 시각 상에 가깝게 그리고, 파라오나 귀족처럼 신분이 높은 존재를 그릴 때는 촉각 상에 가깝게 그렸다.

* 무희: 춤을 잘 추거나 춤추는 것을 직업으로 하는 여자.

① 이집트 벽화에는 신분이 낮은 존재를 그릴 수 없었다.
② 이집트 벽화에서는 부분 측면 상이라는 방식으로 이미지를 드러낸다.
③ 신분이 낮은 존재는 보이는 대로, 신분이 높은 존재는 인식하는 대로 그려졌다.
④ 신분이 낮은 존재를 그릴 때는 사물의 객관적 형태나 모양에 대한 인식을 상으로 나타냈다.
⑤ 신분이 낮은 존재도 내세에는 다른 신분으로 태어날 수 있다는 이집트인들의 현실 인식이 드러나 있다.

이런 문제는 꼭 선지의 내용을 지문이나 〈보기〉 자료에 근거해서 해석해야 해. 맞는 말이라도 근거가 없으면 정답이 아니야.

5 ⓐ~ⓔ의 사전적 의미로 적절하지 <u>않은</u> 것은 무엇인가요?

① ⓐ: 학문, 기술, 문명, 사회 따위의 현상이 보다 높은 수준에 이름.
② ⓑ: 이미 있는 것에 덧붙이거나 보탬.
③ ⓒ: 어떤 사물이나 사업의 밑바탕이 되는 기초와 밑천.
④ ⓓ: 어떠한 것에 특히 중점을 둠.
⑤ ⓔ: 있는 것들을 모두 하나로 합치거나 묶은.

Q 다음은 생각을 읽을 수 있는 지문 구조도를 퍼즐로 나타낸 것입니다. 앞에서 읽은 글의 내용을 떠올리며 생각읽기 1~6에 해당하는 퍼즐을 선으로 연결해 보세요.

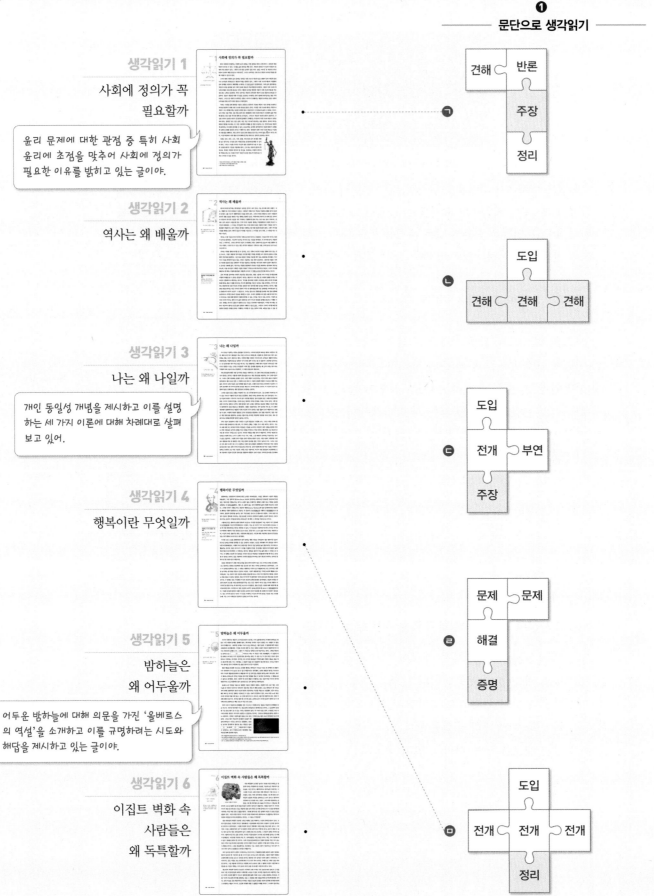

❶ 문단으로 생각읽기

생각읽기 1

사회에 정의가 꼭 필요할까

윤리 문제에 대한 관점 중 특히 사회 윤리에 초점을 맞추어 사회에 정의가 필요한 이유를 밝히고 있는 글이야.

ㄱ 견해 / 반론 / 주장 / 정리

생각읽기 2

역사는 왜 배울까

ㄴ 도입 / 견해 / 견해 / 견해

생각읽기 3

나는 왜 나일까

개인 동일성 개념을 제시하고 이를 설명 하는 세 가지 이론에 대해 차례대로 살펴 보고 있어.

ㄷ 도입 / 전개 / 부연 / 주장

생각읽기 4

행복이란 무엇일까

ㄹ 문제 / 문제 / 해결 / 증명

생각읽기 5

밤하늘은 왜 어두울까

어두운 밤하늘에 대해 의문을 가진 '올베르스 의 역설'을 소개하고 이를 규명하려는 시도와 해답을 제시하고 있는 글이야.

생각읽기 6

이집트 벽화 속 사람들은 왜 독특할까

ㅁ 도입 / 전개 / 전개 / 전개 / 정리

여섯가지 **생각읽기**로 이어졌던 학습이 마무리되는 장입니다.
❶ 생각읽기의 각 문단들을 **퍼즐로 구조화**하면서 글의 전체 내용과 짜임을 머릿속에 정리합니다.
❷ 문단 구조로 정리된 생각들을 **한 문장의 주제문으로 요약**해 봅니다.
❸ 단원을 관통한 큰 흐름인 빅 아이디어, 그 **한 단어로 배운 내용들을 통합**하면서 생각의 깊이를 더합니다.

❷ 한 문장으로 생각읽기

1 개인의 자유와 권리가 존중되고 구성원 각자의 권리와 의무가 공정하게 분배되기 위해서는 사회 구조와 제도의 ☐☐가 필요하다.

2 역사는 크게 '사실로서의 역사'와 '☐☐으로서의 역사'로 구분되며 우리가 배우는 역사는 후자에 속한다.

3 과거의 나를 현재의 나와 같은 사람이라고 말할 수 있는 근거에 대한 물음을 '개인 ☐☐☐' 문제라고 하는데, 이를 설명하는 이론에는 신체 이론, 영혼 이론, 심리 이론이 있다.

4 밀은 ☐☐이란 인간이 자긍심을 가지고 자기 발전을 이루어 나갈 때 도달할 수 있으며, 지성, 감성, 도덕성이라는 세 가지 차원의 능력이 종합적으로 발전된 상태라고 규정하였다.

5 작가이자 아마추어 천문가인 에드거 앨런 포는 밤하늘이 왜 어두운지를 빛의 ☐☐와 별의 ☐☐을 통해 설명하였다.

6 고대 이집트 벽화에서 인물의 정면과 측면의 모습이 동시에 나타나는 이유는 시각 상보다 ☐☐상을 더 중시했기 때문이다.

❸ 한 단어로 생각읽기

인간은 왜 같은 질문을 반복할까?

"새롭고 의미 있는 변화는 질문에서 비롯된다"

과학 패러다임의 획기적인 변화를 가져온 진화론은 호기심 많던 찰스 다윈의 질문 '인간은 어디에서 온 것일까?'에서 시작되었습니다. 또한 '사람이 새처럼 하늘을 날 수는 없을까?'라는 의문을 가진 라이트 형제 덕분에 우리는 비행기를 타고 전 세계를 누빌 수 있게 되었죠.

모두가 당연하게 생각한 것에 의문을 품고 스스로 답을 찾는 것, 우리는 이러한 질문을 '세상을 바꾸는 위대한 질문, 빅 퀘스천'이라고 부릅니다.

1초에 수천 개 이상의 정보를 처리하는 인공지능과 비교하면 인간의 문제 풀이 능력은 경쟁력이 될 수 없습니다. 하지만 질문을 던지고 변화를 이끌어 나가는 것은 결국 사람이 하게 될 것입니다. 우리는 질문이 중요한 세상에 살고 있습니다.

> 올바른 질문을 찾고 나면, 정답을 찾는 데는 5분도 채 걸리지 않을 것이다. 질문이 정답보다 중요하다.
> – 알버트 아인슈타인

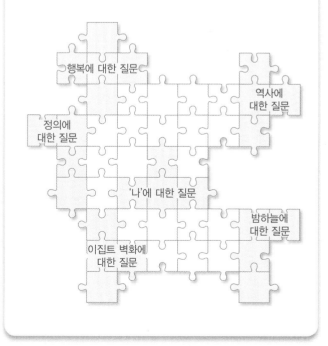

02 빅 퀘스천

생각읽기 1 사회에 정의가 꼭 필요할까

0 ①	1 ②	2 ④	3 ⑤	4 ①

❶ Q 정의란 무엇인가요?

정의는 잘못된 행위를 바로잡는 것, 다른 사람에게 피해를 준 만큼 보상하는 것, 각자의 몫을 정당하게 분배하는 것 등을 의미합니다. 오늘날에는 공정한 절차에 따라 자유와 평등이 조화롭게 실현된 상태를 의미하기도 합니다.

❷ 이 글은 현대 사회의 윤리 문제를 바라보는 관점에 따라 그 원인과 해결 방안이 달라질 수 있음을 밝히고 있습니다. 특히 니부어의 주장을 근거로 들어 개인의 자유와 권리가 존중되고, 구성원 각자의 권리와 의무가 공정하게 분배되기 위해서는 사회 구조와 제도의 정의가 필요함을 강조하고 있습니다.

■ 문단으로 생각읽기

[견해 – 반론 – 주장 – 정리]의 생각 구조

견해 제시
윤리 문제는 관점에 따라 원인과 해결 방안이 달라질 수 있음을 설명하며 개인 윤리의 관점을 먼저 소개함. (1문단)

반론 제기
현대 사회의 윤리 문제에 있어서 사회 윤리의 관점이 중요함을 강조하기 위해 니부어의 주장을 근거로 듦. (2문단)

핵심 주장
정의롭지 못한 사회는 구성원의 기본권을 침해하고 갈등을 일으키는 원인이 되기 때문에 사회 구조와 제도가 정의의 원리를 충족해야 한다고 주장함. (3문단)

내용 강조
사회 정의를 실현하기 위한 사회의 역할을 강조하며 마무리함. (4문단)

---

0 이 글에서는 개인의 자유와 권리가 존중되고, 구성원 각자의 권리와 의무가 공정하게 분배되기 위해서는 사회 구조와 제도가 정의로워야 한다고 말하고 있습니다. 따라서 표제로는 '사회에 정의가 필요한 이유'가 오는 것이 적절합니다. 또한 현대 사회의 윤리 문제는 대부분 사회 구조나 제도와 깊은 관련이 있어 이를 바로잡는 것이 중요하다고 하였으므로 부제로는 '사회 윤리를 중심으로'가 오는 것이 적절합니다.

❸ 출제 의도 글의 핵심 내용을 파악할 수 있는가를 확인하기 위해 글의 제목인 표제와 부제목인 부제를 묻고 있습니다.

1 4문단에서 정의로운 사회로 나아가기 위해서는 공정한 원칙과 기준이 적용되어야 한다는 내용은 찾을 수 있지만, 누가 그 원칙과 기준을 정해야 하는지는 확인할 수 없습니다.

오답 피하기 ① 1문단과 2문단에서 윤리 문제의 해결 방안으로 개인 윤리는 개인의 도덕성 함양을, 사회 윤리는 사회 구조와 제도를 바로잡는 노력을 강조한다고 하였습니다.
③ 1문단과 2문단에서 현대 사회에서 발생하는 다양한 윤리 문제에 대해 개인 윤리는 그 원인을 개인의 잘못된 이기심과 비양심에서 찾고 도덕성 함양을 문제의 해결 방안으로 제시한 반면, 사회 윤리는 사회 구조와 제도의 부도덕함, 부조리에 주목하여 이를 바로잡는 노력을 강조한다고 하였습니다.
④ 3문단에서 사회 제도가 추구해야 할 제1 덕목으로 정의를 언급하고 있습니다.
⑤ 3문단에서 정의롭지 못한 사회 구조와 제도는 구성원의 기본권을 침해하고, 구성원 간의 갈등을 일으키는 원인이 된다고 하였습니다.

2 2문단에서 니부어는 개인의 도덕성과 집단의 도덕성을 구분하고, 집단이 개인에 비해 이기심을 조절하고 억제하는 힘이 현저히 떨어진다고 하였습니다. 그래서 도덕적인 개인이라도 집단으로는 이기적인 모습을 보여 줄 수 있고, 그러한 이기적인 행동이 사회적 갈등을 유발할 수 있다고 본 것입니다. 〈보기〉에서는 이러한 사회적 갈등이 사회 구조와 제도 차원에서 사회 정의의 실현을 통해 극복될 수 있다고 하였습니다. 이를 통해 사회 구조와 제도가 정의로울 때 개인의 도덕성이 올바르게 표현되어 도덕적인 사회로 나아갈 수 있다는 것이 니부어의 관점임을 짐작할 수 있습니다.

오답 피하기 ① 2문단에서 니부어는 집단이 개인에 비해 이기심을 조절하고 억제하는 힘이 현저히 떨어진다고 하였고, 〈보기〉에서도 개인들이 보여 주는 것보다 훨씬 심각한 이기주의가 모든 집단에서 나타난다는 것을 확인할 수 있습니다.
② 2문단과 〈보기〉에서 니부어는 개인의 도덕성과 개인이 모인 집단의 도덕성을 구분하여, 집단의 이기심을 사회의 갈등 요인으로 더 주목했음을 알 수 있습니다.
③ 2문단과 〈보기〉 모두 사회의 갈등은 도덕적 권고만으로 해결하는

데 한계가 있으며, 이를 극복하기 위해서는 사회 구조와 제도가 정의로워야 한다고 주장하였습니다.

⑤ 2문단에서 니부어는 개인의 도덕성 함양과 함께 사회의 도덕성을 고양시켜야 한다고 주장하였으며, 〈보기〉에서 사회의 갈등은 도덕적 권고만으로 해결하는 데 한계가 있으며, 사회 구조와 제도 차원에서 사회 정의의 실현을 통해 극복할 수 있다고 하였습니다.

3 2문단에 따르면, 사회 윤리(ⓒ) 관점에서는 사회 구조와 제도에 내재된 부조리에 관심을 가지고 개인의 도덕성 함양과 더불어 사회 구조와 제도를 바로잡는 노력을 강조한다고 하였습니다.

4 2문단에서 개인의 도덕성과 개인이 모인 집단의 도덕성을 구분해야 한다고 하였으므로, 〈보기〉에서 개인으로서의 교사의 행동과 집단으로서의 교사의 행동은 구분되어야 할 것입니다.

오답피하기 ②, ③, ④ 공정한 경기가 이루어지지 못하고, 교사들이 경기 중 반칙을 한 것은 교사 개개인의 이기심과 비양심 때문이 아니라 집단으로서의 이기심이 발휘되었기 때문입니다.

⑤ 2문단에서 현대 사회의 윤리 문제는 개인의 양심이나 도덕성의 회복만으로 해결하기에는 한계가 있다고 보고, 개인의 도덕성 함양과 더불어 사회 구조와 제도를 바로잡는 노력을 강조하고 있습니다. 그러므로 〈보기〉에서 경기가 공정하게 이루어지기 위해서는 엄격한 규칙의 적용이 중요하다는 것을 짐작할 수 있습니다.

---

0 ②	**1** ④	**2** ②	**3** ④	**4** ⑤

Q '사실로서의 역사'와 '기록으로서의 역사'는 어떻게 다를까요?

'사실로서의 역사'는 과거에 일어난 객관적 사실이며, '기록으로서의 역사'는 역사가가 다양한 관점에서 과거 사실을 해석하고 평가하여 재구성한 것입니다.

이 글은 역사를 '사실로서의 역사'와 '기록으로서의 역사'로 구분하고, 우리가 배우는 역사는 '기록으로서의 역사'임을 밝히며, 우리가 역사를 공부하는 이유에 대해 서술하고 있습니다.

■ **문단으로 생각읽기**

[도입 – 전개 – 부연 – 주장]의 생각 구조

도입 ─ 흥미 유발
반구대 바위그림과 무령왕릉 지석을 예로 들며 문자 기록의 중요성을 언급함. (1문단)

전개 부연 ─ 개념 정의
'사실로서의 역사'와 '기록으로서의 역사'를 구분하고, 우리가 배우는 역사는 '기록으로서의 역사'임을 서술함. (2, 3문단)

주장 ─ 핵심 주장
'역사를 공부하는 이유'에 대한 글쓴이의 주장을 제시함. (4문단)

원리로 생각읽기

독해연습 1 **1** 거짓말 **2** 중심 문장: (가), 뒷받침 문장: (나)
독해연습 2 **1** 한옥 **2** 자연환경

혼자 공부하기에 충분하도록! 친절하고 꼼꼼한 정답과 해설입니다.
❶ 생각읽기 지문의 왼쪽에 제시되었던 **Q의 정답**을 확인할 수 있습니다.
❷ 각 문단의 성격과 내용을 퍼즐로 이미지화한 **생각 구조**를 통해 글의 내용을 쉽게 정리할 수 있습니다.
❸ 0번 문항에는 **출제 의도**가 제시되어 있어서 출제자의 생각을 헤아려 볼 수 있도록 도와줍니다.

0 이 글에서는 역사를 배움으로써 현재는 물론 미래를 바라보는 역사적 통찰력을 가질 수 있음을 언급하고 있으며, 〈보기〉의 독일 '슈톨퍼슈타인'과 승전 기념탑 주위의 기념물들은 과거의 잘못을 반성하기 위한 것임을 알 수 있습니다. 이를 통해 역사를 배움으로써 과거를 기억하고 과거의 잘못을 되풀이하지 않을 수 있다는 것을 이해할 수 있습니다.

오답 피하기 ① 3문단에서 역사가는 검증된 기록 중 의미 있는 내용만을 추려내어 역사를 서술한다고 하였으므로 과거의 기록이 모두 역사가 되는 것은 아닙니다.
③ 〈보기〉의 기념물들은 역사적 사실을 왜곡하는 것이 아니라, 과거의 잘못을 반성하기 위한 것입니다.
④, ⑤ 〈보기〉의 기념물들은 유물이나 사료가 아니라 현대인들이 과거의 잘못을 기억하고 되풀이하지 않기 위해 만든 것입니다. 문장 자체로는 맞는 서술이지만 〈보기〉와 연결해 이해한 내용으로는 적절하지 않습니다.

1 3문단에 따르면, 수많은 기록들 가운데 필요한 것을 선택하여 역사를 서술하는 과정에는 필연적으로 역사가의 주관적 관점이 들어갈 수밖에 없다고 했습니다. 이는 역사가가 다양한 관점에서 사실을 해석하고 평가하여 재구성하기 때문입니다. 그러므로 ④의 '역사가는 문익점이 목화씨를 가져온 사실에 대해 객관적으로 기록할 의무가 있겠군.'은 반응으로 적절하지 않습니다.

오답 피하기 ①, ②, ③ 이 글에 따르면 문익점의 세세한 삶 모두는 '사실로서의 역사'로 볼 수 있습니다. 반면에 역사가는 '문익점이 목화씨를 가져온 사실'을 의미 있다고 판단해 기록으로 남겼으므로 문익점이 목화씨를 가져온 사실은 '기록으로서의 역사'로 볼 수 있습니다.
⑤ 3문단에서 역사는 서술하는 과정에서 역사가의 주관적 입장이 들어가게 되고, 다양한 관점으로 과거 사실을 해석하고 재평가할 수 있다고 하였습니다. 따라서 문익점이 목화씨를 가져온 사실에 대해 다른 나라의 역사가들은 다른 관점으로 평가할 수 있다는 것을 짐작할 수 있습니다. 목화씨를 몰래 숨겨 들여온 문익점의 행위는 우리 입장에서 보면 나라를 위한 행위일 수 있으나, 다른 나라의 입장에서 보면 자기 나라의 이익을 위해 범법을 저지른 인물로 판단할 수도 있는 것입니다.

2 '기록으로서의 역사(㉠)'는 역사가가 과거 사실을 해석하고 평가하여 재구성한 것입니다. ②는 '고려인들은 몽골의 침략에 저항하였다.'라는 사실에 '고려의 자주성을 보여 주었다.'라는 역사가의 평가가 들어가 있습니다.

3 3문단을 보면 역사를 서술하는 과정에서 역사가의 주관적 입장이 들어가게 된다고 하였고, 〈보기〉에서도 진의 시황제에 대해 두 나라의 역사가가 서로 다른 평가를 내리고 있는 것을 볼 수 있습니다. 따라서 '한나라와 송나라의 역사가들은 역사를 서술하는 데 있어 주관성을 완전히 배제하기 위해 노력했다'는 것은 적절하지 않습니다.

오답 피하기 ① 한나라와 송나라의 역사가가 같은 인물에 대해 다르게 서술하고 있는 것으로 보아, 역사는 역사가의 사관이나 시대가 지남에 따라 변할 수 있음을 알 수 있습니다.
② 시황제에 대해 한의 역사가는 중국의 기틀을 다졌다고 평가했고, 송나라의 역사가는 나라를 위태롭게 하였다고 다르게 해석하고 있습니다.
③ 한나라의 역사가는 시황제를 긍정적으로, 송나라의 역사가는 부정적으로 평가하고 있습니다.
⑤ 한나라의 역사가는 진의 시황제가 한 일 중에서 나라를 통일한 것과 흉노의 침입을 막아 내고 나라의 기틀을 다진 것을 기록하였고, 송나라의 역사가는 무리한 토목건축으로 재정을 낭비하여 나라를 위태롭게 한 것을 기록하였으므로, 기록해야 한다고 판단한 것이 서로 달랐음을 알 수 있습니다.

4 ⓐ의 '담겨 있다'는 '어떤 내용이나 사상이 그림, 글, 말, 표정 따위 속에 포함되거나 반영되다.'의 의미로 쓰였습니다. 이와 유사한 의미로 쓰인 것은 ⑤입니다.

오답 피하기 ①, ③, ④에서 '담겨 있다'는 '어떤 물건이 그릇 따위에 넣어지다.'의 의미로 쓰였고, ②에서 '담겨 있다'는 '김치·술·장·젓갈 따위를 만드는 재료가 버무려지거나 물이 부어져서, 익거나 삭도록 그릇에 보관되다'의 의미로 쓰였습니다.

생각읽기 **3** 나는 왜 나일까

0 ①　　**1** ①　　**2** ④　　**3** ②　　**4** ⑤

Q 개인 동일성을 판단하기 위한 이론에는 무엇이 있나요?

이 글에는 개인 동일성을 판단할 때 근거가 되는 세 가지의 이론을 소개하고 있습니다. '신체 이론', '영혼 이론', '심리 이론'이 그것입니다.

이 글은 '나는 왜 나일까'라는 의문에 대한 대답을 '개인 동일성의 문제로 규정하고, 이를 설명하는 세 가지 이론인 신체 이론, 영혼 이론, 심리 이론을 소개하고 있습니다.

▣ 문단으로 생각읽기

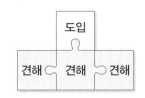

[도입 – 견해 – 견해 – 견해]의 생각 구조

　　화제 소개
과거의 '나'가 현재의 '나'와 같은 사람이라고 말할 수 있는 근거로 개인 동일성 개념을 소개함. (1문단)

이론 제시 1
사람의 신체를 근거로 동일성을 판단하는 신체 이론을 소개함. (2문단)

이론 제시 2
사람의 영혼을 근거로 동일성을 판단하는 영혼 이론을 소개함. (3문단)

이론 제시 3
기억, 버릇, 느낌 따위의 심리적인 특성으로 동일성을 판단하는 심리 이론을 소개함. (4문단)

---

0 이 글은 개인 동일성을 판단하는 근거에 따라 신체 이론, 영혼 이론, 심리 이론으로 나눌 수 있음을 소개하고 각 이론을 설명하고 있습니다.

　출제 의도 글의 핵심 내용을 파악할 수 있는가를 확인하기 위해 글의 제목인 표제와 부제목인 부제를 묻고 있습니다.

1 이 글은 가정과 예시의 방법을 통해 독자들에게 내용을 쉽게 설명해 흥미를 유발하고 있습니다. 먼저 2문단에서는 어떤 사람이 10년이라는 시간이 흘러 용모나 체격이 달라진 상황을 가정하고 있고, 3문단에서는 왕자와 거지가 기억과 감정은 그대로인 채 몸만 바뀐 상황을, 4문단에서는 신체는 그대로인데 뇌가 바뀌는 상황을 가정하고, 이러한 상황들을 예로 들어 독자의 흥미를 불러일으키고 있습니다.

2 개인 동일성 문제가 제기된 역사적 배경은 이 글에서 확인할 수 없습니다.

　오답 피하기 개인 동일성의 개념(①)은 1문단에서, 개인 동일성을 설명하는 이론(②)과 각 이론의 한계점(③)은 2, 3, 4문단에서 확인할 수 있습니다. 그리고 개인 동일성을 판단하는 심리적인 특성(⑤)은 4문단에서 확인할 수 있습니다.

3 심리 이론(㉠)은 개인 동일성을 보장해 주는 근거가 신체가 아닌 기억, 버릇, 느낌 따위의 심리적인 특성이라고 하였습니다. 그러므로 심리 이론에 따르면 기억을 잃은 수진은 동일성을 가지고 있지 않다고 판단할 것입니다.

　오답 피하기 ① 심리 이론에서 다른 사람의 기억 여부는 그 사람의 동일성을 판단하는 근거가 되지 않으므로 이를 근거로 수진의 동일성을 판단할 수 없습니다.
③ 영혼을 근거로 동일성을 판단하는 것은 영혼 이론입니다. 영혼 이론은 기억에 상관없이 영혼의 존재를 확인할 수 없기 때문에 이를 근거로 동일성 여부를 판단하는 것이 불가능하다고 보는 이론입니다.
④ 수진이 기억을 잃은 것은 뇌가 점점 죽어 가기 때문이고, 이를 신체의 변화와 관련지어 동일성을 판단하는 것은 신체 이론입니다.
⑤ 수진의 신체가 연속되기 때문에 동일하다는 것은 신체 이론 관점에서 동일성을 판단한 것입니다.

4 〈보기〉에 따르면 많은 문화권에서 신체와 별도로 영혼이 존재한다고 믿었고, 신체와 다른 명칭으로 영혼을 불렀으며 플라톤과 아리스토텔레스는 둘에 대해 다른 관점을 보였다고 하였습니다. 이를 통해 사람들이 인간을 구성하는 기본 요소가 '신체'와 '영혼'이라고 생각한 것이 개인 동일성 문제에서 '신체 이론'과 '영혼 이론'이 등장하게 된 배경이 되었음을 추론할 수 있습니다.

생각읽기 4 행복이란 무엇일까

0 ①　　**1** ③　　**2** ④　　**3** ①　　**4** ①

Q 밀은 행복을 무엇이라고 생각했을까요?

밀은 행복이란 기쁨을 주는 것이고 고통이 없는 상태라고 정의하고, 인간의 타고난 능력을 최대한 발휘할 수 있는 상태를 의미한다고 생각하였습니다.

이 글은 철학자 밀이 생각하는 행복의 정의, 본질, 조건을 소개하고 있는 글입니다. 밀은 자긍심을 가지고 자기 발전을 이루어 나갈 때 인간이 행복해지며, 이를 위해 지성, 감성, 도덕성이라는 세 가지 차원의 능력을 종합적으로 발전시켜야 한다고 강조하고 있습니다.

📘 문단으로 생각읽기

[도입 – 전개 – 전개 – 전개 – 정리]의 생각 구조

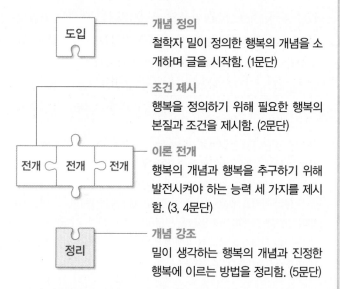

도입 — 개념 정의
철학자 밀이 정의한 행복의 개념을 소개하며 글을 시작함. (1문단)

전개 — 조건 제시
행복을 정의하기 위해 필요한 행복의 본질과 조건을 제시함. (2문단)

전개 — 이론 전개
행복의 개념과 행복을 추구하기 위해 발전시켜야 하는 능력 세 가지를 제시함. (3, 4문단)

정리 — 개념 강조
밀이 생각하는 행복의 개념과 진정한 행복에 이르는 방법을 정리함. (5문단)

원리로 생각읽기

독해연습 1　**1** 객관적인 증거는 없지만
　　2 외계인 또는 외계의 문명이 존재할 가능성은 언제나 열려 있다.　**3** 긍정 진술

독해연습 2　**1** ❹　　**2** 의미와 음성 둘 중에서 어느 하나라도 없으면 언어라고 할 수 없다.

---

0 이 글에서는 철학자 밀이 생각하는 행복의 정의, 조건, 진정한 행복에 이르는 방법 등을 소개하고 있습니다.

　출제 의도 글쓴이가 글을 통해 독자에게 전달하고자 한 내용과 집필 의도를 묻는 문제입니다.

1 4문단에서 밀은 감성은 이성에 의해 적절하게 제어되어야 한다고 보았습니다. 하지만 인간의 내재된 감성과 본능적 요소를 자연스럽게 발전시키는 것은 모든 사람이 지니고 있는 각자의 개별적 자기의식을 발전시키는 데 필수적인 요소라고 하였습니다. 그러므로 밀이 인간의 내재된 본능적 요소를 최대한 제어해야 한다고 본 것은 이 글의 내용과 일치하지 않습니다.

　오답 피하기 ① 4문단에서 밀은 진보하는 존재인 인간에게 가장 중요한 것이 바로 지적인 능력이라고 생각하였음을 확인할 수 있습니다. ②, ⑤ 4문단에서 밀은 인간의 도덕적 성숙을 발전의 요소로 제안하고, 도덕적 발전의 지표로 이기심을 억제하고 타인의 복지에 관심을 기울일 것을 요청했음을 확인할 수 있습니다.
④ 5문단에서 밀은 지성, 감성, 도덕성이라는 세 가지 차원의 능력이 종합적으로 발전된 상태가 행복이라고 규정했음을 확인할 수 있습니다.

2 1문단에서 벤담은 물질적 만족감을 높이는 것이 가장 좋은 것이고 곧 행복이라고 하였으므로 ④는 적절하지 않습니다. 물질적 만족은 우리가 추구하는 본질적 가치의 달성에 도움이 될 때만 의미를 가진다고 본 사람은 밀입니다.

3 3문단에 나타나 있듯이, 밀이 생각하는 행복이란 인간의 타고난 능력을 최대한 발휘할 수 있는 상태를 의미합니다. 계속해서 자기 발전을 이루어 나갈 때 인간은 행복해진다는 것입니다. 그에 비해 〈보기〉의 에피쿠로스는 쾌락을 적극적으로 추구하기보다 욕망을 절제하고 욕심 없이 살아가는 것을 강조하고 있으므로 자기 발전을 강조했다고 볼 수 없습니다.

　오답 피하기 ② 〈보기〉에서 에피쿠로스가 신체에 어떠한 고통도 없으면서 동시에 정신에도 불안과 근심이 없는 상태를 이상적인 상태로 여겼다는 내용을 확인할 수 있습니다. 이로 보아 에피쿠로스도 밀과 같이 고통이 없는 상태를 행복이라고 판단했음을 알 수 있습니다.
③ 4문단에서 밀이 지적인 능력의 활용을 중시했다는 내용을 확인할 수 있지만, 지적인 능력에 대한 에피쿠로스의 견해는 〈보기〉에서 확인할 수 없습니다.
④ 〈보기〉에서 에피쿠로스는 쾌락을 적극적으로 추구한다고 해서 더 큰 행복을 가져오는 것이 아니라 욕망을 절제할 때 더 많이 얻을 수 있다고 하였으므로, 감성을 제어해야 한다고 생각했음을 판단할 수 있습니다.
⑤ 1문단에서 밀은 물질적 만족은 본질적 가치의 달성에 도움이 될

때만 의미가 있고, 자신의 능력을 발전시키기 위해 노력해야 한다고
했으며, 〈보기〉에서 에피쿠로스는 욕망을 절제할 때 행복을 더 많이
얻을 수 있다고 했기 때문에 둘 다 욕망을 적극적으로 추구했다고
볼 수 없습니다.

4 ⓐ의 '정의'는 '어떤 말이나 사물의 뜻을 명백히 밝혀 규정
함. 또는 그 뜻.'의 의미를 지니고 있습니다. 그런데 ①의
'우리 모두 힘을 합쳐 정의가 구현되는 사회를 만들자.'에
사용된 '정의'는 '진리에 맞는 올바른 도리.'라는 뜻이므로
적절하지 않습니다.

0 ②   1 ⑤   2 ①   3 ②   4 ②

Q 올베르스는 밤하늘이 왜 어둡다고 생각했나요?
올베르스는 밤하늘이 어두운 이유가 우주 공간에 빛을 흡수하는 물질,
성간 가스나 먼지 같은 것들이 존재하기 때문이라고 생각했습니다.

이 글은 어두운 밤하늘에 대해 의문을 가진 '올베르스의 역설'을
소개하고, 밤하늘이 어두운 이유를 규명하기 위한 여러 이론과
이론이 지닌 문제점을 설명한 뒤, 그 해답을 제시하고 있습니다.

■ **문단으로 생각읽기**

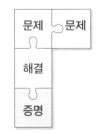

[문제 – 문제 – 해결 – 증명]의 생각 구조

문제 제기
올베르스의 역설을 소개하고 밤하늘이 어두운
이유에 대한 과학자들의 이론과 그 문제점을
제시함. (1, 2문단)

문제 해결
빛의 속도와 별의 수명을 통해 밤하늘이 왜 어
두운지를 밝혀낸 포의 해답을 제시함. (3문단)

이론 증명
빛의 한정된 속도와 별의 한정된 수명 때문에
밤하늘이 어둡다는 포의 이론을 영국의 물리학
자 켈빈이 계산을 통해 증명함. (4문단)

0 1문단에서 제시된 올베르스의 역설은 우주가 무한하고 별들이 고르게 분포되어 있다면 밤하늘은 별들로 가득 메워져 밤에도 환해야 하는데, 실제로 우리가 보는 밤하늘은 어둡다는 것입니다. 그러므로 ㉠에 들어갈 내용은 '어두운 밤하늘의 역설'이 적절합니다.

출제 의도 글의 화제를 찾는 문제입니다. 글을 읽을 때에는 무엇에 대해 밝히고 있는 글인지 파악할 수 있어야 합니다.

1 이 글은 밤하늘이 어두운 이유에 대해 별빛을 차단하는 성간 가스나 먼지 같은 것들이 존재하기 때문이라고 설명한 올베르스의 이론과 먼 곳에서 온 별빛이 너무 희미하여 우리 눈으로 볼 수 없기 때문이라고 설명한 핼리의 이론을 소개하고, 각 이론의 문제점을 제시하고 있습니다. 그리고 빛의 속도는 한정되어 있고, 별이 처음부터 존재하지 않았기 때문에 밤하늘이 어두운 것이라는 포의 이론을 제시하고 있습니다.

2 3문단에서 포는 밤하늘이 왜 어두운지에 대해 설명하면서 빛의 속도와 별의 수명이라는 자료를 처음으로 도입했다고 하였습니다. 또한 4문단에서 일정 시간 동안 빛이 갈 수 있는 거리는 한정되어 있으며, 별이 처음부터 존재한 것은 아니기 때문에 밤하늘이 어둡다고 보았으므로 ⓐ에 들어갈 말은 '한정된 속도', ⓑ에 들어갈 말은 '한정된 수명'이 적절합니다.

3 〈보기〉에 따르면 지구에서 관측되는 모든 외계 천체들의 스펙트럼에서는 적색 편이가 공통적으로 나타난다고 하였으므로 ②는 적절하지 않습니다.

오답 피하기 ① 〈보기〉에서 우주의 모든 별들은 지구로부터 멀어지면서 적색 편이가 나타난다고 설명하고 있습니다. 이는 빛이 지구에 다다르는 속도보다 우주의 팽창으로 인해 지구로부터 멀어지는 속도가 더 빠르기 때문입니다.
③ 2문단에서 아무리 희미한 별빛이라도 모든 방향에서 빛이 온다면 모든 곳이 밝아진다고 하였습니다.
④ 〈보기〉에서 우주 팽창으로 우주의 모든 별들이 지구로부터 멀어지고 있다는 내용을 확인할 수 있습니다.
⑤ 이 글의 마지막 문단에서 밤하늘을 밝히는 별의 개수는 유한하다고 하였고, 〈보기〉에서 모든 별들이 지구로부터 멀어지고 있다는 내용을 확인할 수 있습니다.

4 마지막 문단에서 일정한 시간 동안 빛이 갈 수 있는 거리는 한정되어 있다고 하였고 우주 공간을 지나가려면 시간이 소요됩니다. 그렇다면 지금 우리가 보고 있는 별빛은 과거에 출발한 빛이 지금 우리 눈에 보이는 것이라고 추론할 수 있습니다(ㄱ). 또한 같은 이유로 시간이 지나면 새로운 빛이 도착해 지금의 밤하늘에 어둡게 보이던 부분에 별이 새롭게 나타날 수 있다는 내용을 추론할 수 있습니다(ㄹ).

오답 피하기 ㄴ. 3문단에서 빛의 속도는 한정되어 있다고 하였지만, 먼지와 가스층이 빛의 속도에 영향을 미친다고 추론할 수 없습니다.
ㄷ. 2문단에서 모든 방향에서 빛이 온다면 모든 곳이 밝아질 것이라고 하였으므로, 빛의 속도가 무한히 빠르다면 우주 공간에 있는 별들의 빛이 모두 전달되어 밤하늘의 별이 지금보다 밝게 빛나는 것이 아니라 밤하늘이 낮처럼 밝아져 별을 볼 수 없게 될 것이라고 추론할 수 있습니다.

6 이집트 벽화 속 사람들은 왜 독특할까

0 ④ **1** ④ **2** ① **3** ③ **4** ③
5 ②

Q 고대 이집트 사람들은 왜 벽화에서 인물의 정면과 측면이 동시에 나타나도록 그렸을까요?

고대 이집트인의 그림은 기본적으로 시각 상이 아니라 촉각 상에 토대를 두었기 때문입니다.

이 글은 고대 이집트 벽화에서 인물의 정면과 측면의 모습이 신체 부위에 따라 편의적으로 봉합하는 방식으로 동시에 나타나는 이유를 시각 상과 촉각 상의 개념을 바탕으로 설명하고 있습니다. 더불어 우리의 인식과 사유를 표현하는 예술로서의 미술의 의의를 서술하고 있습니다.

■ 문단으로 생각읽기

[도입 – 전개 – 부연 – 주장]의 생각 구조

 ―― 흥미 유발
시각 자료를 통해 이집트 벽화에 인물의 정면과 측면이 동시에 나타나는 이유에 대해 호기심을 유발함. (1문단)

전개┬부연 ―― 화제 설명
이집트의 벽화는 촉각 상에 토대를 둔 것임을 설명하고 시각 상과 촉각 상의 개념과 특징에 대해 부연 설명함. (2, 3문단)

 ―― 핵심 주장
미술은 우리의 인식과 사유를 표현하는 예술로서의 의의를 가진다는 점을 강조하며 마무리함. (4문단)

---

0 1문단에 따르면, 고대 이집트 벽화 대부분이 얼굴과 다리는 측면에서 본 모습으로, 가슴과 눈은 정면에서 본 모습으로 그려졌다고 하였으므로 ㉠의 특징이 잘 나타난 그림은 ④입니다.

출제 의도 화제와 관련된 주요 정보를 바르게 이해하고 이를 시각적으로 표현할 수 있는지 확인하는 문제입니다.

1 인물화의 원근법적 기법에 대한 내용은 이 글에서 찾을 수 없습니다. 또한 고대 이집트 벽화에서는 원근법이 사용되지 않았습니다.

오답 피하기 ① 4문단에서 미술의 보편적인 기능은 시각적 사실의 재현이 아니라 세계에 대한 앎과 이해, 느낌을 전달하는 것이라고 하였습니다.
② 3문단에서 시각 상은 주체가 본 그대로 상을 나타내는 것이고, 촉각 상은 사물의 객관적 형태나 모양에 대한 인식을 상으로 나타낸 것이라고 하였습니다.
③ 1문단에 따르면 동양에서는 인물을 그릴 때 정면 상이 대상의 인품과 특징을 압축적으로 보여 준다고 생각해 정면에서 본 모습을 주로 그렸다고 하였습니다. 그에 비해 서양에서는 해부학적 구조상 옆에서 얼굴 특징이 또렷이 살아나기 때문에 측면에서 본 모습을 적극적으로 그렸다고 하였습니다.
⑤ 2, 3문단에서 이집트 벽화는 시각 상보다 촉각 상을 더 중시한 그림이라고 하였습니다.

2 이 글은 고대 이집트 벽화에서 사람들의 모습이 정면과 측면이 혼합되어 나타나는 현상과 그 원인에 대해 심층적으로 분석하고 있습니다.

3 3문단에서 고대 이집트 벽화는 시각적으로 어떻게 보이느냐보다 실제 그 형태나 모양이 어떤가에 더 관심을 두었다고 하였습니다.

4 〈보기〉에서 신분이 낮은 존재를 그릴 때는 시각 상에 가깝게 그리고, 파라오나 귀족처럼 신분이 높은 존재를 그릴 때는 촉각 상에 가깝게 그렸다고 하였습니다. 3문단에 따르면 시각 상은 주체가 본 그대로 상을 나타낸 것이며, 촉각 상은 사물의 객관적 형태나 모양에 대한 인식을 상으로 나타낸 것이라고 하였으므로 ③이 적절합니다.

오답 피하기 ① 〈보기〉는 신분이 낮은 악사와 무희가 그려진 그림에 대한 설명이므로 신분이 낮은 존재는 그려질 수 없었다는 것은 적절하지 않습니다.
② 1문단에서 이집트 벽화에서는 정면과 측면을 신체 부위에 따라 편의적으로 나타냈다는 것을 알 수 있지만, 〈보기〉에서는 부분 측면 상이 아니라 측면 상과 정면 상이 모두 나타나고 있음을 알 수 있습니다.

④ 사물의 객관적 형태나 모양에 대한 인식을 상으로 나타낸 것은 촉각 상입니다. 〈보기〉에서 신분이 낮은 존재는 촉각 상이 아니라 시각 상에 가깝게 그려졌음을 확인할 수 있습니다.

⑤ 2문단에서 무덤 속의 주인공은 내세에서도 이승에서와 같이 사냥하고 잔치를 벌이며 살 것이라고 하였습니다. 내세에 다른 존재로 태어날 수 있다는 것은 이집트인들의 현실 인식이 아니므로 적절하지 않습니다.

5 ⓑ에서 '봉합(縫合)'은 '꿰매어 붙임.'의 의미로 쓰였습니다. '이미 있는 것에 덧붙이거나 보탬.'은 '첨가'의 의미이므로 적절하지 않습니다.

생각의 구조화 MIND MAP

생각읽기1 ㉠	생각읽기2 ㉢	생각읽기3 ㉡
생각읽기4 ㉤	생각읽기5 ㉣	생각읽기6 ㉢
1 정의	2 기록	3 동일성
4 행복	5 속도, 수명	6 촉각

디딤돌 독해력 MASTER PLAN

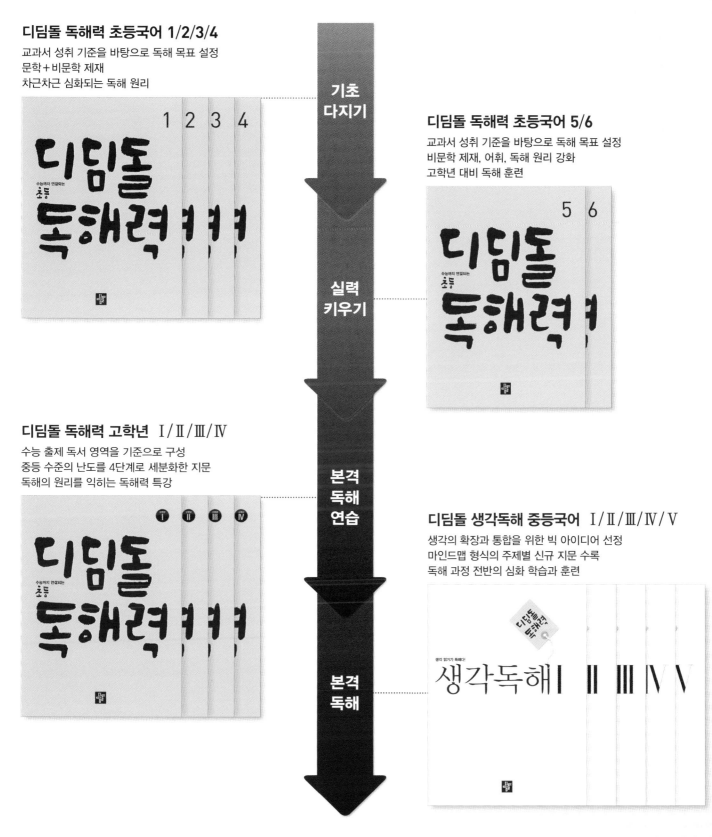

디딤돌 독해력 초등국어 1/2/3/4
교과서 성취 기준을 바탕으로 독해 목표 설정
문학＋비문학 제재
차근차근 심화되는 독해 원리

기초 다지기

디딤돌 독해력 초등국어 5/6
교과서 성취 기준을 바탕으로 독해 목표 설정
비문학 제재, 어휘, 독해 원리 강화
고학년 대비 독해 훈련

실력 키우기

디딤돌 독해력 고학년 Ⅰ/Ⅱ/Ⅲ/Ⅳ
수능 출제 독서 영역을 기준으로 구성
중등 수준의 난도를 4단계로 세분화한 지문
독해의 원리를 익히는 독해력 특강

본격 독해 연습

디딤돌 생각독해 중등국어 Ⅰ/Ⅱ/Ⅲ/Ⅳ/Ⅴ
생각의 확장과 통합을 위한 빅 아이디어 선정
마인드맵 형식의 주제별 신규 지문 수록
독해 과정 전반의 심화 학습과 훈련

본격 독해

수능 실전 독해

고등에서 만나게 될
디딤돌 독해력도 기대해 줘!

해당 부록은 **디딤돌 생각독해**의 교재 학습 시스템을 확인할 수 있도록
내용 일부를 재구성하여 실었습니다.

53710

9 788926 162019
ISBN 978-89-261-6201-9

⚠ 주 의

• 책의 날카로운 부분에 다치지 않도록 주의하세요.
• 화기나 습기가 있는 곳에 가까이 두지 마세요.

(주)디딤돌 교육은 '어린이제품안전특별법'을 준수하여 어린이가
안전한 환경에서 학습할 수 있도록 노력하고 있습니다.
KC마크는 이 제품이 공통안전기준에 적합하였음을 의미합니다.

중등 국어문법의 모든 것!

디딤돌
국어

문제로
국어문법

디딤돌

이 책을 쓰신 분들

윤구희 서울대학교 사범대학 부설중학교
정송희 고려대학교 사범대학 부속중학교
최주희 북악중학교

문제로 국어문법 [중등 국어]

펴낸날 [초판 1쇄] 2022년 7월 1일 [초판 4쇄] 2024년 7월 1일
펴낸이 이기열
펴낸곳 (주)디딤돌 교육
주소 (03972) 서울특별시 마포구 월드컵북로 122 청원선와이즈타워
대표전화 02-3142-9000
구입문의 02-322-8451
내용문의 02-325-6800
팩시밀리 02-335-6038
홈페이지 www.didimdol.co.kr
등록번호 제10-718호
구입한 후에는 철회되지 않으며 잘못 인쇄된 책은 바꾸어 드립니다.

중등 국어문법의 모든 것!

문제로
국어문법

디딤돌
국어

디딤돌

이 책의 구성과 특징

개념 학습	1단계	2단계	3단계
테마별 국어문법의 핵심 개념 학습하기	기본 연습 기초 문제를 통해 배운 개념 확인하기	실전 연습 응용 문제를 통해 실전 문제에 대한 감 익히기	문제로 실력 평가 기출 문제와 실전 종합 문제를 통해 실력 점검하기

시험 출제 지수 내신, 학업성취도평가, 고입 선발고사, 학력평가에서 출제된 문항을 분석하여 각 테마의 출제 지수를 표기하였습니다.

문제로 실력 평가 최근 5개년 학업성취도평가, 고입 선발고사, 학력평가의 기출 문제를 수록하였고, 출제 유형을 반영한 종합 문제를 함께 담았습니다.

쉽게 쓴 정의 교과서 정의만으로 이해하기 어려운 개념들을 보다 알기 쉽게 풀어서 설명하였습니다.

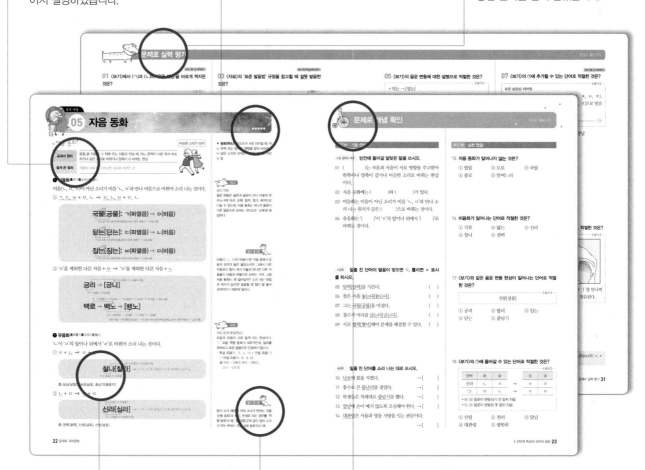

개념의 도식화 문법 개념이 우리말에 어떻게 적용되는지를 한눈에 알아보고 쉽게 이해할 수 있도록 시각적으로 구현하였습니다.

알아 둘 것! 개념을 쉽고 빠르게 익히기 위한 비법이나 헷갈리기 쉬운 내용 등을 제시하였습니다.
참고 개념과 함께 알아 두면 유익한 내용들을 덧붙여 두었습니다.

문제로 개념 확인 개념을 재확인하고 응용할 수 있도록 1, 2단계의 수준별 문항들을 수록하였습니다.

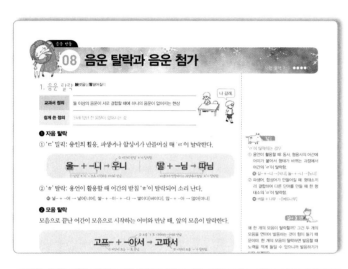

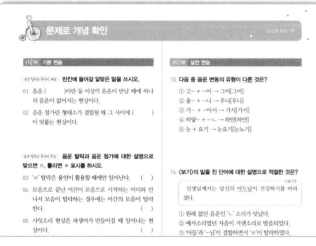

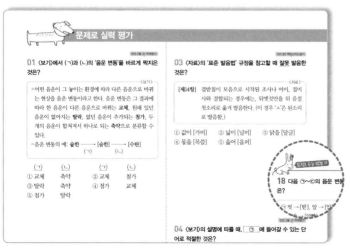

개념 학습   교과서 문법의 개념 총정리

교과서에 나오는 국어문법의 핵심 내용을 30개의 테마로 선별하고, 꼭 알아 두어야 할 내용들을 알기 쉽게 구성하였습니다.
학습자의 이해를 돕기 위해 난도가 있는 개념은 예시를 시각적으로 제시하여 한눈에 보고 익힐 수 있도록 하였습니다.

문제로 개념 확인   단계별 훈련

1단계 기본 연습 앞서 학습한 국어문법의 필수 개념을 드릴형 연습 문제로 반복 학습함으로써 주요 개념을 꼼꼼하게 익히고 이해할 수 있도록 하였습니다.

2단계 실전 연습 필수 개념을 응용한 실전 문제를 통해 시험에서 출제되는 문제의 유형을 파악하고, 문제 해결력을 높일수 있도록 하였습니다. 또한 체계적인 문제 풀이 학습을 통해실전에 대한 자신감을 기를 수 있습니다.

문제로 실력 평가   테마를 아우르는 통합형 문제

각 테마에서 다룬 필수 개념들을 아우르는 통합형 문제를 통해 문법 테마를 심화 학습할 수 있도록 하였습니다. 특히 학업성취도평가, 고입 선발고사, 학력평가의 기출 문제를 수록하여 이에 대비할 수 있도록 하였습니다.

개념 콕! 핵심 콕! 문제 풀이에 꼭 필요한 개념이나 테마에서 중요한 핵심 내용을 다시 한 번 짚고 넘어갈 수 있도록 하였습니다.

도전! 수능 맛보기 최근 6개년 수능 문제 중 해당 테마를 대표하는 문항을 선별하여 수록함으로써 수능의 출제 유형을 미리 맛볼 수 있도록 하였습니다.

이 책의 차례

매일 정해진 양을 공부하고 ☐ 에 ∨ 표시를 해 보세요.
딱 한 달이면 국어문법을 끝낼 수 있어요.

핵심 용어 빨리 찾기

I

언어의 특성과 국어의 음운

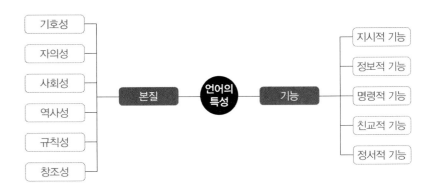

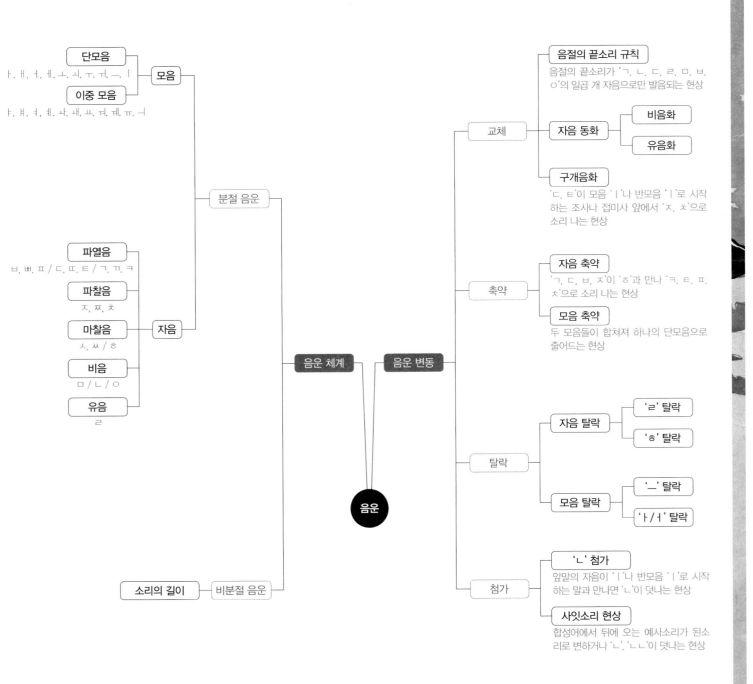

01 언어의 본질과 기능

언어 言말씀언 語말씀어

교과서 정의	생각, 느낌 따위를 나타내거나 전달하는 데에 쓰는 음성, 문자 따위의 수단. 또는 그 음성이나 문자 따위의 사회 관습적인 체계
쉽게 쓴 정의	특정한 '뜻'을 특정한 '말과 글'로 표현하자는 약속으로, 생각과 느낌 따위를 전달하는 의사소통의 수단

❶ 언어의 본질

기호성	언어는 '뜻'이라는 내용과 '음성과 문자'라는 형식으로 이루어진 기호 체계이다.	예 '사람이 걸터앉는 데 쓰는 기구'라는 뜻은 문자 '의자'와 말소리 [의자]로 표현한다.
자의성*	언어의 내용과 형식을 결합하는 관계는 꼭 그렇게 결합해야 하는 이유, 즉 필연성이 없다. 그래서 각각의 언어마다 내용과 형식의 결합 관계가 다르다.	예 개(우리나라) – dog(미국) – hund(독일) → 언어마다 동물 '개'를 표현하는 형식이 다름.
사회성	언어의 내용과 형식이 사회적 약속을 통해 관계를 맺은 것이다. 따라서 개인이 함부로 사회에서 약속한 언어의 내용과 형식의 관계를 바꿀 수 없다.	예 "떡이 참 맛있지?"라는 내용을 전달할 때, 혼자서 "맛나가 참 맛있지?"라고 표현한다면 다른 사람들이 내용을 정확하게 이해할 수 없다.
역사성	언어의 내용과 형식의 결합 관계는 시간의 흐름에 따라 바뀐다.	예 '어여쁘다'는 15세기에는 '불쌍하다'의 뜻으로 사용하였지만, 오늘날에는 '예쁘다'의 뜻으로 사용한다.
규칙성	각 언어마다 말과 글의 일정한 규칙(어순, 시간 표현, 높임 표현 등)을 가지고 그 언어를 사용한다.	예 영희가 물을 마신다. (○) → '주어＋목적어＋서술어'의 어순(○) 마신다 영희가 물을. (×) → '서술어＋주어＋목적어'의 어순(×)
창조성	제한된 말과 글을 가지고 무수히 많은 상황을 표현할 수 있다.	예 '나', '가다', '학교' 등의 제한된 말과 글을 활용하여 '나는 아름답다', '나는 학교에 가다.', '학교는 재미있는 곳이다.' 등 무수히 많은 표현을 만들 수 있다.

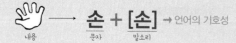

손 + [손] → 언어의 기호성
내용　문자　말소리

❷ 언어의 기능

지시적 기능	어떤 대상을 가리키는 것이다.	예 "이것은 연필이고, 저것은 볼펜이다."
정보적 기능	어떤 사실이나 정보를 전달하는 것이다.	예 〈문구점에서〉 선희: 이 지우개 얼마예요? 주인: 500원입니다. → 지우개의 가격에 대한 정보를 전달함.
명령적 기능	듣는 사람의 생각이나 감정을 움직여 어떤 행위를 하도록 하는 것이다.	예 "창문을 열어라." → 듣는 사람이 창문을 여는 행동을 하도록 명령함.
친교적 기능	사람들 사이의 관계가 원활해지도록 하는 것이다.	예 〈등굣길에서〉 철수: 선생님, 안녕하세요? 선생님: 그래, 철수도 안녕? 〉 특별한 답을 요구하지 않고 철수와 선생님의 관계를 친밀하게 함.
정서적 기능	말하는 사람의 감정이나 태도를 드러내는 것이다.	예 "드라마 속 주인공이 역경을 극복하는 장면은 정말 감동적이야."

문제로 개념 확인

1단계 기본 연습

[언어의 본질 ①] **빈칸에 들어갈 알맞은 말을 쓰시오.**

01 '뜻'이라는 (   )과 '음성과 문자'라는 (   )으로 이루어진 기호 체계를 언어라고 한다.

02 언어의 내용과 형식을 결합하는 관계는 꼭 그렇게 결합해야 하는 이유, 즉 필연성이 없다는 특성을 언어의 (   )이라고 한다.

03 언어는 사회적 약속을 통해 널리 쓰일 수 있고, 개인이 함부로 바꿀 수 없다는 특성을 (   )이라 한다.

04 몇 개의 단어를 활용하여 무수히 많은 문장을 만들어 낼 수 있는 언어의 특성을 (   )이라 한다.

[언어의 본질 ②] **다음을 통해 알 수 있는 언어의 특성을 〈보기〉에서 골라 쓰시오.**

〈보기〉
기호성	역사성	규칙성

05 15세기에는 '어여쁘다'가 '불쌍하다'의 뜻이었지만, 현대에는 '예쁘다'의 뜻이다.

→ _____

06 우리말의 문장은 '주어-목적어-서술어'의 순서로 배치되기 때문에 '영희가 물을 마신다.'라고 써야 한다.

→ _____

[언어의 기능] **언어의 기능과 그 예를 바르게 연결하시오.**

07 지시적 기능 •   • ㉠ "이것은 물이다."

08 명령적 기능 •   • ㉡ "여러분, 반갑습니다."

09 정서적 기능 •   • ㉢ "오늘은 날씨가 참 좋구나!"

10 친교적 기능 •   • ㉣ "모두 교과서 20쪽을 보세요."

2단계 실전 연습

11 **언어의 자의성을 설명하는 예로 적절한 것은?**

① 과거에 쓰이던 '미르'라는 말이 현재에는 거의 쓰이지 않는다.

② '나무'라는 뜻을 나타낼 때 우리나라에서는 '나무', 미국에서는 'tree'라 한다.

③ 긍정을 나타낼 때 고개를 끄덕이는 것처럼 나라마다 몸짓의 의미가 비슷한 것이 많다.

④ '철수를 밥도 먹다.'처럼 적절한 조사를 사용하지 않으면 의사소통을 원활하게 할 수 없다.

⑤ 분명하게 말하지 못하던 아이들이 두뇌와 발음 기관이 발달하면서 자신의 생각을 분명하게 말할 수 있게 된다.

12 **〈보기〉와 가장 관계 깊은 언어의 특성으로 적절한 것은?**

〈보기〉
'어리다'는 조선 시대에 '어리석다.'의 의미로 사용되었으나 지금은 '나이가 적다.'라는 의미로 사용된다.
또 '딴지 걸다'에 쓰이는 '딴지'는 표준어가 아니었으나, 2014년 국립국어원에서 국민들이 실생활에서 많이 사용하고 있는 말은 표준어로 인정해야 한다는 요구를 받아들여 '딴지'를 표준어로 인정했다.

① 기호성   ② 자의성   ③ 역사성
④ 규칙성   ⑤ 창조성

13 **다음에서 설명하는 언어의 기능을 쓰시오.**

교실에 들어오신 선생님께서 닫힌 창문을 보고, 학생에게 말씀하셨다.
"창문 좀 열어 줄래?"
이 말은 의문문의 형식이지만 듣는 사람인 학생에게 창문을 여는 행동을 하게 한다.

_____

02 모음 체계

● <u>모음</u> 母어머니모 音소리음

교과서 정의	성대의 진동을 받은 소리가 목, 입, 코를 거쳐 나오면서, 그 통로가 좁아지거나 완전히 막히거나 하는 따위의 장애를 받지 않고 나는 소리
쉽게 쓴 정의	자음에 비해 공기 흐름의 방해를 적게 받는 소리

❶ 단單홑단 모음

소리를 내는 도중에 입술 모양이나 혀의 위치가 고정되어 말소리의 처음과 나중이 달라지지 않는 모음이다. 'ㅏ, ㅐ, ㅓ, ㅔ, ㅗ, ㅚ, ㅜ, ㅟ, ㅡ, ㅣ'로 모두 10개이다.

혀의 앞뒤 입술 모양 혀의 높낮이	전설 모음		후설 모음	
	평순 모음	원순 모음	평순 모음	원순 모음
고모음	ㅣ	ㅟ	ㅡ	ㅜ
중모음	ㅔ	ㅚ	ㅓ	ㅗ
저모음	ㅐ		ㅏ	

① 입술 모양에 따라

- 평순平평평할평 脣입술순 모음: 입술의 모양을 평평하게 하여 발음하는 모음이다.
→ ㅣ, ㅔ, ㅐ, ㅡ, ㅓ, ㅏ

- 원순圓둥글원 脣입술순 모음: 입술의 모양을 둥글게 하여 발음하는 모음이다. → ㅟ, ㅚ, ㅜ, ㅗ

② 혀의 높낮이에 따라

- 고高높을고 모음: 발음할 때 혀의 위치가 높은 모음이다. → ㅣ, ㅟ, ㅡ, ㅜ
- 중中가운데중 모음: 발음할 때 혀의 위치가 중간인 모음이다. → ㅔ, ㅚ, ㅓ, ㅗ
- 저低낮을저 모음: 발음할 때 혀의 위치가 낮은 모음이다. → ㅐ, ㅏ

③ 혀의 최고점 위치에 따라

- 전설前앞전 舌혀설 모음: 혀의 앞쪽에서 발음되는 모음이다. → ㅣ, ㅔ, ㅐ, ㅟ, ㅚ
- 후설後뒤후 舌혀설 모음: 혀의 뒤쪽과 여린입천장 사이에서 발음되는 모음이다.
→ ㅡ, ㅓ, ㅏ, ㅜ, ㅗ

평순 모음 → 원순 모음
ㅣ → ㅟ
입술의 모양이 둥글어짐.

고모음 → 중모음 → 저모음
ㅣ → ㅔ → ㅐ
입이 점점 벌어지고, 혀의 높이도 낮아짐.

전설 모음 → 후설 모음
ㅣ → ㅡ
혀의 최고점이 입술 쪽에서 목구멍 쪽으로 이동함.

❷ 이중 二두이 重거듭중 모음

단모음과 달리 소리를 내는 도중에 입술 모양이나 혀의 위치가 달라지는 모음이다. 'ㅑ, ㅒ, ㅕ, ㅖ, ㅘ, ㅙ, ㅛ, ㅝ, ㅞ, ㅠ, ㅢ'로 모두 11개이다.

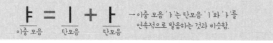

ㅑ = ㅣ + ㅏ
이중 모음 단모음 단모음
→ 이중 모음 'ㅑ'는 단모음 'ㅣ'와 'ㅏ'를 연속적으로 발음하는 것과 비슷함.

알아 둘 것!

모음을 배우기에 앞서 '음운'에 대해 먼저 알아 두고 가야 해. '음운(音韻)'은 뜻을 구별해 주는 소리의 가장 작은 단위야.
음운은 분절 음운(음소)과 비분절 음운(운소)으로 나눌 수 있는데, 모음이나 자음은 모두 분절 음운에 해당해.
- 분절 음운: 자음과 모음처럼 쉽게 분리되는 음운
- 비분절 음운: 분절 음운과는 달리 쉽게 분리되지는 않지만 뜻을 구별해 주는 음운. 소리의 길이, 높낮이, 강세 등이 있는데 우리말에서는 소리의 길이에 따라 뜻이 구별됨.
예 눈[눈]에 보이는 게 다는 아니다.
→ 짧게 소리 냄.
하늘에서 눈[눈ː]이 내린다. → 길게 소리 냄.

참고

'ㅟ', 'ㅚ'는 변하는 중
표준 발음법에서는 'ㅟ, ㅚ'를 단모음으로 발음하는 것을 원칙으로 한다. 하지만 'ㅟ, ㅚ'를 이중 모음 [wi], [we]로 발음하는 사람들이 점차 늘어 가고 있어서 이중 모음으로 발음하는 것도 허용하고 있다. 언어의 역사성에서 배웠듯이 시간의 흐름에 따라 말소리가 바뀌기도 하는 것이다.

알아 둘 것!

턱에다 손을 대고 'ㅣ'를 발음해 보자. 턱이 움직이지 않지? 이번에는 'ㅑ'를 발음해 보자. 턱이 닫혀 있다가 열리는 것을 확인할 수 있지? 턱이 움직인다는 것은 혀의 높이가 달라진다는 거야. 그래서 이중 모음이 되는 거지.

1단계 기본 연습

음운의 개념 **빈칸에 들어갈 알맞은 말을 쓰시오.**

01 (   )은 말의 뜻을 구별해 주는 소리의 가장 작은 단위이다.

02 (   )은 자음과 모음처럼 쉽게 분리되는 음운 이고, (   )은 소리의 길이와 같이 쉽게 분리되지는 않지만 뜻을 구별해 주는 음운이다.

03 발음힐 때 공기 흐름의 방해를 많이 받는 소리는 지음 이고, 적게 받는 소리는 (   )이다.

단모음의 분류 **단모음의 종류와 해당하는 모음들을 모두 바르게 연결하시오.**

04 원순 모음 •   • ㉠ ㅐ, ㅏ

05 평순 모음 •   • ㉡ ㅣ, ㅟ, ㅡ, ㅜ

06 고모음   •   • ㉢ ㅔ, ㅚ, ㅓ, ㅗ

07 중모음   •   • ㉣ ㅟ, ㅚ, ㅜ, ㅗ

08 저모음   •   • ㉤ ㅣ, ㅔ, ㅐ, ㅡ, ㅓ, ㅏ

09 전설 모음 •   • ㉥ ㅡ, ㅓ, ㅏ, ㅜ, ㅗ

10 후설 모음 •   • ㉦ ㅣ, ㅔ, ㅐ, ㅟ, ㅚ

이중 모음의 종류 **다음을 보고 빈칸에 들어갈 알맞은 이중 모음을 쓰시오.**

이중 모음의 발음 과정은 두 개의 단모음을 이어 소리 내는 것과 비슷하다.

11 ㅣ + ㅏ   → (   )

12 ㅣ + ㅔ   → (   )

13 ㅗ + ㅏ   → (   )

14 ㅡ + ㅣ   → (   )

2단계 실전 연습

15 다음 단어는 몇 개의 음운으로 이루어졌는지 쓰시오.

아가씨

(   )개

16 〈보기〉와 같이 모음을 분류한 기준으로 적절한 것은?

〈보기〉
(1) ㅗ, ㅚ, ㅜ, ㅟ
(2) ㅏ, ㅐ, ㅓ, ㅔ, ㅡ, ㅣ

① 혀의 높낮이에 따라
② 목청이 울리는지에 따라
③ 입술이나 혀가 움직이는지에 따라
④ 입술 모양이 둥근지 평평한지에 따라
⑤ 혀의 최고점의 위치가 앞인지 뒤인지에 따라

17 〈보기〉의 특성을 가지고 있는 모음으로 적절한 것은?

〈보기〉
• 혀의 위치가 높다.
• 혀의 최고점이 앞쪽에 있다.
• 입술의 모양을 둥글게 하여 소리 낸다.

① ㅏ   ② ㅗ   ③ ㅡ
④ ㅟ   ⑤ ㅣ

18 이중 모음이 쓰인 단어로 적절한 것은?

① 닭   ② 거위   ③ 참새
④ 타조   ⑤ 왜가리

03 자음 체계

● **자음** 子아들자 音소리음

교과서 정의	목, 입, 혀 따위의 발음 기관에 의해 구강 통로가 좁아지거나 완전히 막히는 따위의 장애를 받으며 나는 소리
쉽게 쓴 정의	모음에 비해 공기 흐름의 방해를 많이 받는 소리

소리 내는 방법 \ 소리 내는 위치			입술소리 (순음)	잇몸소리 (치조음)	센입천장소리 (경구개음)	여린입천장소리 (연구개음)	목청소리 (후음)
안울림 소리	파열음	예사소리	ㅂ	ㄷ		ㄱ	
		된소리	ㅃ	ㄸ		ㄲ	
		거센소리	ㅍ	ㅌ		ㅋ	
	파찰음	예사소리			ㅈ		
		된소리			ㅉ		
		거센소리			ㅊ		
	마찰음	예사소리		ㅅ			ㅎ
		된소리		ㅆ			
울림소리	비음		ㅁ	ㄴ		ㅇ	
	유음			ㄹ			

예사소리, 된소리, 거센소리는 소리의 세기에 따라 구분한 거야.

예사소리	약하게 터져 나오는 소리	ㄱ, ㄷ, ㅂ, ㅅ, ㅈ
된소리	긴장하며 내는 소리	ㄲ, ㄸ, ㅃ, ㅆ, ㅉ
거센소리	숨이 거세게 나오는 소리	ㅋ, ㅌ, ㅍ, ㅊ

❶ 소리 내는 위치에 따라

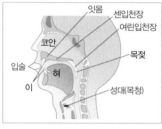

- 입술소리(순음) → ㅂ, ㅃ, ㅍ, ㅁ
- 잇몸소리(치조음) → ㄷ, ㄸ, ㅌ, ㅅ, ㅆ, ㄴ, ㄹ
- 센입천장소리(경구개음) → ㅈ, ㅉ, ㅊ
- 여린입천장소리(연구개음) → ㄱ, ㄲ, ㅋ, ㅇ
- 목청소리(후음) → ㅎ

소리 내는 위치(조음 위치)
자음은 소리가 나는 위치에 '소리'라는 말을 덧붙여서 이름을 붙였다. 예를 들어 'ㅁ, ㅂ, ㅃ, ㅍ'처럼 입술 위치에서 소리가 나는 것은 〈입술+소리〉가 되어 '입술소리'라 한다.

❷ 소리 내는 방법에 따라

- **파열음**: 공기의 흐름을 막았다가 터뜨리는 소리이다. → ㅂ, ㅃ, ㅍ, ㄷ, ㄸ, ㅌ, ㄱ, ㄲ, ㅋ
- **파찰음**: 공기의 흐름을 막았다가 서서히 터뜨리면서 마찰이 일어나는 소리이다. → ㅈ, ㅉ, ㅊ
- **마찰음**: 공기 통로를 좁히고 좁은 틈 사이로 공기를 내보내면서 마찰이 일어나는 소리이다. → ㅅ, ㅆ, ㅎ
- **비음**鼻코비 音소리음: 입안의 통로를 막고 코로 공기를 내보내는 소리이다. → ㅁ, ㄴ, ㅇ
- **유음**流흐를유 音소리음: 혀끝을 잇몸에 가볍게 대었다가 떼거나 혀끝을 윗잇몸에 댄 채 공기를 그 양 옆으로 흘려보내는 소리이다. → ㄹ

소리 내는 방법(조음 방법)
공기의 흐름을 조절하는 방법에 따라 소리를 내는 방법이 달라진다. 파찰음은 파열음과 마찰음의 특성을 둘 다 가지고 있어 이름의 한 글자씩을 가지고 와서 '파찰음'이 되었다. 비음(콧소리)은 입안이 아니라 코안에서 공기의 흐름이 조절되기 때문에 코를 막고 'ㅁ, ㄴ, ㅇ'을 소리 내면 소리가 제대로 나지 않는다.

❸ 성대의 진동에 따라

- **안울림소리**: 성대(목청)를 진동시키지 않고 내는 소리이다. → ㅂ, ㅃ, ㅍ, ㄷ, ㄸ, ㄱ, ㄲ, ㅋ, ㅈ, ㅉ, ㅊ, ㅅ, ㅆ, ㅎ
- **울림소리**: 발음할 때 성대(목청)가 떨려 울리는 소리이다. → ㅁ, ㄴ, ㅇ, ㄹ

모든 모음은 울림소리이고, 자음 중에는 비음과 유음만 울림소리야. 울림소리는 안울림소리보다 작고 가볍고 경쾌한 느낌을 줘.

1단계 기본 연습

자음의 개념 빈칸에 들어갈 알맞은 말을 쓰시오.

01 자음은 모음에 비해 공기 흐름의 (   )를 많이 받는 소리이다.

02 자음은 소리 내는 (   )와 (   ), 성대의 진동 여부, 소리의 세기에 따라 분류한다.

자음의 분류 ① 다음 설명이 맞으면 ○, 틀리면 × 표시를 하시오.

03 목청에서 'ㅇ'이 소리 난다. (   )

04 입술소리에는 'ㅂ, ㅃ, ㅍ, ㅁ'이 있다. (   )

05 센입천장에서 'ㅈ, ㅉ, ㅊ, ㅅ, ㅆ'이 소리 난다. (   )

06 자음은 소리 내는 위치에 따라 '울림소리, 콧소리, 센입천장소리, 여린입천장소리, 목청소리'로 나눌 수 있다. (   )

자음의 분류 ② 다음 설명과 관련된 자음을 〈보기〉에서 찾아 쓰시오.

〈보기〉

ㄱ ㄲ ㄴ ㄷ ㄸ ㄹ ㅁ ㅂ ㅃ ㅅ ㅆ ㅇ ㅈ ㅉ ㅊ ㅋ ㅌ ㅍ ㅎ

07 입안의 통로를 막고 코로 공기를 내보내면서 소리 내는 자음: ＿＿＿＿＿＿＿

08 공기의 흐름을 막았다가 서서히 터뜨리면서 마찰을 일으켜 소리 내는 자음: ＿＿＿＿＿＿＿

09 목청이 떨려 소리 내는 자음: ＿＿＿＿＿＿＿

10 파열음 중에서 예사소리인 자음: ＿＿＿＿＿＿＿

11 마찰음 중에서 된소리인 자음: ＿＿＿＿＿＿＿

2단계 실전 연습

12 〈보기〉의 자음에 대한 설명으로 적절하지 않은 것은?

〈보기〉

ㄱ

① 파열음이다.　　　　② 예사소리이다.
③ 분절 음운이다.　　　④ 안울림소리이다.
⑤ 센입천장소리이다.

13 ㉠~㉤에서 소리 나는 자음으로 적절하지 않은 것은?

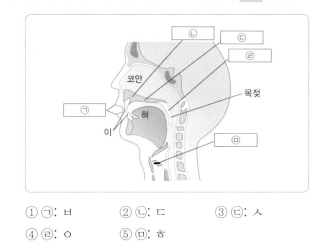

① ㉠: ㅂ　　　② ㉡: ㄷ　　　③ ㉢: ㅅ
④ ㉣: ㅇ　　　⑤ ㉤: ㅎ

14 〈보기〉와 같이 자음을 분류한 기준으로 적절한 것은?

〈보기〉

예사소리 / 된소리 / 거센소리

① 성대의 진동
② 소리의 세기
③ 소리 내는 위치
④ 소리 내는 방법
⑤ 혀의 최고점의 높낮이

01 ⊙에 들어갈 선생님의 답변으로 적절한 것은?

선생님: 오늘은 언어의 특성에 대해 알아봤습니다. 더 궁금한 것이 있나요?

학　생: 선생님, 꼬리를 흔들며 왈왈 짖는 동물을 '개'라고 불러야 할 특별한 이유가 있나요?

선생님: 꼭 그래야 하는 이유는 없단다.

학　생: 그럼 '개'라는 말이 꼬리를 흔들며 왈왈 짖는 동물을 뜻한다고는 누가 정한 건가요?

선생님: _____ ⊙ _____

① '개'라고 부르자고 한 사람은 없단다.

② 동물 '개'와 글자 '개'가 닮았기 때문이란다.

③ 그 언어를 쓰는 사람들끼리 약속했기 때문이란다.

④ 다른 사람들과 달리 '개'를 '왈왈'이라고 불러도 된단다.

⑤ 시간의 흐름에 따라 '개'라는 말과 글이 바뀌기 때문에 정할 수 없단다.

개념 쿡! 핵심 쿡!

> 언어의 자의성 언어의 내용(의미)과 형식(기호)의 결합 관계는 필연적이지 않다.
> 언어의 사회성 그 언어를 사용하는 사람들은 의사소통을 위해 내용과 형식의 결합 관계를 사회적으로 약속한다.

2012 고입 선발고사

02 ⊙을 설명할 수 있는 예로 적절하지 <u>않은</u> 것은?

시간의 흐름에 따라 언어도 변한다. 이러한 특징을 언어의 역사성이라고 한다. 언어가 변하는 원인은 일반적으로 다음 세 가지를 꼽는다. 첫째, 새로운 대상이나 개념이 생기면 그것을 나타낼 말이 필요하다. 둘째, 어떤 대상이나 개념이 없어지면 그것을 표현하던 말도 사라지거나 의미가 변한다. 셋째, ⊙같은 대상을 표현하던 말들이 서로 경쟁하다가 한쪽이 이기면 다른 한쪽의 말은 자연히 사라진다.

① 수레 : 자동차(自動車)　② 즈믄 : 천(千)

③ 가람 : 강(江)　④ 온 : 백(百)

⑤ 뫼 : 산(山)

03 〈보기〉의 ⊙～ⓒ을 통해 알 수 있는 언어의 특징으로 적절한 것은?

〈보기〉

⊙ 중세 국어나 근대 국어에 쓰이던 '온〔百〕, 즈믄〔千〕, 미르〔龍〕'와 같은 고유어가 오늘날에는 거의 쓰이지 않는다.

ⓛ 중세 국어에서 '어엿브다'는 '불쌍하다'의 뜻이었으나, 근대 국어에 이르러서는 '아름답다'의 뜻으로 변했다.

ⓒ 새로운 문물의 등장과 함께 과거에 쓰이지 않았던 '스마트폰'과 같은 새말이 등장했다.

① 언어의 자의성　② 언어의 역사성

③ 언어의 규칙성　④ 언어의 사회성

⑤ 언어의 창조성

04 ⊙과 ⓛ을 설명하는 각각의 예로 적절한 것은?

⊙: 시간이 지나면서 언어는 바뀐다. 소리나 표기가 변하기도 하고 의미가 변하기도 한다.

ⓛ: 언어는 그 언어를 쓰는 사람들 사이의 사회적 약속이다. 따라서 한 개인이 함부로 바꿀 수 없다.

① ⊙: 꿀벌은 춤을 통해 꿀의 위치를 전달하지만, 다른 내용은 전달할 수 없다.

② ⊙: '도긴개긴'은 국어사전에 없다가 사람들이 많이 쓰자 국어사전에 올랐다.

③ ⊙: 사람의 팔목 끝에 달린 '손'을 한국어에서는 '손'이라고 하고, 영어에서는 'hand', 중국어에서는 '手'라고 한다.

④ ⓛ: '얼굴'은 '머리의 앞면'을 가리키는 말로 사용되지만, 예전에는 '모습'이나 '형체'를 가리키는 말로 사용되었다.

⑤ ⓛ: '요리하다'라는 뜻의 '쿡(cook)'과 '방송'을 합쳐서 '쿡방'이라는 말을 쓰기도 하지만 아직 많은 사람들이 그 뜻을 알지 못한다.

05 〈보기〉를 언어의 본질과 관련하여 이해한 내용으로 적절한 것은?

〈보기〉

그동안 부정적인 서술어에만 어울려 쓸 수 있었던 '너무'라는 부사를 긍정적인 서술어와도 쓸 수 있게 되었다. 지난 22일 국립국어원은 "'너무'의 뜻을 '일정한 정도나 한계에 지나치게'에서 '일정한 정도나 한계를 훨씬 넘어선 상태로'로 수정하였다."라고 밝혔다. 국립국어원의 이번 수정 조치로 '너무 좋다.', '너무 반갑다.', '너무 예쁘다.'와 같은 표현도 쓸 수 있게 된 것이다. 이는 사람들이 '너무'를 긍정과 부정의 의미로 폭넓게 받아들이고 사용하고 있어서 표준어를 수정한 것이다.

① '너무'의 뜻은 더 이상 바뀔 수 없다.
② '너무 좋다.'는 표현은 국어의 규칙성에 어긋난다.
③ 언어의 사회성을 고려하여 '너무'의 뜻을 바꾸었다.
④ '너무'의 뜻이 달라진 것은 언어의 역사성을 보여 준다.
⑤ '너무'의 뜻이 달라져서 '너무'를 활용한 문장의 어순에 변화가 생기었다.

06 ⸮ ㉠ 에 들어갈 알맞은 문장을 쓰고, ㉡이 어색한 이유를 언어의 본질을 바탕으로 쓰시오.

┌─────────────────────────────┐
│   ㉠   라는 문장은 자연스럽게 느껴지지만, │
│ ㉡'철수가 밥을 빠른 먹었다.'라는 문장은 어색하다. │
└─────────────────────────────┘

(1) ㉠: _____

(2) ㉡이 어색한 이유: _____

_____

07 〈자료 1〉을 언어의 본질과 관련하여 〈자료 2〉와 같이 정리할 때, ㉠과 ㉡에 들어갈 내용으로 적절하지 않은 것은?

〈자료 1〉

고민을 상담하는 방송 프로그램에 출연한 어떤 국어 교사는 "요즘 아이들의 말을 알아듣지 못해 고민이다. '버카충(버스 카드 충전)', '케바케(케이스 바이 케이스)' 등 신조어와 줄인 말을 쓰는 학생들 때문에 격세지감을 몸으로 느끼고 있다. 점점 학생들과 대화하는 것이 쉽지 않다."라고 어려움을 말하였다.

〈자료 2〉

┌─────────────────────────────┐
│ ㉠: '버카충', '케바케' 등을 사용하는 학생의 입장 │
└─────────────────────────────┘
                    ↕
┌─────────────────────────────┐
│ ㉡: 국어 교사의 입장   │
└─────────────────────────────┘

① ㉠: 새로 생겨난 말이라도 사회적 약속이기 때문에 그 말을 알지 못하는 사람과 소통할 때에는 사용해서는 안 된다.
② ㉠: 언어는 항상 변화하며, 그 변화의 방향은 효율성에 있다. '버스 카드 충전'이라는 말보다는 '버카충'으로 줄여 쓰는 것이 더 효율적이다.
③ ㉡: 새롭게 생겨난 말에 대해 주의를 기울이고 소통할 수 있도록 노력해야 하지만, 그 언어가 널리 쓰이지 않을 때에는 이를 가려서 사용해야 한다.
④ ㉡: 언어의 내용과 형식의 결합 관계는 그 언어를 사용하는 사람들이 의사소통을 위해 정한 것이다. 개인이 언어를 함부로 바꾸는 일은 신중해야 한다.
⑤ ㉡: 어떤 대상을 표현하는 말은 언어마다 다르다. 하지만 이미 표현하고 있는 말을 바꾸려면 오랜 시간이 필요하다. 많은 사람들이 쓰는 말을 사용해야 소통의 어려움이 없어진다.

개념 퀵! 핵심 퀵!

> **언어의 역사성** 시간의 흐름에 따라 언어가 변할 수 있다.

2015 중3 학업성취도평가

08 〈자료〉를 읽고 물음에 답하시오.

〈자료〉

　말의 의미를 구별해 주는 소리의 가장 작은 단위를 '음운'이라고 합니다.

　'달'과 '발'을 보면 '달'은 'ㄷ + ㅏ + ㄹ'이라는 음운으로, '발'은 'ㅂ + ㅏ + ㄹ'이라는 음운으로 이루어져 있습니다. '달'과 '발'은 'ㄷ'과 'ㅂ'이 다르기 때문에 의미가 구별됩니다.

　마찬가지로 '싹'은 (㉠)(이)라는 음운으로 이루어져 있습니다. '싹'과 '쑥'의 의미가 구별되는 것은 (㉡)이/가 서로 다르기 때문입니다.

(1) ㉠에 들어갈 음운을 모두 쓰시오.

_____

(2) ㉡에 들어갈 음운 2개를 쓰시오.

_____ , _____

> **개념 퀵! 핵심 퀵!**
> **음운** 뜻을 구분하여 주는 소리의 가장 작은 단위이다.
> **최소 대립쌍** 음절에서 나머지 음운은 같고 하나의 음운만 다른 경우의 짝이다.

09 〈자료 1〉을 바탕으로 〈자료 2〉를 탐구한 내용으로 적절하지 <u>않은</u> 것은?

〈자료 1〉

• 음운: 말의 뜻을 구별해 주는 소리의 가장 작은 단위
• 분절 음운: 자음과 모음처럼 쉽게 분리되는 음운
• 비분절 음운 : 소리의 길이처럼 쉽게 분리되지 않는 음운

〈자료 2〉

눈

① 3개의 음운으로 이루어진 말이군.
② 첫소리와 끝소리에 쓰인 음운이 같군.
③ 가운뎃소리를 'ㅗ'로 바꾸면 뜻이 달라지는군.
④ '첫소리 + 가운뎃소리 + 끝소리'로 이루어진 말이군.
⑤ 눈[눈]과 눈[눈ː]은 자음과 모음이 같으니까 뜻이 같은 말이겠군.

10 〈자료〉를 읽고 '음절'에 대해 <u>잘못</u> 이해한 것은?

〈자료〉

〈국어에서 음절을 이루는 방법〉
ㄱ. '가운뎃소리'로 이루어진 음절 아, 이
ㄴ. '첫소리 + 가운뎃소리'로 이루어진 음절 ⑩ 소, 벼
ㄷ. '가운뎃소리 + 끝소리'로 이루어진 음절 ⑩ 알, 은
ㄹ. '첫소리 + 가운뎃소리 + 끝소리'로 이루어진 음절
　　⑩ 금, 딸

① 첫소리가 없는 음절이 있다.
② 가운뎃소리에는 모음이 쓰인다.
③ 끝소리가 없이 음절이 이루어질 수 있다.
④ 가운뎃소리 없이 음절이 이루어질 수 있다.
⑤ 자음은 첫소리와 끝소리 둘 다에 쓰일 수 있다.

> **개념 퀵! 핵심 퀵!**
> **음절** 음운이 모여서 이루어지는 소리의 마디로, 음절 구성에 있어서 모음은 필수적이다.

11 ㉠에 해당하는 모음으로 적절한 것은?

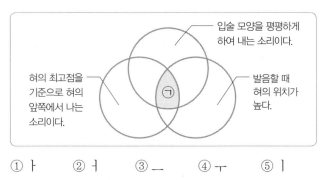

① ㅏ　　② ㅓ　　③ ㅡ　　④ ㅜ　　⑤ ㅣ

12 혀의 최고점을 기준으로 혀의 앞쪽에서 소리 나지 <u>않</u>는 것은?

① ㅣ　　② ㅡ　　③ ㅔ　　④ ㅐ　　⑤ ㅚ

13 〈보기〉의 자음 체계를 탐구한 내용으로 적절하지 <u>않은</u> 것은?

〈보기〉

소리 내는 방법		소리 내는 위치	입술 소리	잇몸 소리	센입천장 소리	여린입천장 소리	목청 소리
안울림 소리	파열음	예사소리	ㅂ	ㄷ		ㄱ	
		된소리	ㅃ	ㄸ		ㄲ	
		거센소리	ㅍ	ㅌ		ㅋ	
	파찰음	예사소리			ㅈ		
		된소리			ㅉ		
		거센소리			ㅊ		
	마찰음	예사소리		ㅅ			
		된소리		ㅆ			ㅎ
울림 소리	비음		ㅁ	ㄴ		ㅇ	
	유음			ㄹ			

① 비음과 유음은 울림소리이다.

② 'ㅁ'은 입술에서 소리 나는 자음이다.

③ 'ㅂ'이 'ㄱ'보다 혀의 뒤쪽에서 발음된다.

④ 'ㅅ'과 'ㅈ'은 소리 내는 방법과 위치가 모두 다르다.

⑤ 예사소리, 된소리, 거센소리로 구분되는 소리들은 모두 안울림소리이다.

14 〈보기〉의 외국인 학생이 정확한 발음을 하도록 조언한 내용으로 적절한 것은?

〈보기〉

한국인 학생 : 한국 음식 중 무엇을 제일 좋아해?

외국인 학생 : 칼비!

한국인 학생 : '칼비'가 아니라 '갈비'겠지. '갈국수'도 좋아하지 않아?

외국인 학생 : 오! 갈국수도 좋아.

한국인 학생 : '갈'이 아니라 '칼'이야. ⬜

① 'ㅋ'은 'ㄱ'보다 소리를 거세게 내야 해.

② 'ㅋ'은 혀끝을 윗잇몸에 닿게 소리 내야 해.

③ 'ㅋ'은 'ㄱ'과 달리 목청을 울리지 않고 소리 내야 해.

④ 'ㅋ'은 'ㄱ'과 달리 코로 공기를 내보내며 소리 내야 해.

⑤ 'ㅋ'은 'ㄱ'과 달리 폐에서 나오는 공기의 흐름을 일단 막았다가 터뜨리면서 소리 내야 해.

15 〈보기〉의 밑줄 친 부분의 예로 적절하지 <u>않은</u> 것은?

〈보기〉

자음 중 안울림소리는 소리의 세기에 따라 예사소리, 된소리, 거센소리로 나뉜다. 기본적으로 같은 의미를 가진 단어라도 된소리는 예사소리보다 더 강하고 단단한 느낌을 주고, 거센소리는 된소리보다 더 크고 거친 느낌을 준다.

① ┌ 얼음이 <u>단단하게</u> 얼어서 깨지지 않는다.
  └ 주먹밥은 돌처럼 <u>딴딴하게</u> 굳어 있었다.

② ┌ 문이 <u>덜거덕</u> 열린다.
  └ 수레가 <u>떨거덕</u> 소리를 내며 굴러간다.

③ ┌ 햇빛이 <u>부옇게</u> 칠판을 비추었다.
  └ 안개가 <u>뿌옇게</u> 낀 아침이었다.

④ ┌ 일찍 일어나 마당을 <u>삭삭</u> 쓸었다.
  └ 걸레로 마루를 <u>싹싹</u> 문질러 닦았다.

⑤ ┌ 부모님의 의견을 <u>좇아</u> 진로를 정했다.
  └ 동생은 형을 <u>쫓아</u> 방에 들어갔다.

도전! 수능 맛보기

16 다음은 '음운'에 대한 학습 활동지 중 일부이다. ⓐ에 들어갈 내용으로 적절한 것은?

(ㄱ) '발'의 초성, 중성, 종성을 다른 음운으로 바꾸어 여러 단어를 만들어 보자. ∘ 초성을 바꾼 경우(달, 살) ∘ 중성을 바꾼 경우(볼, 불) ∘ 종성을 바꾼 경우(밥, 방)	(ㄴ) 다음 단어를 길게 발음할 때와 짧게 발음할 때의 차이를 이용해 문장을 만들어 보자.

눈	
길게 발음할 때	짧게 발음할 때
눈이 펑펑 내린다.	아이 눈이 초롱초롱하다.

⬇

(ㄱ)과 (ㄴ)을 함께 고려할 때 ⬜ ⓐ ⬜ 는 사실을 알 수 있다.

① 음운은 문자로 표기할 수 있다

② 음운은 단어의 뜻을 구별해 준다

③ 음운은 일정한 조건에서 변화한다

④ 음운은 어떤 위치든 나타날 수 있다

⑤ 음운은 감정의 차이를 표현할 수 있다

04 음절의 끝소리 규칙

시험 출제 지수 ●●●●○

음절의 끝소리 규칙

교과서 정의	음절의 끝에 일곱 개의 자음(ㄱ, ㄴ, ㄷ, ㄹ, ㅁ, ㅂ, ㅇ) 이외의 것이 오면 이 일곱 자음 중의 하나로 바뀌어 발음되는 현상
쉽게 쓴 정의	음절의 끝소리에서 일곱 개의 자음(ㄱ, ㄴ, ㄷ, ㄹ, ㅁ, ㅂ, ㅇ)으로만 소리가 나는 것

❶ 홑받침의 발음

① 홑받침은 'ㄱ, ㄴ, ㄷ, ㄹ, ㅁ, ㅂ, ㅇ'의 7개 자음만 그대로 발음되고, 그 이외의 자음은 이 7개의 자음 중 하나의 소리로 바뀌어 발음된다.

음절의 끝소리(홑받침)		발음되는 소리	음절의 끝소리(홑받침)		발음되는 소리
ㄱ, ㄲ, ㅋ	→	[ㄱ]	ㅁ	→	[ㅁ]
ㄴ	→	[ㄴ]	ㅂ, ㅍ	→	[ㅂ]
ㄷ, ㅌ / ㅅ, ㅆ / ㅈ, ㅊ / ㅎ	→	[ㄷ]	ㅇ	→	[ㅇ]
ㄹ	→	[ㄹ]			

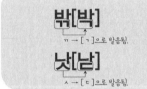

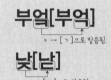

② 홑받침 뒤에 이어지는 소리가 모음이고 문법적인 의미를 지닐 때에는 앞 음절의 끝소리가 그대로 뒤 음절의 첫소리로 이어져서 발음된다.

📕 꽃 + 이 → [꼬치] → 앞 음절의 끝소리 'ㅊ'이 뒤 음절의 첫소리로 이어져서 [꼬치]로 발음됨.

❷ 겹받침의 발음

① 앞에 자음이 남아 발음되는 경우: ㄳ, ㄵ, ㄶ, ㄽ, ㄾ, ㅀ, ㅄ

② 뒤의 자음이 남아 발음되는 경우: ㄻ, ㄿ

③ 앞과 뒤의 자음이 선택적으로 남는 경우: ㄺ, ㄼ

📕 맑다[막따]: ㄺ → ㄱ(원칙) / 맑게[말께]: ㄺ + ㄱ → ㄹ(예외) → 뒤에 'ㄱ'이 오면 'ㄹ'로 발음됨.

넓다[널따]: ㄼ → ㄹ(원칙)

밟다[밥따] / 넓죽하다[넙쭈카다] / 넓둥글다[넙뚱글다] / 넓적하다[넙쩌카다]: ㄼ → ㅂ(예외)

④ 뒤에 이어지는 소리가 모음이고 문법적인 의미를 지닐 때에는 뒤의 자음이 다음 음절의 첫소리로 이어져 발음된다.

📕 닭이[달기] → 뒤의 자음 'ㄱ'이 다음 음절의 첫소리로 이어짐.

⑤ 뒤에 이어지는 소리가 자음이거나 실직적인 의미를 지닐 때에는 ①~③의 규칙에 따라 이어지지 않고 발음된다.

📕 닭도[닥또] → 겹받침 'ㄺ' 중 'ㄱ'만 남아 이어지지 않고 발음됨.

● **음절(音節)** 하나의 종합된 음의 느낌을 주는 말소리의 단위로, 독립하여 발음할 수 있는 최소 소리 단위이다. 우리말은 모음(예 아), 자음+모음(예 가), 모음+자음(예 안), 자음+모음+자음(예 간)으로 음절이 이루어진다.

음절의 끝에서 'ㄸ, ㅃ, ㅉ'이 쓰이는 경우가 없어. 그래서 음절의 끝소리 규칙을 설명할 때에는 제외되는 거야.

홑받침 뒤에 이어지는 소리가 자음이거나 실질적인 의미를 지닌 말이 오면 어떻게 소리 나야 할까? 바로 앞 음절의 끝소리가 7개의 자음(ㄱ, ㄴ, ㄷ, ㄹ, ㅁ, ㅂ, ㅇ) 중 하나로 바뀌어서 이어지지 않고 발음되는 거야. 예를 들어 '꽃만([꼳만] → [꼰만])'의 경우, '꽃' 뒤에 자음 'ㅁ'이 오기 때문에 '꽃'의 받침 'ㅊ'이 뒤 음절로 이어지지 않고 'ㄷ'으로 바뀌어서 발음되는 거지.

겹받침의 발음

겹받침	발음되는 소리	예
ㄳ	[ㄱ]	몫[목]
ㄵ, ㄶ	[ㄴ]	앉다[안따], 많다 [만타]
ㄽ, ㄾ, ㅀ	[ㄹ]	외곬[외골], 핥다 [할따], 닳다[달타]
ㅄ	[ㅂ]	값[갑]
ㄻ	[ㅁ]	삶[삼]
ㄿ	[ㅍ] → [ㅂ]	읊다 → (읖 + 다) → [읍따]

1단계 기본 연습

음절의 끝소리 규칙의 개념 **빈칸에 들어갈 알맞은 말을 쓰시오.**

01 우리말의 음절의 끝에서는 (   )의 7개 자음으로만 발음된다.

02 음절의 끝에서 'ㄷ, ㅌ, ㅅ, ㅆ, ㅈ, ㅊ, ㅎ'은 모두 '[   ]'으로 발음된다.

03 홑받침 뒤에 이어지는 소리가 모음이고 문법적인 의미를 지닐 때에는 앞 음절의 끝소리가 그대로 뒤 음절의 (   )로 이어져서 발음된다.

04 겹받침은 두 개의 자음 중 (   ) 개만 발음된다.

홑받침의 발음 **밑줄 친 음절의 끝소리를 〈보기〉에서 찾아 쓰시오.**

〈보기〉
ㄱ   ㄴ   ㄷ   ㄹ   ㅁ   ㅂ   ㅇ

05 나는 <u>밥</u>을 먹었다.   →(   )

06 영희가 방문을 <u>닫</u>다.   →(   )

07 황소가 파리를 <u>쫓</u>다.   →(   )

08 철수가 유리창을 <u>닦</u>다.   →(   )

09 날지 못하는 새도 <u>있</u>다.   →(   )

겹받침의 발음 **밑줄 친 음절을 소리 나는 대로 쓰시오.**

10 의자에 <u>앉</u>다.   →[   ]

11 선반에 그릇을 <u>얹</u>다.   →[   ]

12 구름을 이루는 층이 <u>얇</u>다.   →[   ]

13 아버지가 할아버지를 <u>닮</u>다. →[   ]

14 강아지가 내 얼굴을 <u>핥</u>는다. →[   ]

2단계 실전 연습

15 **다음 중 발음이 같은 것끼리 바르게 짝 지은 것은?**

| ㉠ 납   ㉡ 남   ㉢ 날   ㉣ 낫   ㉤ 낮 |

① ㉠, ㉡   ② ㉠, ㉣   ③ ㉡, ㉤
④ ㉢, ㉤   ⑤ ㉣, ㉤

16 **밑줄 친 단어의 발음으로 적절하지 않은 것은?**

① 마음이 <u>넓</u>다. [넙따]
② <u>앎</u>은 힘이다. [알믐]
③ 영희가 시를 <u>읊</u>다. [읍따]
④ 접시가 <u>넓적</u>하다. [넙쩌카다]
⑤ 철수는 <u>부엌으로</u> 갔다. [부어크로]

17 **〈보기〉를 바탕으로 겹받침 'ㄺ'에 대해 잘못 설명한 것은?**

〈보기〉
• 닭[닥]   • 닭이[달기]
• 맑다[막따]   • 맑게[말께]
• 맑고[말꼬]   • 맑으니[말그니]

① 겹받침 'ㄺ' 뒤에 'ㄱ'이 오면 'ㄹ'로 발음된다.
② 겹받침 'ㄺ'은 자음 앞에서 'ㄱ'으로 발음된다.
③ 겹받침 'ㄺ'은 음절의 끝에서 'ㄱ'으로 발음된다.
④ 겹받침 'ㄺ'은 뒤에 어떤 소리가 오느냐에 따라 발음되는 소리가 다르다.
⑤ 겹받침 'ㄺ' 뒤에 모음이고 형식 형태소가 오면 'ㄺ' 중 'ㄱ'이 뒤 음절의 첫소리로 발음된다.

05 자음 동화

• 자음 동화 •

비슷한 소리가 되잖!

| 교과서 정의 | 음절 끝 자음이 그 뒤에 오는 자음과 만날 때, 어느 한쪽이 다른 쪽과 비슷하거나 같은 소리로 바뀌거나 양쪽이 다 바뀌는 현상 |
| 쉽게 쓴 정의 | 자음이 서로 만나 비슷한 소리로 바뀌는 것 |

❶ 비음화 鼻코비 音소리음 化될화

비음(ㄴ, ㅁ, ㅇ)이 아닌 소리가 비음 'ㄴ, ㅁ'과 만나 비음으로 바뀌어 소리 나는 것이다.

① ㄱ, ㄷ, ㅂ + ㅁ, ㄴ ➡ ㅇ, ㄴ, ㅁ + ㅁ, ㄴ

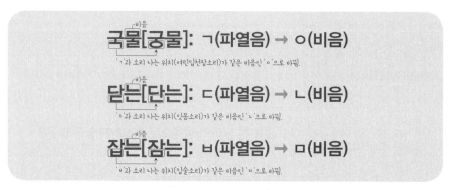

국물[궁물]: ㄱ(파열음) → ㅇ(비음)
'ㄱ'과 소리 나는 위치(여린입천장소리)가 같은 비음인 'ㅇ'으로 바뀜.

닫는[단는]: ㄷ(파열음) → ㄴ(비음)
'ㄷ'과 소리 나는 위치(잇몸소리)가 같은 비음인 'ㄴ'으로 바뀜.

잡는[잠는]: ㅂ(파열음) → ㅁ(비음)
'ㅂ'과 소리 나는 위치(입술소리)가 같은 비음인 'ㅁ'으로 바뀜.

② 'ㄹ'을 제외한 다른 자음 + ㄹ ➡ 'ㄹ'을 제외한 다른 자음 + ㄴ

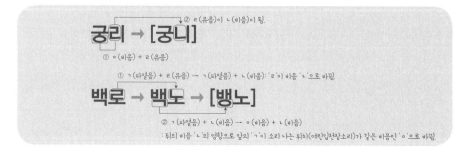

궁리 → [궁니]
① ㅇ(비음) + ㄹ(유음)
② ㄹ(유음)이 ㄴ(비음)이 됨.

백로 → 백노 → [뱅노]
① ㄱ(파열음) + ㄹ(유음) → ㄱ(파열음) + ㄴ(비음): 'ㄹ'이 비음 'ㄴ'으로 바뀜.
② ㄱ(파열음) + ㄴ(비음) → ㅇ(비음) + ㄴ(비음)
: 뒤의 비음 'ㄴ'의 영향으로 앞의 'ㄱ'이 소리 나는 위치(여린입천장소리)가 같은 비음인 'ㅇ'으로 바뀜.

❷ 유음화 流흐를유 音소리음 化될화

'ㄴ'이 'ㄹ'의 앞이나 뒤에서 'ㄹ'로 바뀌어 소리 나는 것이다.

① ㄹ + ㄴ ➡ ㄹ + ㄹ

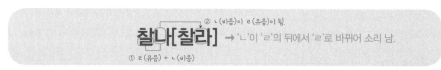

찰나[찰라] → 'ㄴ'이 'ㄹ'의 뒤에서 'ㄹ'로 바뀌어 소리 남.
① ㄹ(유음) + ㄴ(비음)
② ㄴ(비음)이 ㄹ(유음)이 됨.

예 달님[달림], 실내[실래], 줄넘기[줄럼끼]

② ㄴ + ㄹ ➡ ㄹ + ㄹ

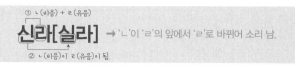

신라[실라] → 'ㄴ'이 'ㄹ'의 앞에서 'ㄹ'로 바뀌어 소리 남.
① ㄴ(비음) + ㄹ(유음)
② ㄴ(비음)이 ㄹ(유음)이 됨.

예 권력[궐력], 난로[날로], 산림[살림]

● **동화(同化)** 말소리가 서로 이어질 때, 어느 한쪽 또는 양쪽이 영향을 받아 비슷하거나 같은 소리로 바뀌는 소리의 변화를 이르는 말

참고

음운 변동
음운 변동은 음운과 음운이 만나 어떻게 변하느냐에 따라 교체, 탈락, 첨가, 축약으로 나눌 수 있는데, 자음 동화는 하나의 음운이 다른 음운으로 바뀌는 것이므로 '교체'에 해당한다.

알아 둘 것!

비음(ㅁ, ㄴ, ㅇ)과 유음(ㄹ)은 자음 중에서 모음의 성격과 닮은 울림소리야. 그래서 다른 자음보다 힘이 세서 이들과 만나면 다른 자음들이 비음과 유음으로 바뀌는 거야. 그럼 자음 동화는 왜 일어날까? 소리 내는 방법과 위치가 같으면 발음할 때 힘이 덜 들어 경제적이기 때문에 일어나.

참고

모음 동화(母音同化)
모음과 모음이 서로 닮게 되는 현상이다. 'ㅣ' 모음 역행 동화가 대표적인데, 일부를 제외하고 표준 발음으로 인정하지 않는다.
• 후설 모음(ㅏ, ㅓ, ㅗ, ㅜ) + 전설 모음(ㅣ) → 전설 모음(ㅐ, ㅔ, ㅚ, ㅟ)
예 아비 → [애비], 어미 → [에미], 고기 → [괴기]

알아 둘 것!

앞의 소리 때문에 뒤의 소리가 변하는 것을 '순행 동화'라 하고, 반대로 되는 경우를 '역행 동화'라 해. '합리[함니]'와 같이 앞뒤 소리가 모두 변하는 것은 '상호 동화'라고 해.

1단계 기본 연습

자음 동화의 개념 **빈칸에 들어갈 알맞은 말을 쓰시오.**

01 (   )는 자음과 자음이 서로 영향을 주고받아 한쪽이나 양쪽이 같거나 비슷한 소리로 바뀌는 현상이다.

02 자음 동화에는 (   )와 (   )가 있다.

03 비음화는 비음이 아닌 소리가 비음 'ㄴ, ㅁ'과 만나 소리 나는 위치가 같은 (   )으로 바뀌는 것이다.

04 유음화는 '(   )'이 'ㄹ'의 앞이나 뒤에서 '(   )'로 바뀌는 것이다.

비음화 **밑줄 친 단어의 발음이 맞으면 ○, 틀리면 × 표시를 하시오.**

05 담력[담력]을 기른다.   (   )

06 잡은 손을 놓는다[논는다].   (   )

07 그는 국물[궁물]을 마셨다.   (   )

08 철수가 머리를 긁는다[긍는다].   (   )

09 서로 협력[혐녁]해야 문제를 해결할 수 있다.   (   )

유음화 **밑줄 친 단어를 소리 나는 대로 쓰시오.**

10 난로에 불을 지폈다.   → [   ]

11 홍수로 큰 물난리를 겪었다.   → [   ]

12 학생들은 차례대로 줄넘기를 했다.   → [   ]

13 칼날에 손이 베이지 않게 조심해야 한다.   → [   ]

14 대관령은 서울과 영동 지방을 잇는 관문이다.

                                          → [   ]

2단계 실전 연습

15 자음 동화가 일어나지 <u>않는</u> 것은?

① 밥물   ② 도로   ③ 국물
④ 종로   ⑤ 맏며느리

16 비음화가 일어나는 단어로 적절한 것은?

① 석류   ② 않는   ③ 신라
④ 찰나   ⑤ 권력

17 〈보기〉와 같은 음운 변동 현상이 일어나는 단어로 적절한 것은?

〈보기〉

선릉[설릉]

① 궁리   ② 합리   ③ 입는
④ 닫는   ⑤ 줄넘기

18 〈보기〉의 ㉠에 들어갈 수 있는 단어로 적절한 것은?

〈보기〉

단어	ⓐ	ⓑ		ⓒ	ⓓ
신라	ㄴ	ㄹ	→	ㄹ	ㄹ
㉠	ㄹ	ㄴ	→	ㄹ	ㄹ

* ⓐ, ⓑ: 음운이 변동되기 전 앞뒤 자음
* ⓒ, ⓓ: 음운이 변동된 후 앞뒤 자음

① 산림   ② 천리   ③ 달님
④ 대관령   ⑤ 광한루

06 구개음화

시험 출제 지수 ●●●●○

• 구개음화

교과서 정의	끝소리가 'ㄷ, ㅌ'인 형태소가 모음 'ㅣ'나 반모음 'ㅣ[j]'로 시작되는 형식 형태소와 만나면 구개음 'ㅈ, ㅊ'이 되는 현상
쉽게 쓴 정의	'ㄷ, ㅌ'이 모음 'ㅣ' 앞에서 'ㅈ, ㅊ'으로 바뀌어 소리 나는 것

❶ 구개음화가 일어나는 조건

① ㄷ + 형식 형태소 'ㅣ' ➡ ㅈ + ㅣ

② 뒤의 모음 'ㅣ'의 영향으로 'ㄷ'이 'ㅈ'으로 바뀜.

굳이 → [구디] → [구지]

① '굳-' 뒤에 + '-이(형식 형태소)'가 이어지기 때문에 끝소리 'ㄷ'이 뒤 음절의 첫소리로 발음됨.

📖 미닫이[미다지], 해돋이[해도지]

② ㅌ + 형식 형태소 'ㅣ' ➡ ㅊ + ㅣ

② 뒤의 모음 'ㅣ'의 영향으로 'ㅌ'이 'ㅊ'으로 바뀜.

같이 → [가티] → [가치]

① '같-' 뒤에 '-이(형식 형태소)'가 이어지기 때문에 끝소리 'ㅌ'이 뒤 음절의 첫소리로 발음됨.

📖 밭이[바치], 쇠붙이[쇠부치]

❷ 구개음화가 일어나는 이유

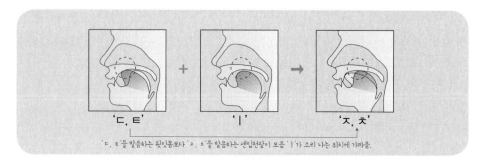

'ㄷ, ㅌ' + 'ㅣ' → 'ㅈ, ㅊ'

'ㄷ, ㅌ'을 발음하는 윗잇몸보다 'ㅈ, ㅊ'을 발음하는 센입천장이 모음 'ㅣ'가 소리 나는 위치에 가까움.

먼 거리를 걸을 때보다 가까운 거리를 걸을 때 힘이 적게 드는 것처럼 두 개의 음운이 입안에서 가까운 위치에서 소리 날 때 발음하기가 쉽다. 따라서 모음 'ㅣ'가 발음되는 위치가 'ㄷ, ㅌ'보다는 'ㅈ, ㅊ'이 소리 나는 위치와 가깝기 때문에 'ㄷ, ㅌ'이 'ㅈ, ㅊ'으로 바뀌는 것이다.

❸ 구개음화의 특징

① 한 형태소 안에서는 일어나지 않는다.

📖 잔디[잔디], 마디[마디] → '잔디'와 '마디'의 'ㄷ'는 본래 한 형태소이기 때문에 구개음화가 일어나지 않는다.

② 합성어에서는 일어나지 않는다.

📖 밭이랑[반니랑] → '밭 + 이랑'은 두 개의 실질 형태소끼리 만난 것이므로 구개음화가 일어나지 않는다.

● **구개음(口蓋音)** 혓바닥과 센입천장(경구개) 사이에서 나는 소리로 'ㅈ, ㅉ, ㅊ'이 있다.

● **형식 형태소** 실질적인 뜻이 없으며 주로 말과 말 사이의 관계를 표시하는 형태소

 참고

역행 동화와 구개음화
역행 동화란 뒤에 오는 음운의 영향으로 앞의 음운이 그와 비슷하거나 같게 소리 나는 현상이다. 구개음화는 뒤에 놓인 모음 'ㅣ' 때문에 일어나는 것이니까 역행 동화에 해당한다.

관련규정 함께 보기

| 표준 발음법 제17항 |
받침 'ㄷ, ㅌ(ㄾ)'이 조사나 접미사의 모음 'ㅣ'와 결합되는 경우에는, [ㅈ, ㅊ]으로 바꾸어서 뒤 음절 첫소리로 옮겨 발음한다.
[붙임] 'ㄷ' 뒤에 접미사 '히'가 결합되어 '티'를 이루는 것은 [치]로 발음한다.

 알아 둘 것!

잔디는 [잔디]이지 [잔지]가 아니야. 옛날에는 '뎐디(天地) → 천지'처럼 하나의 형태소 안에서도 변화가 있었지만 오늘날에는 'ㄷ, ㅌ' 뒤에 실질적인 의미가 없는 형식 형태소가 올 때만 변화해.

● **합성어(合成語)** 둘 이상의 실질 형태소(어근)가 결합하여 하나의 단어가 된 말

1단계 기본 연습

구개음화의 개념 **빈칸에 들어갈 알맞은 말을 쓰시오.**

01 구개음화는 '( ), ( )'이 형식 형태소인 모음
'ㅣ'와 만나 각각 'ㅈ, ㅊ'으로 바뀌어 소리 나는 현상
이다.

02 구개음화는 뒤에 조사, 접사와 같은 ( )인
모음 'ㅣ'가 올 때 일어난다.

03 'ㄷ, ㅌ'보다 'ㅈ, ㅊ'이 모음 'ㅣ'가 발음되는 위치와
( ).

구개음화의 유형 ① **밑줄 친 단어의 발음을 바르게 고쳐 쓰시오.**

04 솥이[소티] 검게 탔다. → [   ]

05 모두 같이[가티] 갑시다. → [   ]

06 물건의 안과 겉이[거티] 다르다. → [   ]

07 새해 첫 해돋이[해도디]를 기다린다. → [   ]

08 그 문제를 굳이[구디] 따지지 않았다. → [   ]

구개음화의 유형 ② **밑줄 친 단어의 발음으로 알맞은 것에 ○표
를 하시오.**

09 그는 미닫이를 열었다. → (미다디, 미다지)

10 비가 그치고 볕이 들었다. → (벼티, 벼치)

11 몇 마디 이야기를 건네다. → (마디, 마지)

12 잔디밭에 앉아서 기다렸다. → (잔디받, 잔지받)

13 날이 더워 홑이불만 덮었다. → (호치불, 혼니불)

2단계 실전 연습

14 〈보기〉의 밑줄 친 단어에 대한 설명으로 적절한 것은?

〈보기〉
아버지의 애정과 눈물이 마디마디 사무치다.

① [마지마지]로 소리 난다.
② 발음할 때 구개음화가 일어난다.
③ 모음 'ㅣ'의 영향으로 'ㄷ'의 소리가 바뀐다.
④ 형태소를 '마-'와 '-디'로 쪼갤 수 있고, '-디'는 형
식 형태소이다.
⑤ 'ㄷ'과 모음 'ㅣ'가 하나의 형태소 안에서 결합하기
때문에 음운 변동이 없다.

15 밑줄 친 단어 중 구개음화가 일어나는 것은?

① 설거지를 끝냈다.
② 티끌 하나도 남기지 않았다.
③ 부디 건강하시기를 바랍니다.
④ 어릴 때 고생해서 손마디가 굵다.
⑤ 가을걷이가 끝난 들판이 쓸쓸하다.

16 〈보기〉의 음운 변동에 대한 설명으로 적절한 것은?

〈보기〉
해돋이 → [해도디] → [해도지]

① 바른 표기는 '해도지'이다.
② 자음 'ㅇ'의 영향으로 'ㄷ'이 'ㅈ'으로 소리 난다.
③ 음절의 끝소리 규칙에 따라 [해도디]가 [해도지]로
바뀐 것이다.
④ 윗잇몸에서 소리 나는 'ㄷ'이 센입천장에서 소리 나
는 'ㅈ'으로 바뀐 것이다.
⑤ 'ㄷ'로 소리 나는 것보다 'ㅈ'로 소리 나는 것이 경쾌
한 느낌을 주기 때문에 소리가 바뀐 것이다.

07 음운 축약

• 음운 축약 縮줄일축 約묶을약

둘이 하나로!

교과서 정의	두 형태소가 서로 만날 때에 앞뒤 형태소에 있는 두 개의 음운이나 음절이 한 개의 음운이나 음절로 되는 현상
쉽게 쓴 정의	두 음운이 하나의 음운으로 줄어들어 소리 나는 것

❶ 자음 축약

예사소리 'ㄱ, ㄷ, ㅂ, ㅈ'이 앞이나 뒤의 'ㅎ'과 만나 거센소리 'ㅋ, ㅌ, ㅍ, ㅊ'으로 소리 나는 것이다.

① ㄱ + ㅎ ➡ ㅋ

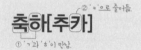
축하[추카]
② 'ㅋ'으로 줄어듦.
① 'ㄱ'과 'ㅎ'이 만남

② ㄷ + ㅎ ➡ ㅌ

맏형[마텽]
② 'ㅌ'으로 줄어듦.
① 'ㄷ'과 'ㅎ'이 만남

③ ㅂ + ㅎ ➡ ㅍ

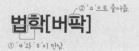
법학[버팍]
② 'ㅍ'으로 줄어듦.
① 'ㅂ'과 'ㅎ'이 만남

④ ㅈ + ㅎ ➡ ㅊ

꽂히다[꼬치다]
② 'ㅊ'으로 줄어듦.
① 'ㅈ'과 'ㅎ'이 만남

⑤ ㄶ, ㅀ + ㄱ, ㄷ, ㅈ ➡ ㅋ, ㅌ, ㅊ

많고[만코]
② 'ㅋ'으로 줄어듦.
① 'ㅎ'과 'ㄱ'이 만남

싫다[실타]
② 'ㅌ'으로 줄어듦.
① 'ㅎ'과 'ㄷ'이 만남

옳지[올치]
② 'ㅊ'으로 줄어듦.
① 'ㅎ'과 'ㅈ'이 만남

⑥ ㄺ, ㄼ, ㄵ + ㅎ ➡ ㅋ, ㅍ, ㅊ

긁혀[글켜]
② 'ㅋ'으로 줄어듦.
① 'ㄱ'과 'ㅎ'이 만남

밟혀[발펴]
② 'ㅍ'으로 줄어듦.
① 'ㅂ'과 'ㅎ'이 만남

앉혀[안처]
② 'ㅊ'으로 줄어듦.
① 'ㅈ'과 'ㅎ'이 만남

⑦ ㄳ, ㅄ + ㅎ ➡ ㅋ, ㅍ

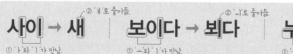
한몫하다[한모카다]
② 'ㅋ'으로 줄어듦.
① 'ㅅ' 탈락 후 'ㄱ'과 'ㅎ'이 만남

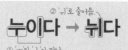
값하다[가파다]
② 'ㅍ'으로 줄어듦.
① 'ㅅ' 탈락 후 'ㅂ'과 'ㅎ'이 만남

❷ 모음 축약

두 모음이 만나 하나의 단모음으로 줄어드는 것이다.

사이 → 새
② 'ㅐ'로 줄어듦.
① 'ㅏ'와 'ㅣ'가 만남

보이다 → 뵈다
② 'ㅚ'로 줄어듦.
① 'ㅗ'와 'ㅣ'가 만남

누이다 → 뉘다
② 'ㅟ'로 줄어듦.
① 'ㅜ'와 'ㅣ'가 만남

참고

음운 축약과 맞춤법
흔히 '축하축하'를 소리대로 '추카추카'로 쓰기도 한다. 하지만 자음 축약은 표기에 반영되지 않고, 소리 낼 때만 적용되기 때문에 잘못된 것이다. 반면 모음 축약은 표기에 반영된다.

알아 둘 것!

우리말에서 자음은 소리의 세기에 따라 '예사소리, 된소리, 거센소리'로 나뉘잖아. 그런데 예사소리가 'ㅎ'과 만나면 거센소리로 바뀌기 때문에 '자음 축약' 현상을 '거센소리되기'라고도 불러. 표현이 다를 뿐 같은 현상을 이르는 말이야!

알아 둘 것!

반모음화
두 개의 단모음이 이중 모음으로 바뀌는 현상은 '반모음화'라는 교체 현상으로 보기도 해. 예를 들어 '피었다'가 '폈다'로 바뀌는 것을 'ㅣ'가 반모음으로 교체된 뒤 'ㅓ'와 결합하여 이중모음 'ㅕ'로 바뀌는 것으로 보는 거야.

1단계 기본 연습

음운 축약의 개념 **빈칸에 들어갈 알맞은 말을 쓰시오.**

01 음운 축약은 두 개의 음운이 (   ) 개의 음운으로 줄어드는 현상이다.

02 자음 축약이란 예사소리 'ㄱ, ㄷ, ㅂ, ㅈ'이 '(   )'과 만나 'ㅋ, ㅌ, ㅍ, ㅊ'이 되는 것이다.

03 자음 축약 현상은 다른 말로 '(   )되기'라고 부르기도 한다.

자음 축약 ① **자음 축약의 유형과 그 결과를 바르게 연결하시오.**

04 ㄱ + ㅎ •   • ㅍ

05 ㄷ + ㅎ •   • ㅌ

06 ㅂ + ㅎ •   • ㅋ

07 ㅈ + ㅎ •   • ㅊ

자음 축약 ② **밑줄 친 단어를 소리 나는 대로 쓰시오.**

08 문이 닫혀 있다.   → [   ]

09 박하사탕을 입에 물다.   → [   ]

10 발바닥에 물집이 잡히다.   → [   ]

11 커튼을 젖히자 햇살이 쏟아졌다. → [   ]

자음 축약 ③ **겹받침이 들어간 밑줄 친 단어를 소리 나는 대로 쓰시오.**

12 옳다구나, 이렇게 하면 되겠구나! → (   )

13 그녀는 아이들에게 동화책을 읽힌다. → (   )

14 거기에 값할 만한 이익이 있을 것이다. → (   )

2단계 실전 연습

15 음운 축약에 대한 설명으로 적절한 것은?

① 자음 축약은 거센소리와 'ㅎ'이 만날 때 일어난다.

② 자음 축약은 'ㅎ'이 예사소리의 앞에 올 때만 일어난다.

③ 자음 축약은 예사소리가 된소리로 소리 나는 현상이다.

④ 자음 축약은 소리에만 반영되고 표기에는 반영되지 않는다.

⑤ 자음 축약은 두 개의 자음 중 하나의 자음이 탈락하는 것이다.

16 〈보기〉와 같이 글자의 음운 수보다 발음되는 음운 수가 적은 것은?

〈보기〉

> 좋다[조타]
>
> • 글자의 음운 수: 5개(ㅈ, ㅗ, ㅎ, ㄷ, ㅏ)
> • 발음되는 음운 수: 4개(ㅈ, ㅗ, ㅌ, ㅏ)

① 신라   ② 먹다   ③ 축하
④ 잡다   ⑤ 잔디

17 〈보기〉에서 일어난 음운 변동 현상을 분석한 내용으로 적절하지 않은 것은?

〈보기〉

> 묻히다 [무티다 → 무치다]

① 축약과 교체가 차례대로 일어나고 있다.

② 음운 변동의 결과로 음운의 개수가 하나 줄었다.

③ 두 개의 음운이 하나로 결합하는 현상이 일어났다.

④ 자음 축약이 이루어진 다음 거센소리되기가 일어났다.

⑤ 형태소와 형태소가 만나는 상황에서 음운 변동이 일어났다.

08 음운 탈락과 음운 첨가

1. 음운 탈락 脫벗을탈落떨어질락

교과서 정의	둘 이상의 음운이 서로 결합할 때에 하나의 음운이 없어지는 현상
쉽게 쓴 정의	원래 있던 한 음운이 없어지는 것

나 갈래.

❶ 자음 탈락

① 'ㄹ' 탈락: 용언의 활용, 파생어나 합성어가 만들어질 때 'ㄹ'이 탈락한다.

② 'ㅎ' 탈락: 용언이 활용할 때 어간의 받침 'ㅎ'이 탈락되어 소리 난다.

예 넣- + -어 → 넣어[너어], 쌓- + -이- + -다 → 쌓이다[싸이다], 많- + -아 → 많아[마나]

❷ 모음 탈락

모음으로 끝난 어간이 모음으로 시작하는 어미와 만날 때, 앞의 모음이 탈락한다.

예 크- + -어서 → 커서, 쓰- + -어라 → 써라, 가- + -아서→ 가서

2. 음운 첨가 添더할첨加더할가

교과서 정의	형태소가 결합될 때 그 사이에 음운이 덧붙는 현상
쉽게 쓴 정의	원래 없던 소리가 추가되어 소리 나는 것

끼어들래.

❶ 'ㄴ' 첨가

합성어나 파생어에서 앞말의 자음이 모음 'ㅣ'와 만나면 'ㄴ'이 첨가되는 것이다.

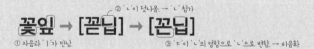

예 한- + 여름[한녀름], 눈 + 요기[눈뇨기] → 반모음 'ㅣ'로 시작하는 모음 '야, 여, 요, 유'와 만나 'ㄴ'이 첨가됨.

❷ 사잇소리 현상

합성어가 만들어질 때 뒤의 예사소리가 된소리로 소리 나거나, 'ㄴ' 또는 'ㄴㄴ'이 덧 나는 것이다.

예 나루 + 배 → 나룻배[나루빼/나룯빼] → 뒤의 예사소리 'ㅂ'이 된소리 'ㅃ'으로 소리 남. 사이시옷을 표기함.
   눈 + 사람 → 눈사람[눈싸람] → 뒤의 예사소리 'ㅅ'이 된소리 'ㅆ'으로 소리 남.
   시내 + 물 → 시냇물[시낸물] → 'ㄴ'이 덧나고, 사이시옷을 표기함.

참고

'ㄹ'이 탈락하는 경우
① 용언이 활용할 때: 동사, 형용사의 어간에 어미가 붙어서 형태가 바뀌는 과정에서 어간의 'ㄹ'이 탈락함.
   예 살- + -니 → [사니], 놀- + -니 → [노니]
② 파생어, 합성어가 만들어질 때: 형태소끼리 결합하여 다른 단어를 만들 때 한 형태소의 'ㄹ'이 탈락함.
   예 버들 + 나무 → [버드나무]

알아 둘 것!

왜 한 개의 모음이 탈락할까? 그건 두 개의 모음을 연이어 발음하는 것이 힘이 들기 때문이야. 한 개의 모음이 탈락하면 발음할 때 노력을 적게 들일 수 있으니까 발음하기가 더욱 쉽겠지?

관련규정 함께 보기

| 표준 발음법 제29항 |
합성어 및 파생어에서, 앞 단어나 접두사의 끝이 자음이고 뒤 단어나 접미사의 첫음절이 '이, 야, 여, 요, 유'인 경우에는, 'ㄴ' 음을 첨가하여 [니, 냐, 녀, 뇨, 뉴]로 발음한다.

1단계 기본 연습

[음운 탈락과 축약의 개념] **빈칸에 들어갈 알맞은 말을 쓰시오.**

01 음운 (　　　　)이란 둘 이상의 음운이 만날 때에 하나의 음운이 없어지는 현상이다.

02 음운 첨가란 형태소가 결합될 때 그 사이에 (　　　) 이 덧붙는 현상이다.

[음운 탈락과 축약의 특징] **음운 탈락과 음운 첨가에 대한 설명으로 맞으면 ○, 틀리면 × 표시를 하시오.**

03 'ㄹ' 탈락은 용언이 활용할 때에만 일어난다. (　　)

04 모음으로 끝난 어간이 모음으로 시작하는 어미와 만나서 모음이 탈락하는 경우에는 어간의 모음이 탈락한다. (　　)

05 사잇소리 현상은 파생어가 만들어질 때 일어나는 현상이다. (　　)

[음운 탈락의 유형] **두 형태소가 결합한 단어를 소리 나는 대로 쓰시오.**

06 딸 + -님　　　　　　　　→ [　　　　　]

07 멀- + -니　　　　　　　　→ [　　　　　]

08 좋- + -은　　　　　　　　→ [　　　　　]

09 넣- + -어　　　　　　　　→ [　　　　　]

10 쓰- + -어　　　　　　　　→ [　　　　　]

[음운 첨가의 유형] **밑줄 친 단어를 소리 나는 대로 쓰시오.**

11 비가 많이 와서 시냇물이 불었다. → [　　　　　]

12 맨입에 김치만 먹었더니 속이 아프다. → [　　　　　]

13 아침부터 논일에 나선 사람들이 많다. → [　　　　　]

14 할머니 제삿날이라 친척이 다 모였다. → [　　　　　]

2단계 실전 연습

15 **다음 중 음운 변동의 유형이 다른 것은?**

① 긋- + -어 → 그어[그어]
② 울- + -니 → 우니[우니]
③ 가- + -아서 → 가서[가서]
④ 하얗- + -ㄴ → 하얀[하얀]
⑤ 눈 + 요기 → 눈요기[눈뇨기]

16 **〈보기〉의 밑줄 친 단어에 대한 설명으로 적절한 것은?**

〈보기〉
　선생님께서는 당신의 아드님이 건강하기를 바라셨다.

① 원래 없던 음운인 'ㄴ' 소리가 덧났다.
② 예사소리였던 자음이 거센소리로 발음되었다.
③ '아들'과 '-님'이 결합하면서 'ㄹ'이 탈락하였다.
④ 모음 'ㅣ'의 영향을 받아 구개음화가 일어났다.
⑤ 모음이 잇따라 나타나기 때문에 앞의 모음이 탈락하였다.

17 **밑줄 친 단어 중 음운 탈락에 해당하는 예로 적절한 것은?**

① 일손을 놓고 있다.
② 마음을 놓아 보았다.
③ 잡고 있던 손을 놓다.
④ 손을 놓지 말고 꼭 잡아라.
⑤ 친구들은 모두 말을 놓기로 했다.

18 **발음할 때 'ㄴ'이 덧나는 것은?**

① 밭이　　　② 신라　　　③ 하얗다
④ 바느질　　⑤ 솜이불

2013 3월 고1 학력평가

01 〈보기〉에서 (ㄱ)과 (ㄴ)의 '음운 변동'을 바르게 짝지은 것은?

〈보기〉

∘어떤 음운이 그 놓이는 환경에 따라 다른 음운으로 바뀌는 현상을 음운 변동이라고 한다. 음운 변동은 그 결과에 따라 한 음운이 다른 음운으로 바뀌는 **교체**, 원래 있던 음운이 없어지는 **탈락**, 없던 음운이 추가되는 **첨가**, 두 개의 음운이 합쳐져서 하나로 되는 **축약**으로 분류할 수 있다.

∘음운 변동의 예: 숱한 ──→ [순한] ──→ [수탄]
　　　　　　　　　　　　　(ㄱ)　　　　　(ㄴ)

	(ㄱ)	(ㄴ)		(ㄱ)	(ㄴ)
①	교체	축약	②	교체	첨가
③	탈락	축약	④	첨가	교체
⑤	첨가	탈락			

2013 고입 선발고사

02 다음의 '음절 끝소리 규칙'에 대한 적용이 바르지 **않은** 것은?

음절 끝소리 규칙	[사례]
음절의 끝에서 발음되는 자음은 'ㄱ, ㄴ, ㄷ, ㄹ, ㅁ, ㅂ, ㅇ'의 일곱 개뿐이다. 음절 끝에 이 일곱 소리 이외의 자음이 오면 이 일곱 자음 중의 하나로 바꾸어 발음한다.	∙농부가 갈아 놓은 **밭**. ∙**무릎** 꿇고 기도했다. ∙물건 값을 **깎지** 못했다. ∙시를 **읊고** 있는 동생. ∙두려울 것이 **없다**.

① '밭'의 받침 'ㅌ'은 /ㄷ/으로 발음한다.
② '무릎'의 받침 'ㅍ'은 /ㅂ/으로 발음한다.
③ '깎지'의 겹받침 'ㄲ'은 /ㄱ/으로 발음한다.
④ '읊고'의 겹받침 'ㄼ'은 /ㄹ/로 발음한다.
⑤ '없다'의 겹받침 'ㅄ'은 /ㅂ/으로 발음한다.

2011 중3 학업성취도평가

03 〈자료〉의 '표준 발음법' 규정을 참고할 때 **잘못** 발음한 것은?

〈자료〉

[제14항]　겹받침이 모음으로 시작된 조사나 어미, 접미사와 결합되는 경우에는, 뒤엣것만을 뒤 음절 첫소리로 옮겨 발음한다. (이 경우 'ㅅ'은 된소리로 발음함.)

① 값이 [가비]　② 넓이 [널비]　③ 닭을 [달글]
④ 몫을 [목쓸]　⑤ 읊어 [을퍼]

2015 3월 고1 학력평가

04 〈보기〉의 설명에 따를 때, ⬚ ㉠ ⬚에 들어갈 수 있는 단어로 적절한 것은?

〈보기〉

자음 두 개가 음절 끝에 놓일 때, 둘 중에서 하나의 자음이 탈락하는 현상을 '자음군 단순화'라고 한다. 다음 그림은 '칡'([칡] → [칙])과 같이 끝소리에 위치한 두 자음 중 앞에 있는 자음(자음²)이 탈락하여 뒤에 있는 자음(자음³)만 발음되는 현상을 시각화한 것이다.

반면, 다음 그림은 ⬚ ㉠ ⬚과 같이 끝소리에 위치한 두 자음 중 뒤에 있는 자음(자음³)이 탈락하여 앞에 있는 자음(자음²)만 발음되는 현상을 시각화한 것이다.

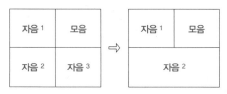

① 값, 넋　　② 값, 닭　　③ 값, 삶
④ 넋, 삶　　⑤ 닭, 삶

05 〈보기〉의 음운 변동에 대한 설명으로 적절한 것은?

〈보기〉
- 먹는 → [멍는]
- 백로 → [뱅노]
- 신라 → [실라]

① 두 음운이 거센소리로 줄어든다.
② 원래 없던 소리가 덧나서 발음된다.
③ 두 음운이 만나 한 음운이 없어진다.
④ 두 자음이 만나 비슷한 소리로 발음된다.
⑤ 잇몸소리가 모음 'ㅣ' 앞에서 센입천장소리로 발음된다.

07 〈보기〉의 ㉠에 추가할 수 있는 단어로 적절한 것은?

〈보기〉

표준 발음법 제18항

받침 'ㄱ(ㄲ, ㅋ, ㄳ, ㄺ), ㄷ(ㅅ, ㅆ, ㅈ, ㅊ, ㅌ, ㅎ), ㅂ(ㅍ, ㄼ, ㄿ, ㅄ)'은 'ㄴ, ㅁ' 앞에서 [ㅇ, ㄴ, ㅁ]으로 발음한다.

○예: 국민[궁민], 앞마당[암마당] .... ㉠

① 국물   ② 먹이   ③ 밤낮
④ 손재주   ⑤ 가을걷이

06 〈자료〉의 원리를 적용하여 발음해야 하는 단어로 알맞은 것은?

〈자료〉

❀ '한류'의 발음
· 한류[한뉴] (×)
· 한류[할류] (○)
  - '한'의 끝소리 'ㄴ'과 '류'의 첫소리 'ㄹ'이 만남.
  - 'ㄴ'은 비음이고 'ㄹ'은 유음임.
  - 'ㄴ'이 유음과 만나면 유음으로 바뀌어 소리 남.
  - [할류]로 발음해야 함.

① 진리   ② 협력   ③ 항로
④ 백로   ⑤ 남루

개념 퀵! 핵심 퀵!
　자음 동화 자음이 서로 만나 비슷한 소리로 바뀌는 것이다.
　비음화 'ㄱ, ㄷ, ㅂ' + 비음(ㄴ, ㅁ) → 'ㅇ, ㄴ, ㅁ'으로 바뀌는 것이다.
　유음화 'ㄴ'이 'ㄹ'의 앞뒤에서 'ㄹ'로 바뀌는 것이다.

08 〈보기〉에서 설명하는 음운 변동의 예로 적절한 것은?

〈보기〉

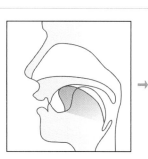 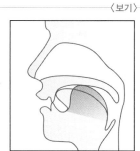

혀끝이 윗잇몸에 닿을 때 나는 소리가 모음 'ㅣ'를 만나면 비슷한 위치에서 소리 나는 센입천장소리로 발음된다.

① 부엌 → [부억]
② 막히다 → [막키다]
③ 붙이다 → [부치다]
④ 대관령 → [대괄령]
⑤ 속리산 → [송니산]

개념 퀵! 핵심 퀵!
　구개음화 잇몸소리인 'ㄷ, ㅌ'이 모음 'ㅣ' 앞에서 센입천장소리인 'ㅈ, ㅊ'으로 바뀌는 현상이다.

2015 고입 선발고사

09 다음 설명에 해당하는 예로 적절하지 <u>않은</u> 것은?

> 구개음화는 실질 형태소의 끝소리 'ㄷ, ㅌ'이 형식 형태소의 첫소리 'ㅣ' 모음을 만나 구개음인 'ㅈ, ㅊ'으로 발음되는 현상이다.

① 끝을 → [끄츨]
② 밭이 → [바치]
③ 붙이다 → [부치다]
④ 해돋이 → [해도지]
⑤ 가을걷이 → [가을거지]

10 밑줄 친 단어 중 음운 축약이 일어나지 <u>않는</u> 것은?

① 여기서 <u>속히</u> 나가시오.
② 파란 하늘이 보고 <u>싶다</u>.
③ 우리나라의 <u>국화</u>는 무궁화이다.
④ 관심사를 <u>넓히는</u> 것이 필요하다.
⑤ 엄마가 아이에게 옷을 <u>입혀</u> 보았다.

11 ㉠에 들어갈 음운 변동의 예로 적절하지 <u>않은</u> 것은?

> 질문 : '숱한'을 [수탄]으로 발음하는 것은 'ㅌ'이 탈락한 것인가요?
> 답변 : 아닙니다. '숱한'의 'ㅌ'은 음절의 끝에서 'ㄷ'으로 발음되는데, 이 'ㄷ'이 뒤 음절 첫소리인 'ㅎ'과 합쳐서 [ㅌ]으로 발음된 것입니다. 이처럼 음절의 끝소리 규칙이 적용된 다음 자음 축약이 일어난 예로는 [㉠] 이 있습니다.

① 겉핥기[거탈끼]
② 맏형수[마텽수]
③ 낮 한때[나탄때]
④ 옷 한 벌[오탄벌]
⑤ 꽃 한 송이[꼬탄송이]

12 〈보기〉의 밑줄 친 '잡히다'에 대한 설명으로 적절하지 <u>않은</u> 것은?

> ─────────────〈보기〉
> 결정적인 순간이 카메라에 <u>잡히다</u>.

① [자피다]로 발음된다.
② 글자의 음운 수는 7개이다.
③ 발음되는 음운 수는 7개이다.
④ 음운이 축약된 음운 변동이다.
⑤ 'ㅂ'과 'ㅎ'이 만나 'ㅍ'으로 소리 난다.

> **개념 쿡! 핵심 쿡!**
> 자음 축약 'ㄱ, ㄷ, ㅂ, ㅈ' + 'ㅎ' → 거센소리 'ㅋ, ㅌ, ㅍ, ㅊ'으로 줄어서 발음되는 것이다.

13 〈보기〉의 음운 변동에 대한 설명으로 적절하지 <u>않은</u> 것은?

> ─────────────〈보기〉

	음운 변동	본래 음운	남은 음운
㉠	살- + -는 → [사는]	ㄹ + ㄴ	ㄴ
㉡	놓- + -아 → [노아]	ㅎ + ㅏ	ㅏ
㉢	넣- + -어 → [너어]	ㅎ + ㅓ	ㅓ
㉣	크- + -어 → [커]	ㅡ + ㅓ	ㅓ

① ㉠, ㉡은 앞 음절의 끝소리가 탈락하였다.
② ㉠, ㉢은 두 음운이 만나 다른 음운으로 바뀌었다.
③ ㉡, ㉢은 모음 앞에서 'ㅎ'이 탈락하였다.
④ ㉣은 앞 음절의 모음이 탈락하였다.
⑤ ㉠~㉣은 모두 음운 탈락의 예에 해당한다.

> **개념 쿡! 핵심 쿡!**
> 음운 탈락 둘 이상의 음운이 서로 결합할 때 원래 있던 한 음운이 없어지는 것이다.

2014 고입 선발고사

14 다음에서 '음운 탈락'에 해당하지 <u>않는</u> 것은?

> ◦음운 탈락: 두 음운이 만나면서 한 음운이 사라져 소리
> 가 나지 않는 현상

① 좋− + −아 → 좋아 [조아]
② 짓− + −어 → 지어 [지어]
③ 담그− + −아 → 담가 [담가]
④ 둥글− + −니 → 둥그니 [둥그니]
⑤ 하얗− + −고 → 하얗고 [하야코]

15 〈보기〉의 ㉠과 ㉡에 나타난 음운 현상에 대한 설명으로 적절하지 <u>않은</u> 것은?

> 〈보기〉
> 홑이불 $\xrightarrow{㉠}$ [혼니불] $\xrightarrow{㉡}$ [혼니불]

① ㉠, ㉡에서 가가 다른 음운 변동이 일어났다.
② ㉠에서 첫째 음절 뒤에 'ㄴ'이 첨가되었다.
③ ㉠에서 첫째 음절의 'ㅌ'이 'ㄷ'으로 바뀌었다.
④ ㉠에서 첫째 음절의 끝소리가 둘째 음절의 첫소리로
　이동하였다.
⑤ ㉡에서 둘째 음절의 'ㄴ' 앞에서 첫째 음절의 'ㄷ'이 'ㄴ'
　으로 바뀌었다.

개념 쿡! 핵심 쿡!
'ㄴ' 첨가 형태소가 결합할 때, 'ㄴ'이 덧나는 것이다.

16 단어들의 음운 변동 유형을 바르게 제시한 것은?

① 국물 → [궁물]: 유음화
② 해돋이 → [해도지]: 비음화
③ 노랗다 → [노라타]: 음운 축약
④ 딸 + −님 → 따님[따님]: 음운 첨가
⑤ 가− + −아서 → 가서[가서]: 구개음화

17 밑줄 친 말을 발음할 때, 〈자료〉에 나타난 ㉠과 ㉡의 음운 변동이 모두 나타나는 것은?

> 〈자료〉
> 파리를 쫓는 아이
>
> 1) 쫓는 → [쫀는]: ㉠ 음절의 끝소리 규칙
> 2) [쫀는] → [쫀는]: ㉡ 비음화

① 겨울인데 <u>얇은</u> 옷을 입니?
② 샘에서 <u>맑은</u> 물이 나온다.
③ 상을 <u>덮은</u> 밥보자기를 치웠다.
④ 길을 <u>닦는</u> 데에 시간이 걸렸다.
⑤ 땅바닥에 무릎을 <u>꿇고</u> 앉은 채 용서를 빌었다.

도전! 수능 맛보기

2014 수능 A형

18 다음 ㉠~㉢의 음운 변동에 대한 설명으로 적절한 것은?

> ㉠ 빗 → [빋], 앞 → [압], 안팎 → [안팍]
> ㉡ 약밥 → [약빱], 잡다 → [잡따]
> ㉢ 놓지 → [노치], 맏형 → [마텽]

① ㉠과 ㉡은 음절 종성에 놓인 자음이 바뀌는 변동이다.
② ㉠은 거센소리를 예사소리로, ㉢은 거센소리를 된소리
　로 바꾸는 변동이다.
③ ㉠과 ㉢의 변동이 모두 일어난 예로 '따뜻하다 → [따뜨
　타다]'를 들 수 있다.
④ ㉡과 ㉢의 변동은 뒤의 자음이 앞의 자음에 동화된 것
　이다.
⑤ ㉡은 음운의 첨가에, ㉢은 음운의 축약에 속한다.

II

단어와 품사

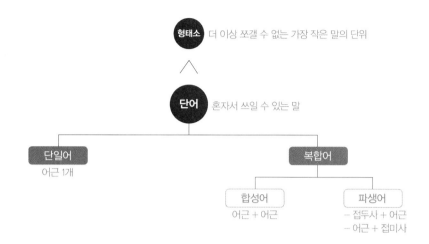

형태소 더 이상 쪼갤 수 없는 가장 작은 말의 단위

∧

단어 혼자서 쓰일 수 있는 말

단일어
어근 1개

복합어

합성어
어근 + 어근

파생어
- 접두사 + 어근
- 어근 + 접미사

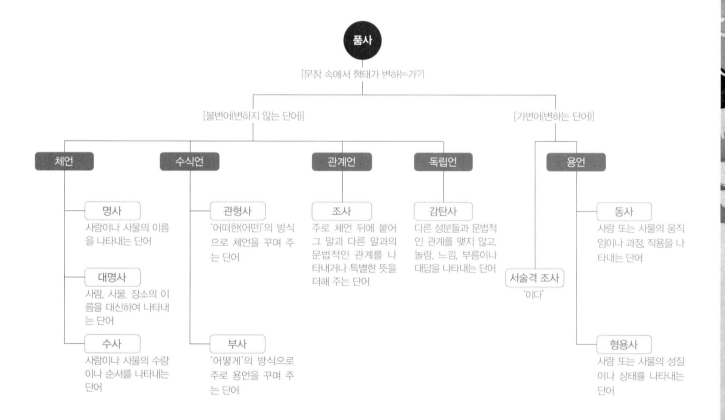

품사

[문장 속에서 형태가 변하는가?]

[불변어(변하지 않는 단어)]

[가변어(변하는 단어)]

체언

수식언

관계언

독립언

용언

명사
사람이나 사물의 이름을 나타내는 단어

대명사
사람, 사물, 장소의 이름을 대신하여 나타내는 단어

수사
사람이나 사물의 수량이나 순서를 나타내는 단어

관형사
'어떠한(어떤)'의 방식으로 체언을 꾸며 주는 단어

부사
'어떻게'의 방식으로 주로 용언을 꾸며 주는 단어

조사
주로 체언 뒤에 붙어 그 말과 다른 말과의 문법적인 관계를 나타내거나 특별한 뜻을 더해 주는 단어

감탄사
다른 성분들과 문법적인 관계를 맺지 않고, 놀람, 느낌, 부름이나 대답을 나타내는 단어

서술격 조사
'이다'

동사
사람 또는 사물의 움직임이나 과정, 작용을 나타내는 단어

형용사
사람 또는 사물의 성질이나 상태를 나타내는 단어

09 형태소

형태소 形모양형 態모양태 素본디소

교과서 정의	일정한 뜻을 가진 가장 작은 말의 단위
쉽게 쓴 정의	뜻을 가지고 있으며, 더 이상 쪼갤 수 없는 가장 작은 말의 단위

❶ 형태소의 종류

① 자립 형태소와 의존 형태소: 혼자 쓰일 수 있는 자립 형태소, 혼자 쓰일 수 없어서 반드시 다른 형태소와 결합해야만 하는 의존 형태소로 나뉜다.

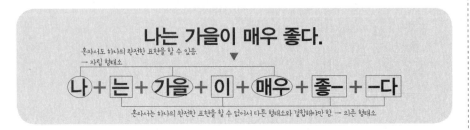

나는 가을이 매우 좋다.

혼자서도 하나의 완전한 표현을 할 수 있음. → 자립 형태소

나 + 는 + 가을 + 이 + 매우 + 좋- + -다

혼자서는 하나의 완전한 표현을 할 수 없어서 다른 형태소와 결합해야만 함. → 의존 형태소

② 실질 형태소와 형식 형태소: 실질적인 뜻이 있는 실질 형태소, 실질적인 뜻은 없고 문법적인 역할을 더하는 형식 형태소로 나뉜다.

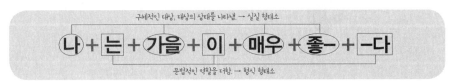

구체적인 대상, 대상의 상태를 나타냄. → 실질 형태소

나 + 는 + 가을 + 이 + 매우 + 좋- + -다

문법적인 역할을 더함. → 형식 형태소

❷ 형태소 분석

① 모든 형태소는 두 개의 이름을 가진다.

예 하늘이 맑다. → 하늘 + 이 + 맑- + -다(4개의 형태소)

형태소	자립 형태소	의존 형태소	실질 형태소	형식 형태소
하늘	○		○	
이		○		○
맑-		○	○	
-다		○		○

② 모든 자립 형태소는 실질 형태소이다. 의존 형태소 중에서는 용언(동사, 형용사)의 어간만 실질 형태소이다.

예 푸르다 → 푸르- + -다 → '푸르-'는 실질 형태소이지만 홀로 쓰일 수 없음.

나 + 는 + 가을 + 이 + 매우 + 좋- + -다

| 자립 형태소 | 의존 형태소 | 자립 형태소 | 의존 형태소 | 자립 형태소 | 의존 형태소 | 의존 형태소 |
| 실질 형태소 | 형식 형태소 | 실질 형태소 | 형식 형태소 | 실질 형태소 | 실질 형태소 | 형식 형태소 |

알아 둘 것!

'더 이상 쪼갤 수 없다는 것'은 그 말을 더 쪼개면 원래의 의미가 사라진다는 거야. 그런데 앞서 말했듯이 형태소를 분석할 때에는 원래의 의미가 사라지지 않는 데까지 쪼개야 하거든. 만일 '바람'을 '바'와 '람'으로 쪼갠 뒤, '바'를 보고 원래의 의미인 '바람'을 떠올릴 수 있을까? 맞아, '바' 또는 '람'이라는 글자만 보고 '바람'을 떠올릴 수 없지. 그래서 '바람'은 더 이상 쪼갤 수 없는 하나의 형태소인 거야.

참고

형태소와 단어의 차이
• 자립 형태소 = 단어
  예 나, 가을, 매우
• 형태소는 '최소의 의미'만 갖는 가장 작은 말의 단위이고, 단어는 '형태소가 결합된 형태'이므로 여러 가지 의미를 가질 수 있다.
  예 형태소 '좋-+-았-+-다' → 3개의 형태소
  단어 '좋았다' → 1개의 단어이며, '좋다'는 의미와 과거에 일어난 의미(-았-)를 갖고 있다.

참고

용언의 어간
용언(동사, 형용사)에서 활용할 때 변하지 않는 부분을 '어간'이라고 한다.
예

먹다		예쁘다	
먹-	+	-다 -고 -은 -어서	예쁘-	+	-다 -고 -니 -니까
↓	↓	↓	↓
어간	어미	어간	어미

1단계 기본 연습

[형태소의 개념] 빈칸에 들어갈 알맞은 말을 쓰시오.

01 (   )을 가지고 있으며 더 이상 쪼갤 수 없는 가장
작은 말의 단위를 (   )라고 한다.

02 형태소는 자립할 수 있느냐에 따라 (   )와
(   )로 나뉜다.

03 형태소는 실질적 의미가 있느냐에 따라 (   )
와 (   )로 나뉜다.

[형태소의 종류] 밑줄 친 부분의 형태소의 종류를 쓰시오.

	자립성 유무	실질적 의미 유무
04 너를 사랑해.	( )	( )
05 피자가 맛있다.	( )	( )
06 그녀는 예쁘다.	( )	( )
07 사과가 빨갛다.	( )	( )

[형태소의 개수] 형태소의 개수를 빈칸에 쓰시오.

08 구름   →(   )개

09 밤나무   →(   )개

10 먹었다   →(   )개

11 파랗다   →(   )개

[형태소 분석] 다음과 같이 형태소마다 빗금을 그어 보시오.

> 달 / 이 / 참 / 밝 / 다.

12 날씨가 덥다.

13 나는 네가 좋아.

14 경서가 등을 긁었다.

2단계 실전 연습

15 다음 문장의 형태소를 바르게 분석한 것은?

> 가을 하늘은 높고 푸르다.

① 가을 / 하늘은 / 높고 / 푸르다.
② 가을 / 하늘 / 은 / 높고 / 푸르다.
③ 가을 / 하늘은 / 높 / 고 / 푸르 / 다.
④ 가을 / 하늘 / 은 / 높 / 고 / 푸르 / 다.
⑤ 가 / 을 / 하 / 늘/ 은 / 높 / 고 / 푸 / 르 / 다.

16 다음 문장의 형태소의 개수로 적절한 것은?

> 동생이 수박을 먹었다.

① 5개   ② 6개   ③ 7개
④ 8개   ⑤ 9개

17 실질적 의미의 유무로 형태소를 나눌 때, 밑줄 친 부분
중 형태소의 종류가 다른 하나는?

> 소희가 동생에게 몰래 사과를 주었다.
>   ①   ②   ③   ④⑤

18 ㉠~㉤에 대한 설명으로 적절한 것은?

> ㉠시장에 ㉡물건을 ㉢사는 ㉣사람들이 ㉤많다.

① ㉠은 의존 형태소이면서 실질 형태소이다.
② ㉡은 자립 형태소이면서 형식 형태소이다.
③ ㉢은 세 개의 형태소로 구성되었다.
④ ㉣은 두 개의 형태소로 구성되었다.
⑤ ㉤은 한 개의 형태소로 구성되었다.

10 어근과 접사

1. 어근 語말씀어 根뿌리근

교과서 정의	단어를 형태소 단위로 나누었을 때 실질적인 의미를 나타내는 형태소
쉽게 쓴 정의	단어에서 실질적인 의미를 나타내는 중심 부분

❶ 활용하지 않는 단어의 어근

❷ 활용하는 단어의 어근

2. 접사 接이을접 辭말씀사

교과서 정의	어근에 결합하여 특정한 의미를 더하거나 기능을 부여하는 형태소
쉽게 쓴 정의	어근의 앞이나 뒤에 붙어서 의미를 더해 주거나 기능을 바꿔 주는 주변 부분

〈접사가 어근에 결합하는 위치에 따라〉

❶ 접두사

어근의 앞에 붙어 단어에 뜻을 더하지만, 어근의 품사를 바꾸지는 못한다.

❷ 접미사

어근의 뒤에 붙어 뜻을 더하기도 하고, 어근의 품사를 바꾸기도 한다.

참고

접두사의 예

• 군-: '쓸데없는' 또는 '덧붙은'의 뜻을 더한다. 예 군말
• 맨-: '다른 것이 없는'의 뜻을 더한다. 예 맨주먹
• 새-: '매우 짙고 선명하게'의 뜻을 더한다. 예 새하얗다
• 헛-: '이유 없는', '보람 없는' 또는 '보람 없이', '잘못'의 뜻을 더한다. 예 헛수고
• 짓-: '마구', '함부로', '몹시' 또는 '심한'의 뜻을 더한다. 예 짓밟다
• 햇-: '당해에 난' 또는 '얼마 되지 않은'의 뜻을 더한다. 예 햇과일
• 처-: '마구', '많이'의 뜻을 더한다. 예 처박다

참고

접미사의 예

• -꾸러기: '그것이 심하거나 많은 사람'의 뜻을 더한다.
• -질: '그 도구를 가지고 하는 일' 또는 '그 신체 부위를 이용한 어떤 행위' 또는 직업이나 직책에 비하하는 뜻을 더한다.
• -스럽(다): '그러한 성질이 있음.'의 뜻을 더하고 형용사를 만든다.

1단계 기본 연습

[단어의 구성 요소] **빈칸에 들어갈 알맞은 말을 쓰시오.**

01 단어에서 실질적인 의미를 나타내는 부분을 (　　　) 이라고 한다.

02 (　　　　)는 어근의 앞에 붙어 새로운 단어를 만드는 말이다.

03 (　　　　)는 어근의 뒤에 붙어 새로운 단어를 만드는 말이다.

[접사의 특징] **다음 설명이 맞으면 ○, 틀리면 × 표시를 하시오.**

04 접두사는 단어에 뜻을 더해 주는 기능을 한다. (　　)

05 한 단어에서 어근의 개수는 항상 1개이다. (　　)

06 접미사는 어근의 품사를 바꾸기도 한다. (　　)

[접사의 종류] **다음 단어에 쓰인 접사를 쓰시오.**

07 맨손 (　　　　)

08 선생님 (　　　　)

09 새파랗다 (　　　　)

10 장난꾸러기 (　　　　)

[접미사의 구분] **다음의 단어들을, 뜻을 더하는 접미사를 포함한 단어와 품사를 바꾸는 접미사를 포함한 단어로 나누시오.**

먹이	아이들	반듯이
사냥꾼	학생답다	공부하다

11 뜻을 더하는 접미사를 포함한 단어:

_____

12 품사를 바꾸는 접미사를 포함한 단어:

_____

2단계 실전 연습

13 **어근만으로 이루어진 단어가 아닌 것은?**

① 가을　　　② 구름　　　③ 헛소문
④ 돌다리　　⑤ 사과나무

14 **'접두사＋어근'의 형태로 이루어진 단어가 아닌 것은?**

① 뒤섞다　　② 잔기침　　③ 처넣다
④ 가위질　　⑤ 햇병아리

15 **〈보기〉와 같은 기능을 하는 접미사를 포함한 단어는?**

〈보기〉
• 달리기: 접미사 '-기'는 동사인 '달리다'에 붙어 명사를 만드는 접미사이다.

① 먹이　　　② 풋사과　　③ 아이들
④ 구경꾼　　⑤ 장난꾸러기

16 **밑줄 친 부분에 대한 설명으로 적절한 것은?**

① 믿음: 품사를 바꾼 접미사이다.
② 뛰놀다: 어근에 뜻을 더한 접사이다.
③ 참뜻: 실질적 의미를 가지고 있으므로 어근이다.
④ 깨끗이: 어근의 앞에 붙어 뜻을 더한 접두사이다.
⑤ 욕심쟁이: 단어에서 실질적 의미를 나타내는 부분이므로 어근이다.

11 단일어와 복합어

• 단어

```
        ┌─ 단일어 ──────── 하나의 어근
단어 ──┤          ┌─ 합성어 ──── 어근 + 어근
        └─ 복합어 ─┤          ┌─ 접두사 + 어근
                    └─ 파생어 ─┤
                               └─ 어근 + 접미사
```

단어는 혼자서 쓰일 수 있는 말이다. 다만, '이/가', '을/를'과 같은 조사는 홀로 쓰일 수 없지만 단어로 인정한다.

❶ 단일어單홀단-하나일語말씀어

'나무, 숲, 구름'처럼 하나의 어근으로만 이루어진 단어이다.

❷ 복합어複겹칠복合합할합語말씀어

① 합성어: 둘 이상의 어근이 결합하여 만들어진 단어이다.

• 대등 합성어: 두 개의 어근이 대등하게 결합해 각각의 어근이 원래의 뜻을 가지는 합성어이다.

> **앞 + 뒤** → 앞과 뒤
> 어근 어근
>
> **높- + 푸르다** → 높고 푸르다
> 어근 어근

• 종속 합성어: 한쪽 어근이 다른 쪽 어근을 꾸며 주는 합성어이다.

> **책 + 가방** → 책을 넣어 다니는 가방
>
> **돌 + 다리** → 돌로 만든 다리

• 융합 합성어: 어근끼리 결합하여 만들어진 단어가 원래 어근의 의미와 전혀 달라지는 합성어이다.

> **피 + 땀** → 노력과 정성을 비유적으로 이르는 말
>
> **춘 + 추** → 어른의 나이를 높여 이르는 말
> 봄 춘(春) 가을 추(秋)

② 파생어: 어근의 앞이나 뒤에 접사가 붙어서 만들어진 단어이다.

> **햇- + 과일** | **부채 + -질** | **출렁 + -거리다**
> 당해에 난 뜻을 더하는 접두사 '그 도구를 가지고 하는 일'의 뜻을 더하는 접미사 '그런 상태가 잇따라 계속됨'의 뜻을 더하고 동사를 만드는 접미사

참고

통사적 합성어와 비통사적 합성어

합성어는 어근의 결합 방식에 따라 대등 합성어, 종속 합성어, 융합 합성어로 분류할 수 있다. 또 국어의 일반적인 구성과 일치하는지에 따라 통사적 합성어와 비통사적 합성어로 분류할 수 있다.

• 통사적 합성어: 우리말의 일반적인 단어 배열법과 일치하는 방식으로 결합된 경우
  예 • 힘들다 – '힘이 들다'에서 '이'만 빠짐. 일반적으로 '이'를 빼고 말하기도 하므로 우리말의 일반적인 단어 배열법과 일치함.
    • 벗어나다 – '벗다'와 '나다'를 결합할 때 보조적 연결 어미 '-어'를 통해 연결함.

• 비통사적 합성어: 우리말의 일반적인 단어 배열법과 다른 방식으로 결합된 경우
  예 • 덮밥 – 우리말의 일반적 배열을 따른다면 '덮은 밥'이 되어야 하는데 '-은'이 생략됨.
    • 뛰놀다 – '뛰다'와 '놀다'를 결합할 때 보조적 연결 어미 없이 연결함.

알아 둘 것!

앞의 어근이 뒤의 어근을 꾸며 줄 때 '종속'된다고 해. 예를 들어 종속 합성어인 '빌어먹다'는 '빌어서 먹다'라는 뜻, '눈물'은 '눈에서 나오는 분비물'이라는 뜻을 지닌 단어야.

참고

품사를 바꾸는 접미사

• 명사 파생 접미사: -이, -기, -(으)ㅁ
  예 먹(-다)(동사 어근)+-이(접미사) → 먹이(명사)

• 동사 파생 접미사: -하다, -거리다
  예 체(명사)+-하다(접미사) → 체하다(동사)

• 형용사 파생 접미사: -답다, -스럽다, -롭다
  예 사람(명사)+-답다(접미사) → 사람답다(형용사)

• 부사 파생 접미사: -히, -이
  예 조용(-하다)(형용사 어근)+-히(접미사) → 조용히(부사)

단일어와 복합어 다음 단어들을 단일어와 복합어로 나누어 쓰시오.

가방 나무 헛기침 부채질 출렁거리다

01 단일어: _____

02 복합어: _____

복합어의 개념 다음 설명이 맞으면 ○, 틀리면 × 표시를 하시오.

03 복합어에는 합성어와 파생어가 있다. (   )

04 합성어는 접사를 포함하지 않는다. (   )

05 어근으로만 구성된 파생어도 있다. (   )

복합어의 구성 다음 단어들과 그 구성 방식을 연결하시오.

06 피땀 •

07 애벌레 •

           • ㉠ 어근 + 어근

08 팔다리 •

09 햇과일 •

           • ㉡ 접두사 + 어근

10 조용하다 •

11 장난꾸러기 •

           • ㉢ 어근 + 접미사

합성어의 종류 다음 중 대등 합성어만 골라 쓰시오.

손발 물걸레 오가다 도시락밥 높푸르다

12 _____

13 어근의 개수가 가장 많은 것은?

① 들 ② 나무 ③ 덧신
④ 밤하늘 ⑤ 어른답다

14 어근 간의 관계를 잘못 분석한 것은?

① 앞뒤: '앞과 뒤'라는 의미로, 대등 합성어이다.
② 남녀: '남자와 여자'라는 의미로, 대등 합성어이다.
③ 춘추: '나이를 높여 이르는 말'로 융합 합성어이다.
④ 돌다리: '돌로 만든 다리'라는 의미로 종속 합성어이다.
⑤ 책가방: '책을 넣어 다니는 가방'이라는 의미로 융합 합성어이다.

15 다음 설명에 해당하는 단어로 적절한 것은?

> 어근의 뒤에 위치하는 접사가 결합되어 있는 단어이며, 접사는 원래의 어근에 뜻을 더해 주는 기능을 할 뿐, 품사를 바꾸지는 않는다.

① 꿈 ② 조용히 ③ 풋사과
④ 치솟다 ⑤ 부채질

16 다음은 단어 '고생스럽다'에 대한 설명이다. ㉠~㉢에 들어갈 알맞은 말을 순서대로 쓰시오.

> '고생스럽다'는 (㉠)과 접사로 이루어진 (㉡)이다. '고생'의 품사는 명사인데 여기에 '-스럽(다)'라는 접사가 결합하여 품사가 (㉢)로 바뀌었다.

㉠: (   ) ㉡: (   ) ㉢: (   )

2011 고입 선발고사

01 하나의 형태소로 이루어진 낱말은?

① 논밭　　　　② 들꽃
③ 밤낮　　　　④ 손발
⑤ 하늘

단일어 하나의 어근으로 이루어진 단어이다.

2013 3월 고1 학력평가

02 다음은 형태소에 대한 탐구 학습이다. (ㄱ)의 형태소를 분석하여 이를 바르게 짝지은 것은?

문제 제기	다음 문장의 형태소를 실질적 의미의 유무에 따라 분류해 보자. [예문] 하늘이 푸르다.
탐구 과정	실질적 의미가 있는가? 예 / 아니요 '하늘', '푸르-' / '이', '-다' 실질 형태소 / 형식 형태소
탐구 결과	'하늘'과 '푸르-'는 구체적인 대상이나 구체적인 상태를 나타내는 실질적 의미를 가지고 있으므로 실질 형태소라고 하고, '이', '-다'는 형식적인 의미, 즉 문법적 의미만을 표시하므로 형식 형태소라고 한다.
연습 문제	(ㄱ) 형은 집에 있다.

　실질 형태소　　　　　형식 형태소
① 형, 집　　　　　　은, 에, 있-, -다
② 집, 있-　　　　　　형, 은, 에, -다
③ 형, 집, 있-　　　　은, 에, -다
④ 형, 집, 은　　　　　에, 있-, -다
⑤ 은, 있-, -다　　　　형, 집, 에

03 형태소의 개수가 다른 하나는?

① 참말　　　② 일꾼　　　③ 군것질
④ 손버릇　　⑤ 말썽꾸러기

04 형태소 분석이 바르지 않은 것은?

① 밥 / 을 / 먹 / 었 / 다.
② 사람 / 이 / 꽃 / 이 / 다.
③ 나 / 의 / 마음 / 이 / 너 / 의 / 마음 / 과 / 같 / 다.
④ 오빠 / 는 / 아빠 / 를 / 닮아 / 서 / 참 / 좋 / 다.
⑤ 하늘 / 은 / 스스로 / 돕 / 는 / 자 / 를 / 돕 / 는 / 다.

05 다음의 단어를 ㉠, ㉡과 같이 나누었을 때, 분류 기준으로 적절한 것은?

㉠		㉡	
꿈	먹이	구경꾼	심술쟁이
조용히	건강하다	말썽꾸러기	

① 어근의 개수가 1개인가, 2개인가?
② 어근의 품사가 명사인가, 동사인가?
③ 접사의 위치가 어근의 앞인가, 뒤인가?
④ 접사가 결합하였는가, 결합하지 않았는가?
⑤ 접사가 어근에 뜻만 더하는가, 어근의 품사를 바꾸는가?

2013 중3 학업성취도평가

06 '밤공기'와 단어의 짜임이 다른 하나는?

① 앞뒤   ② 깊이   ③ 손발
④ 소나무   ⑤ 돌다리

> **개념 쿽! 핵심 쿽!**
> 하나의 어근으로 이루어져 있으면 단일어, 어근과 어근이 결합되어 있으면 합성어, 어근과 접사가 결합되어 있으면 파생어라 한다.

2012 3월 고1 학력평가

07 〈보기 1〉을 참고하여 〈보기 2〉의 ㉠~㉢에 대해 탐구한 내용으로 적절한 것은?

〈보기 1〉

• 단어를 형성할 때, 실질적인 의미를 나타내는 중심 부분을 어근이라 하고, 그 뜻을 제한하는 주변 부분을 접사라고 한다.
• 하나의 어근으로 된 단어를 단일어라 한다. 둘 이상의 어근으로 이루어진 단어는 합성어라 하고, 어근과 접사가 결합하여 이루어진 단어를 파생어라고 한다.

〈보기 2〉

| 군살 논밭 맨손 바다 소리 일꾼 큰집 |

하나의 어근만으로 이루어졌는가?
— 예 → ㉠
— 아니요 →
접사가 결합되어 있는가?
— 예 → ㉡
— 아니요 → ㉢

① '바다'와 '일꾼'은 ㉠에 해당해.
② '군살'과 '맨손'은 ㉡에 해당해.
③ '논밭'과 '일꾼'은 ㉡에 해당해.
④ '소리'와 '큰집'은 ㉢에 해당해.
⑤ '군살'과 '논밭'은 ㉢에 해당해.

2014 고입 선발고사

08 아래 그림에 있는 단어를 '형성 원리'가 같은 것끼리 오른쪽 상자에 나눠 담으려고 한다. ㉠, ㉡에 들어갈 단어로 알맞게 짝지어진 것은?

	㉠	㉡		㉠	㉡
①	뛰놀다 – 한겨울		②	밥그릇 – 물방울	
③	한겨울 – 드높다		④	물방울 – 보조개	
⑤	드높다 – 밥그릇				

2014 3월 고1 학력평가

09 〈보기 1〉의 설명을 참고할 때, 〈보기 2〉의 ㉠~㉣ 중 합성어에 해당하는 말을 바르게 고른 것은?

〈보기 1〉

하나의 형태소로 이루어진 단어를 단일어라고 하고, 둘 이상의 형태소로 이루어진 단어를 복합어라고 한다. 복합어에는 두 종류가 있다. '손(어근) + 수레(어근)'와 같이 둘 이상의 어근으로 이루어진 단어는 합성어이고, '사냥(어근) + 꾼(접사)'과 같이 어근에 접사가 결합되어 만들어진 단어는 파생어이다.

〈보기 2〉

㉠물고기가 그려진 ㉡지우개가 어디로 갔을까? ㉢심술쟁이 동생이 또 ㉣책가방에 숨겼을 거야. 그래 보았자 이 누나는 금방 찾는데.

① ㉠, ㉡   ② ㉠, ㉣   ③ ㉡, ㉢
④ ㉡, ㉣   ⑤ ㉢, ㉣

2014 중3 학업성취도평가

10 〈자료〉를 바탕으로 밤하늘과 같은 단어의 짜임을 이해한다고 할 때, ㉠~㉢에 들어갈 말로 적절한 것은?

〈자료〉

단어	밤하늘	군소리
원리 이해	• 두 개 이상의 형태소가 결합하여 형성된 단어를 복합어라 한다. 복합어는 어근과 어근이 결합하여 이루어진 합성어, 어근과 접사가 결합하여 이루어진 파생어로 나뉜다. • 접사: 어근에 붙어서 뜻을 제한하거나 덧붙이는 부분 • 어근: 뜻을 나타내는 중심 부분	
형태소 분석	'밤' + '하늘'	'군-' + '소리'
어근과 접사 판단	'밤하늘'은 밤의 하늘을 의미한다. '밤' – 어근 '하늘' – 어근	'군소리'는 하지 않아도 좋을 쓸데없는 말을 의미한다. '군-' – (㉠) '소리' – 어근
복합어의 종류	합성어	㉡
다른 예	감나무	㉢

	㉠	㉡	㉢
①	어근	합성어	밤안개
②	어근	파생어	햇과일
③	접사	합성어	지우개
④	접사	파생어	풋고추
⑤	접사	파생어	돌다리

2011 중3 학업성취도평가

11 ㉠~㉤ 중 〈자료〉와 같은 방법으로 형성된 단어는?

〈자료〉

'손발'은 '손'과 '발'이라는 실질적인 의미를 지닌 형태소끼리 결합되어 만들어진 단어이다.

① ㉠ 미처　　② ㉡ 밤낮　　③ ㉢ 거리
④ ㉣ 가로　　⑤ ㉤ 날개

12 다음 단어에 대한 설명으로 적절하지 않은 것은?

① 무지개: 하나의 어근으로 이루어진 단일어이다.

② 책가방: 두 개의 어근으로 결합된 단어로 합성어이다.

③ 오가다: 접두사 '오-'가 어근인 '가다'에 붙어 뜻을 더한 파생어이다.

④ 애호박: 실질적 의미를 나타내는 형태소는 '호박'이므로 '호박'이 어근이다.

⑤ 되묻다: '되-'는 '다시'라는 뜻을 갖고 있는 접두사이므로, '되묻다'는 '접사 + 어근'으로 이루어진 파생어이다.

2010 중3 학업성취도평가

13 ㉠~㉤ 중, 〈자료〉와 낱말의 짜임이 같은 것은?

〈자료〉

돌다리　　콩밭　　밤나무

① ㉠ 생각　　② ㉡ 굿판　　③ ㉢ 마을
④ ㉣ 뚱보　　⑤ ㉤ 우리

14 '달리기'에 대한 설명으로 적절한 것을 골라 묶은 것은?

㉠ '달리기'는 복합어에 속한다.
㉡ '달리-'는 동사의 어근이다.
㉢ '-기'는 어근의 뒤에 위치하므로 접미사이다.
㉣ '달리기'는 접사의 결합으로 품사가 바뀐 단어이다.
㉤ '먹이', '줍기'는 '달리기'에서와 같은 기능을 하는 접사가 포함되어 있다.

① ㉠　　　　　　　　② ㉠, ㉡
③ ㉠, ㉡, ㉢　　　　④ ㉠, ㉡, ㉢, ㉣
⑤ ㉠, ㉡, ㉢, ㉣, ㉤

15 ㉠과 ㉡의 차이점에 대한 설명으로 적절한 것은?

	㉠ 팔다리	㉡ 책가방
형태소 분석	팔 + 다리	책 + 가방
공통점	합성어이다.	
차이점		

① ㉠은 비통사적 합성어이고, ㉡은 통사적 합성어이다.
② ㉠은 어근끼리 대등하게 연결되어 있는데, ㉡은 앞의 어근이 뒤의 어근을 꾸며 준다.
③ ㉠은 실질 형태소끼리 결합되어 있는데, ㉡은 실질 형태소와 형식 형태소가 결합되어 있다.
④ ㉠은 어근 간의 결합으로 원래 어근의 의미가 사라졌고, ㉡은 각 어근의 의미를 유지하고 있다.
⑤ ㉠은 자립 형태소만으로 이루어진 단어이고, ㉡은 자립 형태소와 의존 형태소가 결합된 단어이다.

2013 중3 학업성취도평가

16 〈자료〉를 참고하여 다음 단어들의 짜임새를 분석한 결과를 ㉠, ㉡에 쓰시오.

〈자료〉
'덧문', '톱질'과 같은 단어는 '어근'과 '접사'로 이루어진 파생어이다. '어근'은 단어의 중심이 되는 실질적인 의미를 나타낸다. 반면에 '접사'는 단어의 중심적 의미를 나타내지 않고 어근에 붙어서 그 어근의 뜻을 한정하거나 새로운 단어를 만들어 낸다. '덧문'과 '톱질'은 다음과 같은 짜임새로 각각 분석된다.

단어	짜임새
덧문	덧(접사) + 문(어근)
톱질	톱(어근) + 질(접사)

단어	짜임새
멋쟁이	㉠:
햇과일	㉡:

17 〈보기 1〉의 ㉠~㉢에 들어갈 말을 〈보기 2〉에서 찾아 쓰시오.

〈보기1〉
단어는 형성 방식에 따라 단일어와 복합어로 나뉜다. 단일어는 (㉠)와/과 같이 하나의 어근으로만 이루어진 단어를 일컫는다. 복합어는 둘 이상의 어근으로 이루어지거나 어근에 접사가 붙은 단어를 말하는데 (㉡)와/과 같이 어근과 어근이 결합된 단어를 합성어, (㉢)와/과 같이 어근과 접사가 결합된 단어를 파생어라고 한다.

〈보기2〉
꿈, 가을, 물걸레, 새롭다, 높푸르다

	㉠	㉡	㉢
①	꿈	가을, 물걸레	새롭다, 높푸르다
②	꿈	가을, 새롭다	물걸레, 높푸르다
③	가을	꿈, 물걸레	새롭다, 높푸르다
④	가을	물걸레, 높푸르다	꿈, 새롭다
⑤	가을	새롭다, 높푸르다	꿈, 물걸레

도전! 수능 맛보기

2013 6월 수능 모의평가

18 〈보기〉와 같이, 밑줄 친 파생어의 의미를 적절하게 풀어서 표현한 것은?

밤중에 발을 헛디디지 않도록 조심해야 한다.(→ 잘못 디디지)

① 그는 눈을 치뜨고 정면을 응시했다.(→ 가늘게 뜨고)
② 문이 망가져 널빤지를 덧대어 수리했다.(→ 겹쳐 대어)
③ 당시에 그 나라에는 도적이 들끓었다.
　(→ 안에서 끓었다)
④ 간호사가 환자의 팔에 붕대를 되감았다.
　(→ 친친 감았다)
⑤ 동생이 가마솥 속의 팥죽을 휘젓고 있다.
　(→ 원형으로 젓고)

12 체언

체언 體몸체言말씀언

중심을 이루는 말!

교과서 정의	품사* 중에서 주로 문장의 주체가 되는 '명사', '대명사', '수사'를 통틀어 이르는 말
쉽게 쓴 정의	문장의 중심을 이루는 역할을 하는 '명사', '대명사', '수사'를 이르는 말

❶ 명사 名이름명 詞말사

사람이나 사물의 이름을 나타내는 단어이다.

• 명사의 종류

지시하는 대상의 유일성 여부	보통 명사	같은 종류의 대상의 이름에 두루 쓰이는 명사
	고유 명사	특정한 인명, 지명, 상표, 기관 등의 이름에 쓰이는 명사
자립성 유무	자립 명사	홀로 자립하여 사용할 수 있는 명사
	의존 명사	명사의 특징을 지니고 있지만 자립하여 사용할 수 없고, 관형어의 수식을 받아야만 사용할 수 있는 명사

고유 명사, 자립 명사   보통 명사, 자립 명사

많은 **사람**이 **한강**에서 **연**을 날리는 **것**을 보았다.

보통 명사, 자립 명사   관형어 '날리는'의 수식을 받음. → 의존 명사

❷ 대명사 代대신할대 名이름명 詞말사

사람, 사물, 장소의 이름을 대신하여 나타내는 단어이다.

• 대명사의 종류

인칭 대명사	일인칭	나, 저, 우리, 저희
	이인칭	너, 자네, 당신, 너희, 여러분
	삼인칭	그, 그이, 저, 저이, 이분, 저분, 그분
	재귀칭*	저, 자기, 당신
지시 대명사	사물을 나타냄.	이것, 그것, 저것
	장소를 나타냄.	여기, 거기, 저기
미지칭 대명사	모르는 대상을 가리킴.	누구, 어느, 무엇
부정칭 대명사	정해지지 않은 대상을 가리킴.	아무, 아무개

일인칭 대명사

수아가 책을 주었다. **나**는 **그것**을 재미있게 읽었다.

앞에 나온 '책'을 지시함. → 지시 대명사

❸ 수사 數셈수 詞말사

사람이나 사물의 수량이나 순서를 나타내는 단어이다.

• 수사의 종류

양수사	수량을 나타냄.	하나, 둘, 셋 / 일, 이, 삼 등
서수사	순서를 나타냄.	첫째, 둘째, 셋째 / 제(第)일, 제(第)이, 제(第)삼 등

● **품사(品詞)** 단어를 성질이 공통된 것끼리 나누어 놓은 갈래로, 일반적으로 '형태가 변하느냐(활용하느냐)', '문장에서 어떤 기능을 하느냐', '어떤 의미적인 특성을 지니느냐'를 기준으로 분류한다.

참고

체언의 특징
• 주로 주어, 목적어, 보어의 자리에 쓰인다.
• 조사와 결합할 수 있다.
• 관형어의 수식을 받는다.
• 형태의 변화가 없다.(활용하지 않음.)

알아 둘 것

대명사는 똑같은 말이라도 발화 상황, 즉 화자와 청자의 관계에 따라 의미가 달라져.

예 재훈: 나(=재훈)는 이것(=책)을 살래.
종근: 너(=재훈)는 그것(=책)을 산다고?
나(=종근)는 이것(=필통)을 살래.

● **재귀칭(再歸稱)** 앞에 나온 체언을 다시 나타내는 대명사이다.

민혁이가	제(저의)	
홍준이가	자기의	모습을 바라본다. (바라보신다.)
선생님이	당신의	

참고

관형사와 수사의 구분
체언에 속하는 수사는 격조사와 결합할 수 있지만 관형사는 그럴 수 없다. 수사 '하나'는 조사 '가', '를' 등과 결합할 수 있으나, 관형사 '한'은 조사와 결합할 수 없다.

예 • 사과 하나를 샀다. → 하나+를(○) → 수사
• 사과 한 개를 샀다. → 한+를(X) → 관형사

문제로 개념 확인

1단계 기본 연습

[품사 및 체언의 뜻과 특징] 빈칸에 들어갈 알맞은 말을 쓰시오.

01 품사는 (　　　)들을 일정한 기준에 따라 공통된 것끼리 분류해 놓은 갈래이다.

02 (　　　)은 문장 안에서 주로 주체의 역할을 하며, 명사, 대명사, 수사를 이른다.

[명사의 종류] 다음에 해당하는 명사를 〈보기〉에서 모두 찾아 쓰시오.

〈보기〉
| 것　　학교　　연필　　백두산　　이순신 |

03 보통 명사: ＿＿＿＿＿＿＿＿＿＿

04 고유 명사: ＿＿＿＿＿＿＿＿＿＿

05 자립 명사: ＿＿＿＿＿＿＿＿＿＿

06 의존 명사: ＿＿＿＿＿＿＿＿＿＿

[대명사의 종류] 다음 대명사와 그 종류를 연결하시오.

07 우리　•　　　　　　　• ㉠ 일인칭 대명사

08 누구　•　　　　　　　• ㉡ 삼인칭 대명사

09 이것　•　　　　　　　• ㉢ 지시 대명사

10 그분　•　　　　　　　• ㉣ 미지칭 대명사

[수사의 특징과 종류] 다음 설명이 맞으면 ○, 틀리면 × 표시를 하시오.

11 수사는 사물의 수량을 나타내지만, 순서를 나타내지는 않는다. (　　)

12 '하나, 둘, 셋'은 양수사이며, '첫째, 둘째, 셋째'는 서수사이다. (　　)

13 수사는 관형사와 달리 조사와 결합할 수 있다. (　　)

2단계 실전 연습

14 〈보기〉의 단어들의 특징으로 적절하지 <u>않은</u> 것은?

〈보기〉
| 하늘　　동생　　자전거　　경기도 |

① 형태가 변하지 않는다.
② 홀로 자립하여 쓰일 수 없다.
③ 조사와 자유롭게 결합할 수 있다.
④ 사람이나 사물의 이름을 가리킨다.
⑤ 문장에서 주로 주어, 목적어, 보어로 쓰인다.

15 ㉠~㉤에 대한 설명으로 적절하지 <u>않은</u> 것은?

> 병현: ㉠나는 커서 뭐가 될까? ㉡너는 어때?
> 정필: 진지하게 고민해 본 적이 없는데.
> 병현: ㉢우리가 좋아하는 관심 분야를 찾아보자.
> 정필: ㉣저기 도서관에 가서 책을 읽으면서 생각해 볼까?
> 병현: 좋아. ㉤무엇이든 읽다 보면 관심 있는 분야가 생기겠지.

① ㉠: '병현'을 대신해 가리키는 말이다.
② ㉡: '정필'을 대신해 가리키는 말이다.
③ ㉢: '병현'과 '정필'을 대신해 가리키는 말이다.
④ ㉣: 앞 문장에 나온 말의 반복을 피하기 위해 사용되었다.
⑤ ㉤: 대상을 모를 때에 쓰는 말이다.

16 밑줄 친 단어 중 품사가 <u>다른</u> 하나는?

① 그분은 아들 <u>둘</u>을 두었다.
② <u>셋</u>이 있어야 더 재미있다.
③ <u>둘째</u>로, 성실하게 살아야 한다.
④ 냉장고에서 호박 <u>하나</u>를 꺼냈다.
⑤ 사과 <u>한</u> 개를 먹었더니 배가 부르다.

13 용언

• 용언 用쓸용言말씀언

교과서 정의	문장에서 주로 주체(주어)를 서술하는 역할을 하는 '동사', '형용사'를 통틀어 이르는 말
쉽게 쓴 정의	문장에서 주체(주어)가 어떠한지, 어찌하는지, 무엇인지를 나타내는 역할을 하는 '동사', '형용사'를 이르는 말

❶ 동사 動움직일동詞말씀사

사람 또는 사물의 움직임이나 과정, 작용을 나타내는 단어이다.

예 소정이가 빨리 뛴다. → 주체(주어)인 '소정이'의 움직임을 나타냄.

• 동사의 종류

자동사	목적어가 필요 없는 동사	피다, 흐르다, 웃다, 날다 등
타동사	목적어를 필요로 하는 동사	보다, 먹다, 읽다, 주다, 좋아하다 등

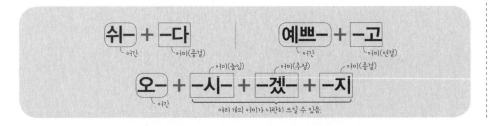

목적어가 필요하지 않음. → 자동사　　　목적어가 필요함. → 타동사

나는 극장에 가서 영화를 본다.

'무엇을'에 해당하는 목적어

❷ 형용사 形모양형容모양용詞말씀사

사람 또는 사물의 성질이나 상태를 나타내는 단어이다.

• 형용사의 종류

성상 형용사	사물의 성질이나 상태를 나타내는 형용사	• 성질: 뜨겁다, 달다, 착하다 • 상태: 아프다, 바쁘다, 기쁘다
지시 형용사	사물의 성질, 시간, 수량 따위가 어떠하다는 것을 대신 나타내는 형용사	이러하다(이렇다), 그러하다(그렇다), 저러하다(저렇다), 어떠하다, 아무러하다

예 겨울은 매우 춥다. → 주체(주어)인 '겨울'의 성질을 나타냄.
　그는 피곤하다. → 주체(주어)인 '그'의 상태를 나타냄.

❸ 용언의 구성

어간 語말씀어幹줄기간	• 용언이 활용할 때 형태가 변하지 않는 부분 • 단어의 실질적인 의미를 나타냄.	찾-, 보-, 예쁘-
어미 語말씀어尾꼬리미	• 용언이 활용할 때 형태가 변하는 부분 • 단어의 문법적인 의미를 나타냄.	-겠-, -시-, -고, -다

쉬- + **-다**　|　**예쁘-** + **-고**
어간　어미(종결)　　　어간　어미(연결)

오- + **-시-** + **-겠-** + **-지**
어간　어미(높임)　어미(추정)　어미(종결)

여러 개의 의미가 나란히 쓰일 수 있음.

참고

동사의 특징
• '-자'의 청유형, '-아라/-어라'의 명령형 종결 어미와 결합할 수 있다.
예 청유형: 가자(○), 명령형: 가라(○)
• 과거, 현재, 미래를 나타내는 시제 선어말 어미를 모두 쓸 수 있다.
예 과거: 갔다(○), 현재: 간다(○), 미래: 가겠다(○)
• 관형어의 꾸밈은 받지 못하지만, 부사어의 꾸밈은 받을 수 있다.
예 • 관형어: 많은 간다(X)
　• 부사어: 많이 간다(○)
• 현재 시제 선어말 어미 '-ㄴ-/-는-'과 결합할 수 있다.
예 가다 → 간다(○)

참고

형용사의 특징
• '-자'의 청유형, '-아라/-어라'의 명령형 종결 어미와 결합할 수 없다.
예 청유형: 뜨겁자(X), 명령형: 뜨거워라(X)
• 과거, 미래를 나타내는 시제 선어말 어미는 쓸 수 있지만, 현재 시제 선어말 어미는 쓸 수 없다.
예 과거: 뜨거웠다(○), 미래: 뜨겁겠다(○), 현재: 뜨건다(X)
• 관형어의 꾸밈은 받지 못하지만, 부사어의 꾸밈은 받을 수 있다.
예 • 관형어: 많은 뜨겁다(X)
　• 부사어: 많이 뜨겁다(○)
• 현재 시제 선어말 어미 '-ㄴ-/-는-'과 결합할 수 없다.
예 뜨겁다 → 뜨겁는다(X)

알아 둘 것!

용언은 문장에서 쓰일 때 형태가 다양하게 변하는데, 이를 '활용'이라고 해. 용언이 활용할 때에는 실질적인 의미를 나타내는 어간은 변하지 않고, 어미가 달라지는 거지.

뛰다 — 뛰면 / 뛸 / 뛰었다 / 뛰는구나 / 뛰겠다

국어사전에는 용언이 '어간+-다'의 형식인 기본형으로 올라 있어.
예 뛰-(어간)+-다(어미) → 뛰다

1단계 기본 연습

[용언의 개념] **빈칸에 들어갈 알맞은 말을 쓰시오.**

01 동사와 형용사를 묶어서 (   )이라고 한다.

02 용언은 주로 주어의 성질이나 상태를 (   )하는 역할을 한다.

[동사와 형용사의 특징] **다음 설명이 맞으면 ○, 틀리면 × 표시를 하시오.**

03 동사는 사람이나 사물의 움직임을 나타내는 단어이다.   (   )

04 동사는 항상 목적어를 필요로 한다.   (   )

05 동사와 형용사는 관형어의 꾸밈을 받는다.   (   )

06 동사는 청유형의 '−자'와, 형용사는 명령형의 '−아라/−어라'와 결합이 자유롭다.   (   )

07 동사는 '−는−'과 결합할 수 있지만, 형용사는 이와 결합할 수 없다.   (   )

[동사와 형용사의 구별] **〈보기〉에서 다음 설명에 해당하는 단어를 각각 찾아 쓰시오.**

┌─────────────────〈보기〉
│   자다   많다   눕다   웃다
│   둥글다   미끄럽다   노래하다
└──────────────────────

08 사람이나 사물의 움직임이나 작용을 나타내는 단어:
_____

09 사람이나 사물의 상태나 성질을 나타내는 단어:
_____

[동사와 형용사의 활용] **다음 단어의 활용형을 세 가지 이상 쓰시오.**

10 열다 ➡ _____

11 읽다 ➡ _____

12 높다 ➡ _____

2단계 실전 연습

13 밑줄 친 단어 중 품사가 다른 하나는?

① 우리는 다리를 <u>건넜다</u>.
② 그 농부는 <u>부지런하다</u>.
③ 자동차가 빨리 <u>달린다</u>.
④ 나는 시골에서 <u>태어났다</u>.
⑤ 내 친구는 노래를 잘 <u>부른다</u>.

14 다음 중 활용하는 단어끼리 묶은 것은?

① 어머니, 학교, 하나
② 매우, 건너다, 쓰다
③ 푸르다, 맑다, 선생님
④ 그분, 친구, 좋아히다
⑤ 자상하다, 먹다, 사랑하다

15 〈보기〉의 ㉠과 ㉡을 분석한 내용으로 적절한 것은?

┌─────────────────〈보기〉
│ ㉠ 하늘은 맑고 바람은 시원하다.
│ ㉡ 나의 꿈을 이루려고 열심히 달린다.
└──────────────────────

① ㉠에는 동사가 사용되지 않았다.
② ㉡에 사용된 용언은 '−자'와 결합할 수 없다.
③ ㉡에 사용된 용언은 '−아라/−어라'와 결합할 수 없다.
④ ㉠, ㉡에 사용된 용언의 수는 모두 3개이다.
⑤ ㉠, ㉡에 사용된 용언은 모두 사람 또는 사물의 성질이나 상태를 나타낸다.

14 수식언

● **수식언** 修꾸밀수 飾꾸밀식 言말씀언

꾸며 주는 말!

교과서 정의	문장에서 체언이나 용언 앞에 놓여서 뒤에 오는 말을 꾸며 주는 역할을 하는 '관형사', '부사'를 이르는 말
쉽게 쓴 정의	뒤에 오는 단어를 꾸며 주는 역할을 하는 '관형사', '부사'를 이르는 말

❶ 관형사 冠갓관 形형상형 詞말사

문장에서 '어떠한(어떤)'의 방식으로 체언을 꾸며 주는 역할을 하는 단어이다.

• 관형사의 종류

성상 관형사	대상의 모양, 성질, 상태를 나타내는 관형사	새 신발, 헌 옷, 외딴 집
지시 관형사	특정한 대상을 가리키는 관형사	이 분, 그 집, 무슨 일, 어느 별
수 관형사	대상의 수와 양을 나타내며 체언을 꾸미는 관형사	두 사람, 여러 명, 모든 약속

지시 관형사   성상 관형사   수 관형사

나는 이 가게에서 새 옷을 두 벌이나 샀다.
체언(명사)   체언(명사)   체언(의존 명사)

❷ 부사 副도울부 詞말사

문장에서 '어떻게'의 방식으로 주로 용언을 꾸며 주는 역할을 하는 단어이다.

• 부사의 종류

① 성분 부사: 문장의 한 성분을 꾸며 주는 부사이다.

성상 부사	뒷말의 모양, 상태, 정도를 한정해 꾸미는 부사	천천히 먹는다.
지시 부사	장소나 시간을 가리켜 한정하거나 앞의 이야기에 나온 사실을 가리키는 부사	내일 이리 와라.
부정 부사	용언의 앞에 놓여 그 내용을 부정하는 부사	• 친구를 안 만났다. • 친구를 못 만났다.

② 문장 부사: 뒤에 올 문장 전체를 꾸며 주는 부사이다.

양태 부사	화자의 태도를 나타내는 부사	• 제발 비가 안 왔으면 해. → 간절히 바라는 마음을 드러냄. • 어찌 예쁜지 눈을 뗄 수 없었어. → 동작의 강도나 상태의 정도가 대단하다고 생각하는 태도를 드러냄.
접속 부사	앞의 체언이나 문장의 뜻을 뒤의 체언이나 문장에 이어 주면서 뒤의 말을 꾸미는 부사	• 나 그리고 너 • 국어 또는 영어

과연 너는 김밥 또는 순대 중에 무엇을 그리 보낼까?
양태 부사   접속 부사   지시 부사

참고

수식언의 특징
• 관형사는 체언을 꾸미고, 부사는 주로 용언을 꾸미거나 다른 것을 꾸미는 경우도 있다.
  예 이(관형사) 사과가 매우(부사) 맛있다.
• 일반적으로 조사와 결합할 수 없지만, 부사는 조사와 결합하기도 한다.
  예 몹시(부사) + 도(조사) → 몹시도

참고

관형사의 특징
• 활용하지 않아 형태가 변하지 않는다.
• 조사와 결합할 수 없다.
  예 새 책(○), 새가 옷(X)
• 고유 명사나 수사를 꾸밀 수 없다.
  예 • 이 사람(○), 이 세종대왕(X)
     • 모든 사람(○), 모든 셋이(X)

알아 둘 것

모든 부사가 용언만 꾸며 주는 건 아니야. 부사는 체언도 꾸며 주고, 부사도 꾸며 주고, 문장 전체를 꾸며 줄 수도 있다는 점을 꼭 기억해.

참고

부사의 특징
• 활용을 하지 않아 형태가 고정되어 있다.
• 용언 이외의 품사를 수식하기도 한다.
  예 • 바로 옆에 있다. → 부사 '바로'가 체언 '옆'을 수식함.
     • 매우 빨리 달린다. → 부사 '매우'가 부사 '빨리'를 수식함.
     • 제발 조용히 해 주세요. → 부사 '제발'이 문장 전체를 수식함.
• 보조사(는, 도, 들)를 뒤에 붙일 수 있다.
  예 깨끗이도 먹었네. → 부사 '깨끗이' 뒤에 보조사 '도'가 붙음.

1단계 | 기본 연습

수식언의 특징 다음 설명이 맞으면 ○, 틀리면 × 표시를 하시오.

01 관형사는 체언을 꾸며 준다. ( )

02 관형사는 조사와 결합하기도 한다. ( )

03 관형사와 부사는 활용하지 않는다. ( )

04 부사는 성분 부사와 문장 부사로 나뉜다. ( )

관형사와 부사의 구별 밑줄 친 단어의 품사를 관형사와 부사로 구별해 쓰시오.

05 그 산은 무척 높다. ( )

06 헌 옷인데도 예쁘다. ( )

07 나무 세 그루를 심었다. ( )

08 아기가 엄마를 보고 방긋 웃는다. ( )

09 이 학생은 선생님 말씀을 잘 듣습니다. ( )

관형사의 구별 관형사가 쓰인 문장을 모두 골라 기호를 쓰시오.

┌─────────────────────────────┐
│ ㉠ 강아지 한 마리를 기른다. │
│ ㉡ 볼펜 하나만 빌려주실래요? │
│ ㉢ 저 아이가 내가 말한 친구야. │
└─────────────────────────────┘

10 _____

부사의 종류 밑줄 친 부사의 종류가 성분 부사인지, 문장 부사인지 쓰시오.

11 여기 말고 저리 가서 서 볼래? ( )

12 약속에 늦어서 빨리 뛰어야 해. ( )

13 모름지기 긍정의 태도가 중요해. ( )

14 시끄러워서 음악 소리가 안 들려. ( )

15 나는 고기를 좋아해. 하지만 동생은 채소를 좋아해.
( )

2단계 | 실전 연습

16 〈보기〉에 제시된 단어들의 공통점으로 적절한 것은?

┌─────────────────────────〈보기〉┐
│ 펑펑   온갖   갑자기 │
└─────────────────────────────┘

① 조사와 자유롭게 결합한다.
② 문장 안에서 형태가 변한다.
③ 자립해서 홀로 쓰일 수 없다.
④ 뒤에 오는 다른 말을 수식한다.
⑤ '어떻게'의 방식으로 용언을 꾸며 준다.

17 〈보기〉를 바탕으로 빈칸에 들어갈 알맞은 부사를 골라 쓰시오.

┌─────────────────────────〈보기〉┐
│ 양태 부사는 화자의 심리적 태도를 드러내며, 문장 │
│ 안에서 일정한 서술어와 호응하는 경향이 있다. │
└─────────────────────────────┘

┌─────────────────────────────┐
│ 절대   설마   오직   모쪼록 │
└─────────────────────────────┘

(1) ( ) 잘 지내길 바란다.
(2) ( ) 희주가 그런 나쁜 일을 했겠어?

18 다음 중 부사가 쓰이지 않은 것은?

① 제일 먼저 그 일을 끝냈다.
② 토끼가 깡충깡충 뛰어간다.
③ 어떤 사람이 나를 뒤따랐다.
④ 문득 갑자기 그녀가 떠올랐다.
⑤ 역시 우리 학교가 축구를 잘해.

15 관계언과 독립언

1. 관계언

❶ 조사 助도울조 詞말사

주로 체언 뒤에 붙어 그 말과 다른 말과의 문법적인 관계를 나타내거나, 특별한 뜻을 더해 주는 단어이다.

• 조사의 종류

① 격 格격식격 조사: 앞의 체언에 일정한 자격을 부여하는 조사이다.

주격 조사	체언이 행위나 현상의 주체인 주어의 자격을 갖도록 함.	이/가, 에서, 께서
목적격 조사	체언이 행위의 대상인 목적어의 자격을 갖도록 함.	을/를
보격 조사	체언이 '되다', '아니다'의 서술어 앞에서 보어의 자격을 갖도록 함.	이/가
서술격 조사	체언이 문장에서 서술어의 자격을 갖도록 함.	이다
관형격 조사	체언이 관형어의 자격을 갖도록 함.	의
부사격 조사	체언이 부사어의 자격을 갖도록 함.	에, 에서, 에게
호격 조사	체언이 부름의 자리에 놓이게 하여 독립어의 자격을 갖도록 함.	아, 야, 이여

예 얼음이 물이 된다. / 물을 마신다. / 친구의 가방이다.
(주격 조사, 보격 조사 / 목적격 조사 / 관형격 조사, 서술격 조사)

② 보 補더할보 조사: 앞에 오는 말에 특별한 의미를 더하는 조사이다.

은/는	대조, 강조, 화제	까지	범위의 끝, 더함
만, 뿐	단독, 한정, 강조	도	더함, 아우름, 역시
부터	시작, 먼저	조차	더함
밖에	그것 말고는, 그것 이외에는	요	존대

나는 고기만 좋아하지 않고, 채소도 잘 먹어요.
(강조, 화제 / 단독, 한정, 강조 / 더함, 아우름 / 존대)

③ 접속 조사: 두 단어를 같은 자격으로 이어 주는 조사로, '와/과', '하고' 등이 있다.
예 준희와 윤지는 나를 본다. → '준희는 나를 본다.'와 '윤지는 나를 본다.'의 접속

2. 독립언

❶ 감탄사 感느낄감 歎읊을탄 詞말사

문장 속에서 다른 성분들과 문법적 관계를 맺지 않고, 말하는 이의 놀람, 느낌, 부름이나 대답을 나타내는 단어이다.

• 감탄사의 종류

감정	아, 아차, 아이쿠, 어머, 어머나, 저런
의지	쉬, 그렇지, 아서라, 글쎄, 천만에
무의미(입버릇)	아, 뭐, 그, 저, 에, 음
부름	여보, 여보게, 여보게나, 여보세요, 야, 얘
대답	예, 응, 그래, 오냐, 네

● **관계언(關係言)** 다른 말과의 관계를 나타내는 역할을 하는 '조사'를 이르는 말

 참고

조사의 특징
• 홀로 쓰일 수 없으며, 다른 말(주로 체언)에 붙어서 사용된다.
예 • 동생이 책을 읽는다. → 체언과 결합
• 물이 빨리도 흐른다. → 부사와 결합
• 노래가 좋네요. → 어미와 결합
• 서술격 조사 '이다'를 제외하고는 형태가 고정되어 활용하지 않는다.
예 • 이것은 시계이다.
• 이것은 시계이니?
• 다른 조사와 결합해 여러 개가 쓰일 수 있다.
예 여기까지만이야. – 까지＋만＋이야

 알아 둘 것!

서술격 조사 '이다'는 다른 조사와 다르게 형태가 변화하면서 활용을 한다는 점에서 용언과 비슷한 성격을 갖지.

● **독립언(獨立言)** 문장 속의 다른 성분들에 얽매이지 않고 독립적으로 쓰이는 기능을 하는 '감탄사'를 이르는 말

 참고

감탄사의 특징
• 문장 내에서 독립적으로 사용된다.
• 독립성이 강해 위치 이동이 비교적 자유롭다.
• 형태가 변하지 않는다.
• 단독으로 문장을 이룰 수 있다.
예 "아서라." → 하나의 문장을 이룸.
• 쉼표나 느낌표 등의 문장 부호를 사용하여 독립된 요소임을 나타낸다.

1단계 기본 연습

조사의 개념 빈칸에 들어갈 알맞은 말을 쓰시오.

01 조사는 문장에 쓰인 단어들의 (　　　)를 나타내거나, 앞말에 특별한 (　　　)을 더해 주는 역할을 한다.

02 조사는 홀로 독립해서 쓰이지 못하고, 주로 (　　　) 뒤에 붙어서 쓰인다.

03 조사는 (　　　)가 변하지 않지만, 조사 중 서술격 조사 '(　　　)'는 활용한다.

조사의 종류 밑줄 친 보조사와 그 종류를 연결하시오.

04 사과랑 감이 가장 맛있다.　　·

05 나도 여행 가고 싶어.　　·

06 친구가 나에게 선물을 주었다. ·

· ㉠ 격 조사

· ㉡ 보조사

· ㉢ 접속 조사

감탄사의 특징 다음 설명이 맞으면 ○, 틀리면 × 표시를 하시오.

07 감탄사는 형태가 변한다.　　　　( )

08 감탄사는 단독으로 문장을 이룰 수 없다.　( )

09 감탄사는 문장에서 위치 이동이 자유롭다.　( )

감탄사의 종류 〈보기〉의 감탄사를 기준에 따라 분류하시오.

〈보기〉

뭐 에 예 저런 글쎄 오냐 천만에 어머나

10 감정을 드러내는 말: _____

11 의지를 드러내는 말: _____

12 의미 없이 하는 말: _____

13 대답을 드러내는 말: _____

2단계 실전 연습

14 밑줄 친 단어 중 보조사에 해당하는 것은?

① 네가 찾던 책이 이것이니?
② 이제 집에서 출발할 거야.
③ 오늘부터 우리가 할 일이야.
④ 그 여자의 마음이 참 아름답다.
⑤ 말 한 마디로 마음을 움직일 수 있어.

15 ㉠~㉤의 밑줄 친 부분을 바탕으로 조사의 특징을 설명할 때, 적절하지 않은 것은?

㉠ 할머니께서 전화하셨어.
㉡ 저기까지만 데려다 줄게.
㉢ 너하고 나는 좋은 친구야.
㉣ 그것은 매우 신기한 물건이야.
㉤ 나는 어린 시절을 시골에서 보냈어.

① ㉠: 앞말이 주어의 역할을 하도록 하는군.
② ㉡: 조사는 다른 조사와 결합할 수 있군.
③ ㉢: 앞말과 뒷말을 이어 주는 역할을 하는군.
④ ㉣: 조사는 형태가 변하지 않는군.
⑤ ㉤: 앞말이 부사어의 역할을 하도록 하는군.

16 ㉠~㉤의 밑줄 친 단어에 대한 설명으로 적절하지 않은 것은?

㉠ 어머, 벌써 아홉 시라고?
㉡ 응, 이제 집에 갈 시간이야.
㉢ 그래, 그래도 왠지 아쉬운데?
㉣ 저런, 다음에 또 만나면 되지.
㉤ 글쎄, 네가 워낙 바빠서 문제지.

① ㉠: 놀람의 의미를 지닌다.
② ㉡: 상대방의 말에 긍정하는 대답이다.
③ ㉢: 별다른 뜻 없이 사용하는 말이다.
④ ㉣: 상대방을 딱하게 생각하는 감정을 드러낸다.
⑤ ㉤: 상대방의 말에 대해 분명하지 않은 태도를 드러낸다.

01 품사에 대한 설명으로 적절한 것은?

① 품사는 모두 형태가 변한다.

② 품사는 어절을 기준으로 분류한 것이다.

③ 품사는 의미에 따라 7개로 나눌 수 있다.

④ 품사는 단어를 공통된 성질에 따라 분류한 것이다.

⑤ 품사는 형태에 따라 체언, 용언, 수식언, 관계언, 독립언으로 나눌 수 있다.

> **개념 쿡! 핵심 쿡!**
> 품사 단어들을 형태가 변하는지, 문장에서 어떤 기능을 하는지, 어떤 의미적인 특성이 있는지를 기준으로 분류한 갈래이다.

02 〈보기〉의 단어들을 ㉠~㉢과 같이 분류했을 때의 기준으로 적절한 것은?

〈보기〉
> 지수는 슬픈 영화를 보려고 극장에 갔다. 거기에서 친한 친구를 만나서 말을 건넸다.
> "가연아, 반가워."
> "앗, 깜짝 놀랐어."

> ㉠ 지수, 영화, 극장, 거기, 친구, 말, 가연
> ㉡ 는, 를, 에, 에서, 아
> ㉢ 슬픈, 보려고, 갔다, 친한, 만나서, 건넸다, 반가워, 놀랐어
> ㉣ 깜짝
> ㉤ 앗

① 단어의 형태소 개수에 따라서

② 문장 내 어절의 개수에 따라서

③ 단어들이 공통적으로 지닌 의미에 따라서

④ 문장에서 단어의 형태가 변하는지에 따라서

⑤ 문장에서 단어의 기능이 무엇인지에 따라서

03 의미에 따라 단어를 분류할 때, 공통된 성격의 단어끼리 묶은 것은?

① 처음, 막내, 둘

② 가방, 나, 에게

③ 꽃, 어머니, 하늘

④ 새, 가다, 천천히

⑤ 동생, 이, 달리다

2010 중3 학업성취도평가

04 밑줄 친 단어 중, 〈자료〉의 ㉠의 예로 적절한 것은?

〈자료〉
> 한국어의 단어는 ㉠형태가 바뀌는 단어와 형태가 바뀌지 않는 단어로 나뉠 수 있다. 형태가 바뀌지 않는 단어는 다시, 의미 특성에 따라 사람이나 사물의 이름을 나타내는 단어, 수량이나 순서를 나타내는 단어, 놀람이나 부름, 대답을 나타내는 단어 등으로 나뉠 수 있다.

① 한라산에 눈이 왔다.

② 첫째도 노력, 둘째도 노력이다.

③ 11월이 되니 바람이 매우 차다.

④ 어머나! 정원 가득 꽃이 피었네.

⑤ 내 취미는 독서와 영화 감상이다.

05 〈보기〉의 문장에 쓰인 단어들의 품사에 대한 설명으로 적절하지 않은 것은?

〈보기〉
> ㉠어머, ㉡꽃㉢이 ㉣예쁘게 ㉤피었구나.

① ㉠: 말하는 이의 놀람, 느낌 등을 나타낸다.

② ㉡: 사물의 이름을 대신하여 나타낸다.

③ ㉢: 체언 뒤에 붙어 다른 말과의 문법적 관계를 나타낸다.

④ ㉣: 사물의 성질이나 상태를 나타낸다.

⑤ ㉤: 사물의 움직임이나 작용을 나타낸다.

06 〈보기〉의 단어들에 대한 설명으로 적절한 것은?

〈보기〉
| 연필 공원 당신 우리 셋째 |

① 단어의 의미를 보충한다.
② 동사와 형용사를 수식한다.
③ 자립하여 홀로 쓰일 수 없다.
④ 문장에서 주로 주어를 서술한다.
⑤ 조사와 결합하여 다양한 기능을 한다.

07 밑줄 친 단어 중 자립하여 홀로 쓰일 수 있는 명사는?

① 아는 대로 대답해.
② 나는 과자를 샀다.
③ 먹을 만큼 담아야지.
④ 옷을 입은 채로 잤다.
⑤ 네가 보고 싶을 뿐이야.

 개념 콕! 핵심 콕!

의존 명사 자립하여 쓰일 수 없고, 관형어의 수식을 받아야만 쓰일 수 있는 명사이다.

2012 3월 고1 학력평가

08 〈보기〉는 '것'의 의미를 정리한 것이다. ㉠에 해당하는 용례로 적절하지 않은 것은?

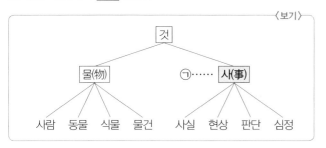

〈보기〉

```
            것
       ┌────┴────┐
     물(物)   ㉠······ 사(事)
   ┌──┬──┬──┐    ┌──┬──┬──┐
  사람 동물 식물 물건  사실 현상 판단 심정
```

① 그가 산 것은 불량품이다.
② 네가 괴로운 것을 알고 있다.
③ 물 위에 얼음이 언 것을 보았다.
④ 네가 옳다고 하는 것은 다 옳다.
⑤ 네가 찾아온 것은 삼일 전이었다.

09 다음 중 대명사가 쓰이지 않은 문장은?

① 우리의 우정이 영원하길!
② 너희는 항상 같이 다니는구나.
③ 저 집이 영수가 사는 곳이겠군.
④ 누구도 그 사실을 알지 못했다.
⑤ 이것은 무엇과도 바꿀 수 없어.

10 밑줄 친 말 중 수사가 아닌 것은?

① 어제 책 하나를 잃어버렸다.
② 학생 둘이 나란히 걸어간다.
③ 셋에 넷을 더하면 일곱이다.
④ 달리기 시합에서 셋째로 들어왔다.
⑤ 우리 고양이가 새끼 두 마리를 낳았다.

2015 고입 선발고사

11 다음 밑줄 친 ㉠~㉤의 품사로 적절하지 않은 것은?

〈보기〉
| 이 세상에서 나를 가장 사랑하는 사람은 우리 어머니이다. |
| ㉠   ㉡   ㉢   ㉣   ㉤ |

① ㉠: 대명사　　　　② ㉡: 부사
③ ㉢: 관형사　　　　④ ㉣: 조사
⑤ ㉤: 명사

12 용언에 대한 설명으로 적절하지 <u>않은</u> 것은?

① 기본형이 '–다'로 끝난다.

② 어간과 어미로 구분할 수 있다.

③ 문장 속에서 단어의 형태가 변한다.

④ 동사와 형용사를 묶어 '용언'이라고 한다.

⑤ 모두 명령형과 청유형으로 활용할 수 있다.

13 〈보기〉의 단어처럼 활용할 수 <u>없는</u> 단어는?

〈보기〉
뛰다 → 뛴다
　　　　뛰네
　　　　뛰자
　　　　뛰어라
　　　　뛰는군

① 눕다　　　　　② 자다

③ 사다　　　　　④ 던지다

⑤ 무섭다

2013 중3 학업성취도평가

14 〈자료〉에서 설명하는 품사에 해당하는 것은?

〈자료〉
• 형태가 변하지 않는다.

• 체언을 수식한다.

① 이다　　　　　② 모든

③ 하지만　　　　④ 아니다

⑤ 생각하다

2011 중3 학업성취도평가

15 밑줄 친 단어의 기능이 〈자료〉의 '아주', '벌써'와 <u>다른</u> 것은?

〈자료〉
• 오늘 날씨가 <u>아주</u> 좋다.

• 기차가 <u>벌써</u> 떠났다.

① 신발이 내 발에 <u>꼭</u> 맞다.

② 내가 너보다 훨씬 <u>더</u> 크다.

③ 우리 모두 <u>조금씩</u> 지쳐 갔다.

④ <u>몹시</u> 피곤하니 내일로 미루자.

⑤ 누구나 살다 보면 그럴 <u>수</u> 있지.

2012 중3 학업성취도평가

16 품사 찾기 말판을 따라서 단어의 품사를 찾는 과정이다. ㉠~㉤ 중 〈자료〉의 밑줄 친 '새'가 들어갈 곳은?

〈자료〉
나는 헌 구두를 버리고 <u>새</u> 구두를 샀다.

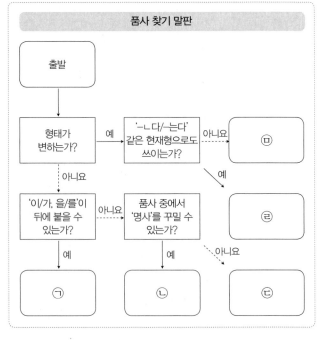

① ㉠　　　　　② ㉡　　　　　③ ㉢

④ ㉣　　　　　⑤ ㉤

17 〈보기〉의 ㉠~㉤에 대한 설명으로 적절하지 <u>않은</u> 것은?

〈보기〉
㉠ <u>이리</u> 와서 앉으렴.
㉡ 눈이 <u>펄펄</u> 내린다.
㉢ 배가 불러서 <u>못</u> 먹겠어.
㉣ <u>역시</u> 네가 해낼 줄 알았어.
㉤ 서언이 <u>그리고</u> 서준이는 쌍둥이이다.

① ㉠: 장소를 지시하는 부사
② ㉡: 대상의 모양을 나타내는 부사
③ ㉢: 부정의 의미를 지닌 부사
④ ㉣: 듣는 이의 태도를 나타내는 부사
⑤ ㉤: 단어를 연결하며 뒤의 말을 꾸며 주는 부사

2012 중3 학업성취도평가

18 밑줄 친 부분의 관계를 고려하였을 때, 바르게 쓰인 문장은?

① <u>설마</u> 네가 이 법을 다 <u>먹었다</u>.
② <u>혹시</u> 아직도 널 기다리고 <u>있었어</u>.
③ <u>앞으로</u> 나는 공부를 열심히 <u>해야겠어</u>.
④ 내가 만난 사람은 <u>결코</u> 평범한 <u>사람이었다</u>.
⑤ <u>왜냐하면</u> 친구의 소중함을 느낄 수 있는 <u>기회이다</u>.

19 밑줄 친 단어들의 품사에 대한 설명으로 적절한 것은?

〈보기〉
철민이<u>가</u> 떠나<u>는</u> 갔지만 연락을 해야 해<u>요</u>.

① 자립하여 홀로 쓰일 수 있다.
② 주로 체언 뒤에 붙어서 쓰인다.
③ '가, 을'은 앞말에 의미를 더한다.
④ '요'는 용언처럼 활용하는 조사이다.
⑤ '는'은 다른 말과의 문법적 관계만 드러낸다.

20 밑줄 친 말에 대한 설명으로 적절한 것은?

<u>아</u>, 이곳의 경지가 정말 아름납구나.

① 문장에서 사용될 때 형태가 변한다.
② 문장 안에서 위치를 이동할 수 없다.
③ 뒤에 오는 단어를 수식하는 기능을 한다.
④ 놀람, 부름, 대답 등을 나타내는 단어이다.
⑤ 조사와 결합하여 다양한 성분으로 쓰인다.

도전! 수능 맛보기
2014 수능 A형

21 다음은 '사전 활용하기' 학습 활동을 위한 자료이다. 이에 대해 탐구한 내용으로 적절하지 <u>않은</u> 것은?

에 조
⑴ ① 앞말이 처소의 부사어임을 나타내는 격 조사.
  ¶ 동생은 지금 집에 없다.
  ② 앞말이 진행 방향의 부사어임을 나타내는 격 조사.
  ¶ 형은 방금 집에 왔다.
⑵ 둘 이상의 사물을 같은 자격으로 이어 주는 접속 조사.

에서 조
① 앞말이 행동이 이루어지고 있는 처소의 부사어임을 나타내는 격 조사.
② 앞말이 출발점의 뜻을 갖는 부사어임을 나타내는 격 조사.
③ (단체를 나타내는 명사 뒤에 붙어) 앞말이 주어임을 나타내는 격 조사.

① '에'는 격 조사와 접속 조사로 쓰일 수 있는 반면, '에서'는 격 조사로만 쓰이는군.
② '에⑵'의 용례로 "오늘 저녁은 밥에, 국에, 떡에 아주 잘 먹었다."를 들 수 있겠군.
③ '에서 ③'의 용례로 "우리 학교에서 사람들이 운동을 한다."를 들 수 있겠군.
④ '에⑴①'의 용례에 쓰인 '에'는 '에서'로 바꿔 쓸 수 없군.
⑤ '에⑴②'의 용례에 쓰인 '에'를 '에서'로 바꾸면 문장의 의미가 바뀌는군.

III

어휘의 의미 관계

뜻이 같거나 비슷한 단어들의 관계
유의 관계

뜻이 서로 반대되는 단어들의 관계
반의 관계

의미
관계

상하 관계
한 단어가 다른 단어의 뜻을 포함
하거나 포함되는 관계

동음이의 관계
우연히 소리가 같지만 뜻은
다른 단어들의 관계

다의 관계
하나의 단어가 둘 이상의 뜻
을 지니는 관계

16 유의 관계와 반의 관계

시험 출제 지수 ●●●○○

1. 유의 類무리유 義옳을의 관계

비슷하다!

교과서 정의	말소리는 다르지만 의미가 서로 비슷한 둘 이상의 단어들이 맺는 의미 관계
쉽게 쓴 정의	뜻이 서로 비슷한 단어들의 관계

❶ 유의 관계의 특징

① 유의 관계를 이루는 단어들을 '유의어'라 한다. → 그 의미가 완전히 같은 것은 아님.

예

가끔		더러		이따금		때로
시간적·공간적 간격이 얼마쯤씩 있게.	≒	이따금 드물게.	≒	얼마쯤씩 있다가 가끔.	≒	잦지 아니하게 이따금.

② 유의 관계를 이루는 단어들은 서로 바꾸어 쓸 수 있는 경우도 있고, 그렇지 않은 경우도 있다. → 미묘한 의미 차이가 있으므로 상황에 맞게 사용해야 함.

예

결합하는 말 \ 단어	잡다	쥐다
공을	○	○
권력을	○	○
멧돼지를	○	×
택시를	○	×

→ '잡다'와 '쥐다'는 유의 관계를 이루지만, '잡다'와 달리 '쥐다'는 '짐승을 죽이다.', '자동차 따위를 타기 위하여 세우다.'로 사용될 경우에는 결합할 수 없음.

2. 반의 反돌이킬반 義옳을의 관계

반대야!

교과서 정의	둘 이상의 단어의 의미가 서로 짝을 이루어 대립하는 관계
쉽게 쓴 정의	뜻이 서로 반대인 단어들의 관계

❶ 반의 관계의 특징

① 반의 관계를 이루는 단어들을 '반의어'라 한다. 반의 관계에 있는 단어들은 오직 한 개의 의미 요소만 다르고 나머지 의미 요소는 공통적이다.

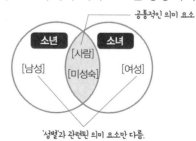

공통적인 의미 요소

소년 [사람] 소녀
[남성] [미성숙] [여성]

'성별'과 관련된 의미 요소만 다름.

예 길다 ↔ 짧다, 높다 ↔ 낮다

② 하나의 단어에 여러 개의 반의어가 있을 수 있다.

예 소년 ↔ (성별을 기준으로 할 때) 소녀
(나이를 기준으로 할 때) 노년 → 서로 다른 의미 요소를 무엇으로 하느냐에 따라 반의어가 여러 개 생김.

참고

동의(同義) 관계
형태가 다른 둘 이상의 단어가 동일한 의미를 지닌 관계이다. 동의 관계를 이루는 단어라면 의미 차이 없이 모든 문맥에서 교체될 수 있어야 하지만, 실제로 이런 경우가 매우 드물기 때문에 대부분 유의 관계로 구분한다.

알아 둘 것!

우리말에는 유의어가 발달하였는데, 그 이유는 다음과 같다.
① 고유어, 한자어, 외래어가 섞여 쓰이기 때문이다.
예 아내 - 처 - 와이프
② 높임법이 발달하였기 때문이다.
예 나 - 저 - 본인
③ 감각어가 발달하였기 때문이다.
예 빨갛다 - 붉다 - 불그스름하다
④ 국어 순화를 위해 바꾼 말이 있기 때문이다.
예 FAQ - 자주 하는 질문
⑤ 금기를 피하려 하였기 때문이다.
예 천연두 - 마마

참고

의미의 성분 분석
단어는 필수적 의미 성분의 집합으로 구성되는데, 예를 들어 '소년'은 [사람], [미성숙], [남성]이라는 3가지 의미 성분으로 이루어진다. 이러한 단어의 각 의미 성분은 '[ ]' 속에 넣고, '±' 기호를 사용하기도 한다.
예 소년: [+사람], [-성숙], [+남성]

참고

의미가 여러 개인 단어(다의어)의 반의어
의미가 여러 개인 단어는 맥락에 따라 반의어가 달라질 수 있다.
예 (물가가) 뛰다 ↔ (물가가) 떨어지다
(심장이) 뛰다 ↔ (심장이) 멈추다

1단계 **기본 연습**

[의미 관계의 개념] **빈칸에 들어갈 알맞은 말을 쓰시오.**

01 의미가 서로 비슷한 단어들을 ( )라 하고, 그 단어들 사이의 관계를 ( )라 한다.

02 반의 관계는 둘 이상의 단어의 의미가 서로 짝을 이루 어 ( )하는 관계이다.

03 반의 관계에 있는 단어는 ( ) 개의 의미 요소만 나르고, 나머지 의미 요소는 공통적이다.

[유의 관계의 판별] **제시된 단어들 중에서 의미가 비슷하지 않은 것에 ○ 표시를 하시오.**

04
| 순박하다 | 강직하다 | 순진하다 | 꾸밈없다 |

05
| 슬겁다 | 기쁘다 | 고요하다 | 유쾌하나 |

06
| 독특하다 | 유다르다 | 특별하다 | 똑바르다 |

07
| 죽다 | 눈감다 | 타계하다 | 터득하다 |

[반의 관계의 판별] **밑줄 친 단어의 반의어를 〈보기〉에서 골라 쓰 시오.**

〈보기〉
| 닫다 | 입다 | 받다 | 내리다 |

08 비에 젖은 옷을 <u>벗다</u>. ↔ ( )

09 아이에게 선물을 <u>주다</u>. ↔ ( )

10 아이들이 창문을 <u>열다</u>. ↔ ( )

11 시간에 맞춰 배를 <u>타다</u>. ↔ ( )

2단계 **실전 연습**

12 단어들의 의미 관계가 <u>다른</u> 것은?
① 길 – 거리
② 벗다 – 신다
③ 마음 – 마음씨
④ 아버지 – 부친
⑤ 뛰다 – 달려가다

13 〈보기〉에서 밑줄 친 단어들이 맺는 의미 관계와 같은 관 계의 단어들로 짝 지어진 것은?

〈보기〉
• 도착하면 <u>바로</u> 전화해라.
• 잠자리에 들자마자 <u>곧장</u> 잠이 들었다.

① 크다 – 작다
② 축소 – 확대
③ 생물 – 동물
④ 막다 – 지키다
⑤ 어둡다 – 밝다

14 〈보기〉를 바탕으로 ㉠~㉢의 의미 관계를 바르게 설명 한 것은?

〈보기〉
㉠<u>총각</u>: [+사람], [+성인], [+남성]
㉡<u>처녀</u>: [+사람], [+성인], [−남성]
㉢<u>소녀</u>: [+사람], [−성인], [−남성]

① ㉠과 ㉡은 유의 관계이다.
② ㉠과 ㉡은 반의 관계이다.
③ ㉠과 ㉢은 유의 관계이다.
④ ㉠과 ㉢은 반의 관계이다.
⑤ ㉡과 ㉢은 유의 관계이다.

17 상하 관계, 다의 관계, 동음이의 관계

1. 상하上윗상下아래하 관계

교과서 정의	한쪽이 의미상 다른 쪽을 포함하거나 다른 쪽에 포함되는 관계
쉽게 쓴 정의	한 단어가 다른 단어의 뜻을 포함하거나 다른 단어의 뜻에 포함되는 관계

❶ 상하 관계의 특징

① 하의어는 개별적이고 한정적인 의미를 지니고, 상의어는 일반적이고 포괄적인 의미를 지닌다.

② 하의어는 상의어가 가지고 있는 의미를 자동적으로 지닌다.

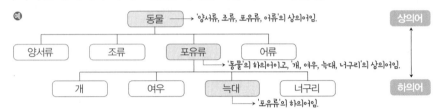

예

동물 → '양서류, 조류, 포유류, 어류'의 상의어임. **상의어**

양서류 / 조류 / 포유류 / 어류
→ '동물'의 하의어이고, '개, 여우, 늑대, 너구리'의 상의어임.

개 / 여우 / 늑대 / 너구리
→ '포유류'의 하의어임. **하의어**

상하 관계는 절대적인 것이 아니라 상대적인 관계야! '포유류'가 '동물'에 대해서는 '하의어'이지만 '개'에 대해서는 '상의어'가 되는 것처럼 말이야. 그러니까 '동물' 역시 항상 상의어가 아니지. '양서류'나 '포유류' 등에 대해서는 상의어이긴 하지만 '생물'의 하의어니까 말이야.

2. 다의多많을다義옳을의 관계

여러 가지 의미!

교과서 정의	중심적 의미와 하나 이상의 주변적 의미를 가지는 단어의 의미 관계
쉽게 쓴 정의	두 가지 이상의 뜻을 가진 단어의 의미 관계

참고

중심적 의미와 주변적 의미
• 중심적 의미: 가장 기본적이고 핵심적인 의미
• 주변적 의미: 중심적 의미에서 확장되어 사용된 의미

❶ 다의 관계의 특징

① 한 단어 내에서 뜻을 대표하는 '중심적 의미'와 중심적 의미에서 확장된 '주변적 의미'로 나눌 수 있다.

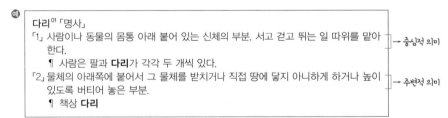

예

다리01 「명사」
「1」 사람이나 동물의 몸통 아래 붙어 있는 신체의 부분. 서고 걷고 뛰는 일 따위를 맡아 한다. → 중심적 의미
¶ 사람은 팔과 **다리**가 각각 두 개씩 있다.
「2」 물체의 아래쪽에 붙어서 그 물체를 받치거나 직접 땅에 닿지 아니하게 하거나 높이 있도록 버티어 놓은 부분. → 주변적 의미
¶ 책상 **다리**

'다의어'는 같은 어원, 즉 같은 뿌리에서 나온 말이니까 한 단어의 뜻으로 묶여.

쓰다02
① 모자 따위를 머리에 얹어 덮다.
② 우산이나 양산 따위를 머리 위에 펴 들다.
→ 머리에 얹어 덮는 것에서 유래하여 의미가 확대됨.

3. 동음이의同한가지동音소리음異다를이義옳을의 관계

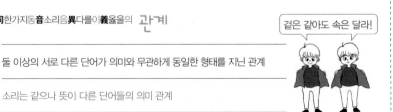
겉은 같아도 속은 달라!

교과서 정의	둘 이상의 서로 다른 단어가 의미와 무관하게 동일한 형태를 지닌 관계
쉽게 쓴 정의	소리는 같으나 뜻이 다른 단어들의 의미 관계

❶ 동음이의 관계의 특징

① 소리는 같지만 의미 관계가 전혀 없는 둘 이상의 단어 사이에서 발생한다.

예 먹는 배 / 타는 배 / 사람의 배

'동음이의어'는 어원, 즉 뿌리가 다르고 우연히 소리만 같은 것이니까 다른 단어로 분류해.

쓰다01: 도구로 종이에 글씨 등을 이루다.
쓰다03: 어떤 일을 하는 데에 도구를 이용하다.
쓰다06: 혀로 느끼는 맛이 한약과 같다.
→ 머리에 얹어 덮는 것과는 다른 어원에서 유래하였으므로 의미의 연관성이 없음.

결국 동음이의어와 다의어를 구분하는 것은 같은 형태를 지닌 단어들 사이에 의미적으로 상관이 있는가에 달린 거야.

1단계 | 기본 연습

[의미 관계의 개념] 빈칸에 들어갈 알맞은 말을 쓰시오.

01 (　　　) 관계는 한쪽이 의미상 다른 쪽을 포함하거나 다른 쪽에 포함되는 의미 관계이다.

02 (　　　)는 (　　　)에 비해 일반적이고 포괄적인 의미를 지닌다.

03 다의어의 뜻은 기본적이고 핵심적인 (　　　)와 확장된 (　　　)로 나눌 수 있다.

04 동음이의어는 우연히 (　　　)는 같지만 의미 관계가 전혀 없는 단어들이다.

[상하 관계의 판별] 다음 단어들의 의미를 포함하는 상의어를 쓰시오.

05 음악, 무용, 미술, 문학　　　→ (　　　)

06 사과, 포도, 복숭아, 바나나　　→ (　　　)

07 나비, 매미, 잠자리, 메뚜기　　→ (　　　)

08 버드나무, 느티나무, 소나무, 벚나무　→ (　　　)

[다의 관계와 동음이의 관계의 구별] 밑줄 친 단어들의 관계가 '다의 관계'이면 '다', '동음이의 관계'이면 '동'이라고 쓰시오.

09
- 주전자에서 김을 내뿜다.
- 김이 빠진 사이다를 마시다.

(　　　)

10
- 비행기에 타다.
- 얼굴이 까맣게 타다.

(　　　)

11
- 배를 깎아 먹다.
- 값이 배로 올랐다.

(　　　)

12
- 일찍 잠을 자다.
- 안 팔린 물건이 창고에서 자다.

(　　　)

13
- 계약서를 쓰다.
- 방명록에 이름을 쓰다.

(　　　)

2단계 | 실전 연습

14 밑줄 친 단어들의 의미 관계가 〈보기〉와 다른 것은?

> 〈보기〉
>
> 하늘에서 눈이 내려 내 눈에 들어가다.

① 그저께 밤에 밤을 먹었다.
② 머리를 감으니, 눈꺼풀이 감겼다.
③ 머리에 모자를 쓴 사람이 우리 모임의 머리이다.
④ 말을 타고 가던 동생이 내게 갑자기 말을 건넸다.
⑤ 문에 매 놓은 발을 내리다가 문짝에 발을 찧었다.

15 다음의 '다리⁰¹'과 '다리⁰²'에 대한 설명으로 적절하지 않은 것은?

> **다리⁰¹「명사」**
> 「1」 사람이나 동물의 몸통 아래 붙어 있는 신체의 부분. 서고 걷고 뛰는 일 따위를 맡아 한다.
> 「2」 물체의 아래쪽에 붙어서 그 물체를 받치거나 직접 땅에 닿지 아니하게 하거나 높이 있도록 버티어 놓은 부분.
>
> **다리⁰²「명사」**
> 「1」 물을 건너거나 또는 한편의 높은 곳에서 다른 편의 높은 곳으로 건너다닐 수 있도록 만든 시설물.
> 「2」 둘 사이의 관계를 이어 주는 사람이나 사물을 비유적으로 이르는 말.
> 「3」 중간에 거쳐야 할 단계나 과정.
> 「4」 지위의 등급.

① 다리⁰¹의 의미는 다리⁰²에 포함된다.
② 다리⁰¹과 다리⁰²는 동음이의 관계이다.
③ 다리⁰¹에서 「1」의 의미가 「2」의 의미로 확대되었다.
④ 다리⁰¹에서 「1」이 중심적 의미이고, 「2」가 주변적 의미이다.
⑤ 다리⁰²에서 「1」이 중심적 의미이고, 「2」~「4」가 주변적 의미이다.

01 다음을 읽고 반의 관계를 이해한 내용으로 적절하지 <u>않은</u> 것은?

> 반의 관계는 서로 대립되는 의미를 가진 단어 사이의 의미 관계이다. 반의 관계는 두 단어가 여러 공통 의미 요소를 가지고 있으면서 단 하나의 의미 요소가 다를 때 이루어진다. 예를 들어 '남자'의 반의어가 '여자'인 것은 두 단어가 여러 공통 의미 요소를 가지고 있으면서 '성별'이라는 하나의 의미 요소만 다르기 때문이다.

① '총각'은 '연령'을 기준으로 '소년'과 반의 관계를 이룬다.
② '총각'은 '성별'을 기준으로 '처녀'와 반의 관계를 이룬다.
③ 두 단어 사이에 공통적인 의미 요소만 있으면 반의 관계가 성립한다.
④ '할머니'와 '손자'는 '연령', '성별'의 의미 요소가 다르기 때문에 반의 관계가 아니다.
⑤ '할아버지'와 '할머니'는 '성별'이라는 의미 요소만 다르기 때문에 반의 관계를 이룬다.

2015 중3 학업성취도평가

02 어휘의 의미 관계가 〈자료〉와 <u>다른</u> 것은?

〈자료〉
좋아하다 ─(유의 관계)─ 사랑하다 ─(반의 관계)─ 미워하다

① 친하다 ─ 가깝다 ─ 멀다
② 획득하다 ─ 얻다 ─ 가지다
③ 이별하다 ─ 헤어지다 ─ 만나다
④ 정지하다 ─ 멈추다 ─ 가다
⑤ 넉넉하다 ─ 부유하다 ─ 가난하다

개념 쿡! 핵심 쿡!
유의 관계 뜻이 서로 비슷한 단어들의 관계이다.
반의 관계 뜻이 서로 반대인 단어들의 관계이다.

03 다음은 '풀다'의 의미 학습을 위해 활용한 사전의 일부분이다. 탐구 결과로 적절하지 <u>않은</u> 것은?

> **풀다** 「동사」
> [1]【…을】
> 「1」 묶이거나 감기거나 얽히거나 합쳐진 것 따위를 그렇지 아니한 상태로 되게 하다.
> ¶ 보따리를 **풀다** / 신발 끈을 **풀다** / 실타래를 **풀다**
> 「2」 일어난 감정 따위를 누그러뜨리다.
> ¶ 노여움을 **풀다** / 그가 사과를 해서 화를 **풀기로** 했다
> 「3」 ⊙마음에 맺혀 있는 것을 해결하여 없애거나 품고 있는 것을 이루다.
> ¶ 숙원을 **풀다** / 회포를 **풀다**
> 「4」 모르거나 복잡한 문제 따위를 알아내거나 해결하다.
> ¶ 궁금증을 **풀다** / 난국을 **풀다** / 수학 문제를 **풀다**
> [2]【…에 …을】
> 「1」 액체에 다른 액체나 가루 따위를 섞다.
> ¶ 팔팔 끓는 물에 된장을 **풀다**

① '풀다 [1]'의 반의어로 '묶다'가 가능하겠군.
② '풀다 [2]'의 유의어로 '타다'를 쓸 수 있겠군.
③ '평생의 한을 풀다.'를 ⊙의 예로 추가할 수 있겠군.
④ '컴퓨터의 암호를 풀다.'의 '풀다'는 '풀다 [1]'의 「4」를 이용했군.
⑤ '풀다 [1]'과 '풀다 [2]'는 별개의 표제어로 구분되어 있으므로 동음이의어군.

04 〈보기〉의 ⊙과 ⓒ에 해당하는 예로 적절한 것은?

> 〈보기〉
> 단어들의 의미 관계는 의미가 같거나 비슷한 둘 이상의 단어가 맺는 ⊙유의 관계, 둘 이상의 단어에서 의미가 서로 짝을 이루어 대립하는 반의 관계, 한쪽이 의미상 다른 쪽을 포함하거나 다른 쪽에 포함되는 ⓒ상하 관계가 있다.

	⊙	ⓒ
①	옷 : 의복	밝음 : 어둠
②	서점 : 책방	기쁨 : 슬픔
③	사랑 : 증오	사다 : 팔다
④	무서움 : 겁	학교 : 중학교
⑤	가다 : 서다	학용품 : 공책

2012 고입 선발고사

05 밑줄 친 단어가 중심 의미로 사용된 것은?

> 다의어는 하나의 낱말이 두 가지 이상의 관련된 의미로 쓰이는 낱말을 말한다. 다의어에서 기본적이고 핵심적인 의미를 중심 의미라고 하고, 문맥에 따라 중심 의미가 확장되어 쓰이는 의미를 주변 의미라고 한다.

① 그는 과학자의 길을 택했다.
② 시청 옆에 넓은 길이 생겼다.
③ 지혜를 찾는 길이 쉽지 않다.
④ 학교 가는 길에 서점에 들렀다.
⑤ 우리 민족이 걸어온 길은 험난했다.

06 〈자료 1〉을 바탕으로 〈자료 2〉의 '바르다'를 바르게 분류한 것은?

〈자료 1〉

> 단어의 형태가 같아도 그 의미가 같은 것은 아니다. 특히 동음이의어의 경우에는 전혀 다른 뜻인 경우가 많다. 따라서 문맥에 따라 그 의미를 신중하게 파악해야 한다.

〈자료 2〉

> ㉠ 길이 바르다.　　㉡ 예의가 바르다.
> ㉢ 흙을 벽에 바르다.　　㉣ 상처에 약을 바르다.
> ㉤ 생선 가시를 바르다.　　㉥ 복숭아에서 씨를 바르다.
> ㉦ 도자기에 유약을 바르다.

	〈단어 1〉	〈단어 2〉	〈단어 3〉
①	㉠	㉡, ㉣, ㉥	㉢, ㉤, ㉦
②	㉠, ㉡	㉢, ㉣, ㉦	㉤, ㉥
③	㉠, ㉢	㉡, ㉣, ㉤	㉥, ㉦
④	㉡	㉠, ㉢	㉣, ㉤, ㉥, ㉦
⑤	㉡, ㉢	㉠, ㉣, ㉤, ㉥	㉦

07 다음의 밑줄 친 단어와의 관계가 다른 하나는?

> 방문을 닫고 다녀라.

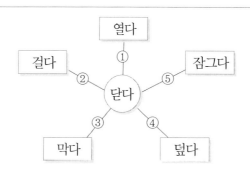

08 〈보기〉를 바탕으로 '타다'의 의미를 탐구한 결과로 적절하지 않은 것은?

〈보기〉

> **타다**[01] [동사]
> 「1」 불씨나 높은 열로 불이 붙어 번지거나 불꽃이 일어나다.
> 「2」 피부가 햇볕을 오래 쬐어 검은색으로 변하다.
> 「3」 뜨거운 열을 받아 검은색으로 변할 정도로 지나치게 익다.
>
> **타다**[02] [동사]
> [1] 탈것이나 짐승의 등 따위에 몸을 얹다.
> [2] 「1」 도로, 줄, 산, 나무, 바위 따위를 밟고 오르거나 그것을 따라 지나가다.
> 　　「2」 어떤 조건이나 시간, 기회 등을 이용하다.
>
> **타다**[03] [동사]
> 다량의 액체에 소량의 액체나 가루 따위를 넣어 섞다.
>
> **타다**[04] [동사]
> 「1」 몫으로 주는 돈이나 물건 따위를 받다.
> 「2」 복이나 재주, 운명 따위를 선천적으로 지니다.

① '타다[01]'과 '타다[02]'의 품사가 같으니 다의어이군.
② '타다[01]'과 '타다[03]'의 발음은 같겠군.
③ '타다[02]'의 유의어로는 '오르다'가 있겠군.
④ '타다[03]'과 '타다[04]'는 동음이의어이군.
⑤ '타다[04]'의 예문으로 '좋은 팔자를 타고 태어났다.'를 쓸 수 있겠군.

2015 3월 고1 학력평가

09 〈보기〉에 제시된 국어사전 정보를 탐구한 내용으로 적절하지 <u>않은</u> 것은?

〈보기〉

맞다 [맏따] 「동사」
(1)【…에게 …을】외부로부터 어떤 힘이 가해져 몸에 해를 입다. ¶훈장에게 종아리를 맞다.
(2)【…에 …을】침, 주사 따위로 치료를 받다. ¶팔에 예방 주사를 맞다.

맡다 [맏따] 「동사」【…을】
(1) 코로 냄새를 느끼다. ¶흙냄새를 맡다.
(2) 어떤 일의 낌새를 눈치채다. ¶그의 말투와 행동에서 그가 범인이라는 냄새를 맡았다.

① '맞다'와 '맡다'는 표기 형태는 다르지만 발음은 동일하군.
② '맞다'와 '맡다'는 모두 동작이나 작용을 나타내는 품사로 분류되는군.
③ '맞다'와 '맡다'는 모두 두 가지 이상의 의미를 지니고 있는 다의어이군.
④ '맞다'는 '맡다'와 다르게 문장을 구성할 때 부사어를 필요로 하는군.
⑤ '맡다'는 '맞다'와 다르게 피동의 의미가 포함되어 있는 단어이군.

10 〈보기〉의 밑줄 친 단어들의 의미 관계와 같은 것은?

〈보기〉
┌ 많은 차들로 길이 꽉 막혔다.
└ 인류 문명이 발전해 온 길을 돌아본다.

① ┌ 물건의 가격이 <u>싸다</u>.
　└ 선물을 포장지에 <u>싸다</u>.
② ┌ 공을 <u>손</u>으로 잡다.
　└ 그 일은 <u>손</u>이 많이 간다.
③ ┌ 밥을 <u>김</u>에 싸서 먹다.
　└ 급한 <u>김</u>에 곧장 달려가다.
④ ┌ 돌기둥의 <u>배</u>가 불룩하다.
　└ 이 <u>배</u>는 시원하고 맛이 달다.
⑤ ┌ <u>눈</u>이 호수처럼 빛난다.
　└ 하늘에서 하얀 <u>눈</u>이 내린다.

11 동음이의어와 다의어에 대한 설명으로 적절하지 <u>않은</u> 것은?

① 다의어는 의미들 간에 관련성이 있다.
② 다의어는 중심적 의미와 주변적 의미로 나눌 수 있다.
③ 다의어의 의미들은 사전에 실릴 때 각각 다른 표제어로 실린다.
④ 동음이의어는 문맥에 맞게 그 뜻을 구분해야 한다.
⑤ 동음이의어는 형태와 소리가 우연히 같지만 의미 사이에는 관련성이 없다.

12 〈보기〉의 빈칸에 공통으로 들어갈 단어로 적절한 것은?

〈보기〉
• 배가 _____.
• 가격을 터무니없이 _____.
• 지나가는 친구를 큰 소리로 _____.

① 말하다　　② 부르다　　③ 여기다
④ 소리치다　⑤ 제시하다

13 〈보기〉는 단어 학습을 위해 활용한 사전의 일부분이다. ㉠~㉤의 예로 적절하지 <u>않은</u> 것은?

〈보기〉
머리⁰¹ 「명사」
㉠ 사람이나 동물의 목 위의 부분. 눈, 코, 입 따위가 있는 얼굴을 포함하며 머리털이 있는 부분을 이른다.
㉡ 생각하고 판단하는 능력.
㉢ =머리털.
㉣ 단체의 우두머리.
㉤ 사물의 앞이나 위를 비유적으로 이르는 말.

① ㉠: <u>머리</u>에 모자를 쓰다.
② ㉡: <u>머리</u>가 둔하다.
③ ㉢: <u>머리</u>를 자르다.
④ ㉣: 그는 <u>머리</u>가 덥수룩하다.
⑤ ㉤: 기차의 <u>머리</u>가 보였다.

14 다음의 ㉠에 들어갈 말로 적절한 것은?

우리말의 고유어와 한자어는 대응 관계를 보이는데, 일 대다(一對多)의 관계를 형성한다. 이처럼 고유어는 상황에 따라 여러 가지 의미로 쓰이는 다의어가 많다.

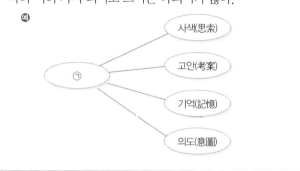

① 생각   ② 느낌   ③ 흐름
④ 자취   ⑤ 자국

다의어 두 가지 이상의 뜻을 가진 단어의 의미 관계이다.

15 〈보기〉의 ㉠과 ㉡의 관계와 밑줄 친 부분들의 관계가 같은 것은?

〈보기〉

밤이나 새벽에 복사 냉각에 의하여 기온이 이슬점 이하로 내려가면 이슬이 맺힌다. 만약 이슬점 온도가 어는점 이하가 될 경우에는 ㉠서리가 생긴다. 지면이나 주변 물체에 부착된 얼음 결정을 서리라고 말한다. 서리에도 이름이 있다. 늦가을에 처음 내리는 묽은 서리는 무서리, 세게 내리는 서리는 ㉡된서리다.

① 비행기보다는 기차의 이용 요금이 저렴하다.
② 나는 사과를 사러 과일이 진열된 곳으로 갔다.
③ 무서움에 맞서는 힘은 스스로 용기를 가지는 것이다.
④ 이길 수 있다는 신념이 있는 사람은 자신에 대한 믿음이 있다.
⑤ 우리 겨레의 얼을 지키기 위해서는 민족의 문화를 알아야 한다.

16 〈보기〉의 [국어사전 자료]를 바탕으로 단어들의 의미 관계를 **잘못** 파악한 것은?

〈보기〉

[국어사전 자료]

맛 [맏] 「명사」
  ㉠ 음식 따위를 혀에 댈 때에 느끼는 감각.
  ㉡ 제격으로 느껴지는 만족스러운 기분.

[의미 관계를 구성할 단어]

미각, 단맛, 쓴맛, 감정, 재미, 흥미

① '맛'은 다의어이다.
② '미각'은 ㉠의 '맛'에 대한 상의어이다.
③ '단맛'과 '쓴맛'은 ㉠의 '맛'에 대한 하의어이다.
④ '감정'은 ㉡의 '맛'에 대한 상의어이다.
⑤ '재미'와 '흥미'는 ㉡의 '맛'과 유의어이다.

2011 수능

17 〈보기〉의 분류 절차에 따라 용례를 A와 B로 나눈 결과로 적절한 것은?

〈보기〉

〈분류 절차〉
• 각 용례에서 동사 '들다'의 의미를 확인함.
• 확인한 의미의 상호 유사성을 기준으로 분류함.

〈용례〉
ㄱ. 감기가 <u>들다</u>.   ㄴ. 가방을 <u>들다</u>.
ㄷ. 단풍이 <u>들다</u>.   ㄹ. 고개를 <u>들다</u>.
ㅁ. 반기를 <u>들다</u>.   ㅂ. 보험을 <u>들다</u>.

	A	B
①	ㄱ, ㄷ	ㄴ, ㄹ, ㅁ, ㅂ
②	ㄱ, ㄷ, ㅁ	ㄴ, ㄹ, ㅂ
③	ㄱ, ㄷ, ㅂ	ㄴ, ㄹ, ㅁ
④	ㄱ, ㄹ, ㅁ	ㄴ, ㄷ, ㅂ
⑤	ㄱ, ㄷ, ㄹ, ㅂ	ㄴ, ㅁ

문장 성분과 문장 구조

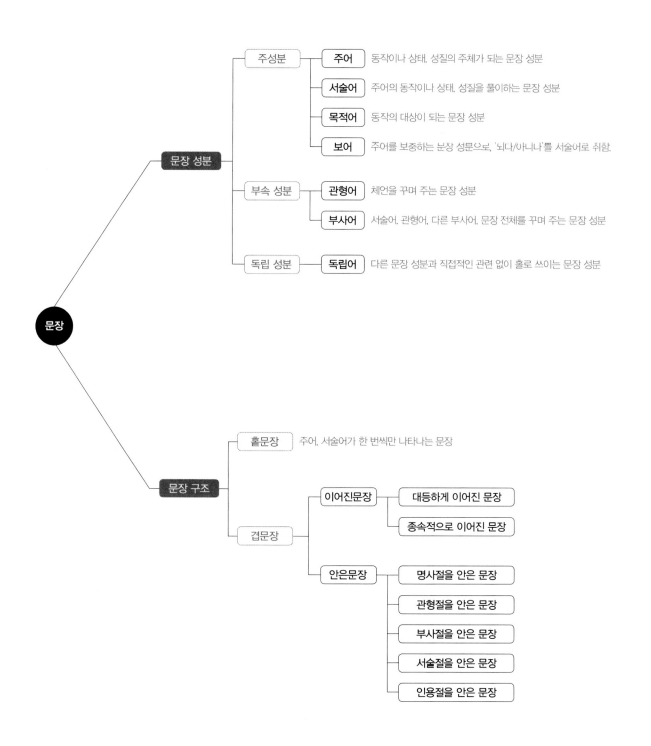

문장

문장 성분

　주성분
　　주어　동작이나 상태, 성질의 주체가 되는 문장 성분
　　서술어　주어의 동작이나 상태, 성질을 풀이하는 문장 성분
　　목적어　동작의 대상이 되는 문장 성분
　　보어　주어를 보충하는 문장 성분으로, '되다/아니다'를 서술어로 취함.

　부속 성분
　　관형어　체언을 꾸며 주는 문장 성분
　　부사어　서술어, 관형어, 다른 부사어, 문장 전체를 꾸며 주는 문장 성분

　독립 성분
　　독립어　다른 문장 성분과 직접적인 관련 없이 홀로 쓰이는 문장 성분

문장 구조

　홑문장　주어, 서술어가 한 번씩만 나타나는 문장

　겹문장
　　이어진문장
　　　대등하게 이어진 문장
　　　종속적으로 이어진 문장
　　안은문장
　　　명사절을 안은 문장
　　　관형절을 안은 문장
　　　부사절을 안은 문장
　　　서술절을 안은 문장
　　　인용절을 안은 문장

18 주성분

• 주성분

교과서 정의	문장의 골격을 이루는 부분으로 문장을 구성하는 데 필수적인 성분
쉽게 쓴 정의	문장에서 꼭 필요한 문장 성분으로 주어, 서술어, 목적어, 보어가 있음.

❶ 주어主주인주語말씀어

동작이나 상태, 성질의 주체가 되는 문장 성분이다. 문장에서 '무엇이'에 해당한다.

① 체언(명사, 대명사, 수사)에 주격 조사 '이/가/께서/에서'가 붙어 만들어진다.

　　예 그가 집에 간다. → 체언 '그' + 주격 조사 '가'

　　　할머니께서 오늘 오셨어. → 체언 '할머니' + 주격 조사 '께서'(높임)

② 용언의 명사형에 조사가 붙어 만들어진다.

　　예 잠을 자기가 쉽지 않다. → 용언의 명사형(자-(다) + -기) + 주격 조사 '가'

③ 주격 조사가 생략되기도 하고, 보조사가 붙어 만들어진다.

　　예 너 간 곳이 어디야? → 체언(주격 조사 '가'의 생략)

　　　보미는 얼굴이 작아. → 체언 '보미' + 보조사 '는'

❷ 서술어敍쓸서述지을술語말씀어

주어의 동작이나 상태, 성질 등을 풀이하는 문장 성분이다. 문장에서 '어찌하다', '어떠하다', '무엇이다'에 해당한다.

① 용언(동사, 형용사)이 그 자체로 서술어가 된다.

　　예 꽃이 피었다. → 동사　/　꽃이 예쁘다. → 형용사

② 체언에 서술격 조사 '이다'가 붙어 만들어진다.

　　예 그것은 꽃이다. → 체언 '꽃' + 서술격 조사 '이다'

❸ 목적어目항목목的과녁적語말씀어

서술어의 대상이 되는 문장 성분이다. 문장에서 '무엇을'에 해당한다.

① 체언에 목적격 조사(을/를)가 붙어 만들어지지만, 조사는 생략되기도 한다.

　　예 슬기가 책을 읽는다. → 체언 '책' + 목적격 조사 '을'　/　오늘 상 탔어. → 체언 '상'(목적격 조사 '을'의 생략)

❹ 보어補도울보語말씀어

주어를 보충하는 역할을 하는 문장 성분이다. 서술어 '되다', '아니다'가 필수적으로 요구된다.

① 체언에 보격 조사 '이/가'가 붙어 만들어진다.

　　예 물이 얼음이 되었다. → 체언 + 보격 조사 '이'　/　나는 천재가 아니야. → 체언 + 보격 조사 '가'

문장 성분

- 주성분 — 주어, 서술어, 목적어, 보어
- 부속 성분 — 관형어, 부사어
- 독립 성분 — 독립어

문장 성분과 품사를 분명하게 구분하자.

	문장 성분	품사
개념	문장에서 하는 역할 → 띄어쓰기 단위	단어 자체가 갖는 성질 → 단어 단위
특징	• 붙는 조사나 쓰이는 위치에 따라 문장 성분이 달라짐. • '~어'(주어, 목적어, 보어 등)로 끝남.	• 형태가 달라져도 품사는 변하지 않음. • '~사'(명사, 대명사, 동사 등)로 끝남.

　　예 예쁜　꽃을　사다.

〈문장 성분〉 관형어　목적어　서술어

〈품사〉　형용사　명사+조사　동사

서술어의 자릿수

• 한 자리 서술어: 주어만 필요로 하는 서술어

　예 • 하늘이(주어) 높다. → 한 자리 서술어

　　• 새가(주어) 날아간다. → 한 자리 서술어

• 두 자리 서술어: 주어 외에 목적어, 보어, 필수적 부사어 중 하나를 더 필요로 하는 서술어

　예 • 동생이(주어) 옷을(목적어) 입는다.

　　→ 두 자리 서술어

　　• 영수가(주어) 친구와(필수적 부사어) 싸웠다. → 두 자리 서술어

• 세 자리 서술어: 주어, 목적어, 필수적 부사어를 모두 필요로 하는 서술어

　예 할머니께서(주어) 나에게(필수적 부사어) 용돈을(목적어) 주셨다. → 세 자리 서술어

문제로 개념 확인

1단계 기본 연습

(문장 성분의 개념) **빈칸에 들어갈 알맞은 말을 쓰시오.**

01 문장을 이루는 데 꼭 필요한 문장 성분을 ( ) 이라고 한다.

02 주성분에는 ( ), ( ), ( ), ( )가 있다.

03 ( )는 서술어가 필요로 하는 문장 성분 의 개수이다.

(문장 성분의 파악) **밑줄 친 부분과 그 문장 성분을 연결하시오.**

04 <u>꽃이</u> 예쁘다. •   • ㉠ 주어

05 그는 <u>학생이다</u>. •   • ㉡ 보어

06 가온이가 <u>상을</u> 탔어. •   • ㉢ 목적어

07 인희는 <u>배우가</u> 되었다. •   • ㉣ 서술어

(주성분의 실현 방법) **밑줄 친 부분이 주어로 실현된 방법을 〈보기〉 에서 찾아 기호를 쓰시오.**

〈보기〉
㉠ 체언 + 주격 조사
㉡ 주격 조사가 생략된 주어
㉢ 용언의 명사형 + 주격 조사

08 <u>너</u> 어디 가?   ( )

09 <u>가방이</u> 너무 무거워.   ( )

10 <u>먹기가</u> 편해진 것 같아.   ( )

(단어의 구성 요소 분석) **밑줄 친 부분의 서술어의 자릿수를 쓰시오.**

11 하늘이 <u>높다</u>.   →( ) 서술어

12 용규가 반장이 <u>되었다</u>. →( ) 서술어

13 언니가 나에게 선물을 <u>주었다</u>. →( ) 서술어

2단계 실전 연습

14 주성분에 대한 설명으로 적절하지 않은 것은?

① 주어와 목적어는 주성분에 해당한다.

② 보어는 '되다'와 '아니다'만을 서술어로 취한다.

③ 체언에 주격 조사가 붙어 주어를 만들 수 있다.

④ 서술어는 적어도 한 개 이상의 문장 성분을 필요로 한다.

⑤ 서술어는 생략하는 경우가 있지만 주어는 생략할 수 없다.

15 밑줄 친 부분이 주성분에 해당하지 않는 것은?

① 나는 <u>천재가</u> 아니다.

② 우리 형은 <u>대학생이다</u>.

③ 영우가 <u>그림을</u> 그린다.

④ 누나가 <u>먼저</u> 집에 샀다.

⑤ <u>선생님께서는</u> 우리를 사랑하셔.

16 ㉠~㉣의 문장 성분을 바르게 나열한 것은?

• ㉠<u>아버지께서</u> 나에게 주신 거야.
• 그는 기회를 ㉡<u>얻었다</u>.
• 나는 아침에 꼭 ㉢<u>밥을</u> 먹어.
• 그는 열심히 노력하여 ㉣<u>화가가</u> 되었다.

	㉠	㉡	㉢	㉣
①	주어	주어	목적어	보어
②	주어	서술어	목적어	보어
③	주어	목적어	보어	주어
④	보어	주어	보어	서술어
⑤	보어	서술어	목적어	주어

19 부속 성분과 독립 성분

시험 출제 지수 ●●●○○

1. 부속 성분

교과서 정의	문장의 골격을 이루는 필수적인 성분의 내용을 꾸며 뜻을 더하여 주는 문장 성분
쉽게 쓴 정의	주성분의 내용을 꾸며 주는 문장 성분으로, '부사어', '관형어'가 있음.

❶ 관형어冠갓관形모양형語말씀어

체언 앞에서 체언을 꾸며 주는 문장 성분이다.

① 관형사는 그 자체로 관형어가 된다.

> 예 새 옷 → 관형사 '새' / 옛 추억 → 관형사 '옛' / 모든 나라 → 관형사 '모든'

② 용언의 어간에 관형사형 어미 '-는, -(으)ㄴ, -(으)ㄹ, -던'이 붙어 만들어진다.

> 예 예쁜 꽃 → 용언의 어간 '예쁘-(다)' + 관형사형 어미 '-ㄴ' / 자는 아기 → 용언의 어간 '자-(다)' + 관형사형 어미 '-는'

③ 체언에 관형격 조사 '의'가 붙어 만들어진다.

> 예 나의 소원 → 체언 '나' + 관형격 조사 '의' / 학생의 소지품 → 체언 '학생' + 관형격 조사 '의'

❷ 부사어副도울부詞말씀사語말씀어

서술어나 관형어, 다른 부사어, 문장 전체를 꾸며 주는 문장 성분이다.

① 부사는 그 자체로 부사어가 된다.

> 예 매우 예쁘다. → 부사 '매우'
> ┗ 서술어 수식
> 아주 새 옷이야. → 부사 '아주'
> ┗ 관형어 수식
> 우체국 바로 옆이야. → 부사 '바로'
> ┗ 명사 수식

② 용언의 어간에 부사형 어미 '-게, -도록'이 붙어 만들어진다.

> 예 예쁘게 생겼다. → 용언의 어간 '예쁘-(다)' + 부사형 어미 '-게'

③ 체언에 부사격 조사 '에, 에서, 에게, 으로(써), (라)고'가 붙어 만들어진다.

> 예 우리 학교로 가자. → 체언 '학교' + 부사격 조사 '로'
> 그 옷은 나에게 줘. → 체언 '나' + 부사격 조사 '에게'

2. 독립 성분

교과서 정의	문장의 주성분이나 부속 성분과 직접적인 관련을 맺지 않는 문장 성분
쉽게 쓴 정의	다른 문장 성분과 직접적인 관련 없이 홀로 쓰이는 문장 성분으로, '독립어'가 있음.

혼자 있을래!

❶ 독립어獨홀로독立설립語말씀어

① 감탄사는 그 자체로 독립어가 된다.

> 예 야호, 드디어 오늘이다! → 감탄사 '야호'

② 체언에 호격 조사가 붙어 만들어진다.

> 예 소희야! 문 좀 열어라. → 체언 '소희' + 호격 조사 '야'

 참고

부속 성분(관형어, 부사어)의 특징

관형어	부사어
• 체언 없이 단독으로 쓸 수 없음. 예 새 옷을 입었다.(○) 새 입었다.(×) • 조사 '의'를 생략해도 관형어가 성립함. 예 언니의 친구(○) 언니 친구(○)	• 관형어와 달리 자리 옮김이 자유로움. • 생략하면 문장이 어색해지는 부사어도 있음. 예 선물을 상자에 넣어.

 참고

필수적 부사어

부사어는 주성분이 아니므로 문장에서 생략할 수 있다. 그러나 일부 두 자리 서술어와 세 자리 서술어가 포함된 문장에 쓰인 부사어는 생략할 수 없다.

> 예 • 나는 은정이와 만났다.
> • 선생님은 윤이를 제자로 삼았다.

밑줄 친 부분들은 문장 성분이 부사어이므로 부속 성분에 해당하지만, 생략될 경우 문장이 성립되지 않으므로 생략할 수 없는 성분이다. 따라서 이러한 부사어를 '필수적 부사어'라고 한다.

 알아 둘 것!

감탄사는 놀람이나 느낌, 부름, 응답 등을 나타내는 말로, 단독으로 쓰일 때 독립어에 속해. 따라서 감탄사는 모두 독립어야. 하지만 독립어가 모두 감탄사인 것은 아니야. 예를 들어 '사랑, 가슴을 뛰게 한다.'에서 '사랑'은 문장 성분으로는 독립어이지만 품사는 감탄사가 아니라 명사야.

독립어 ⊃ 감탄사

부속 성분의 개념 빈칸에 들어갈 알맞은 말을 쓰시오.

01 주성분을 수식하는 문장 성분을 (   )이라고 한다.

02 부속 성분에는 (   )와 (   )가 있다.

03 관형어는 (   )을 꾸며 준다.

04 부속 성분 중 (   )는 서술어나 관형어, 다른 부사어, 문장 등을 꾸며 준다.

부속 성분의 파악 〈보기〉에서 밑줄 친 부분에 해당하는 것을 찾아 기호를 쓰시오.

〈보기〉
㉠ 부사
㉡ 관형사
㉢ 체언 + 관형격 조사
㉣ 체언 + 부사격 조사
㉤ 용언의 어간 + 부사형 어미

05 <u>새</u> 신발   (   )

06 <u>바로</u> 옆   (   )

07 <u>나의</u> 소원   (   )

08 <u>학교로</u> 갔다.   (   )

09 <u>예쁘게</u> 생겼어.   (   )

독립 성분의 파악 다음 문장에서 독립 성분을 찾아 ○ 표시하시오.

10 응, 고마워.

11 지훈아, 어디서 만날까?

12 사랑, 그것으로 충분합니다.

13 〈보기〉의 ㉠~㉣에 제시된 문장 성분을 <u>잘못</u> 설명한 것은?

〈보기〉
㉠ <u>새</u> 옷을 입으니 기분이 좋다.
㉡ 우리는 <u>너의</u> 능력을 믿는다.
㉢ 그가 <u>잽싸게</u> 가져갔다.
㉣ <u>과연</u> 네가 그 일을 해냈구나.

① ㉠~㉣: 관형어와 부사어는 부속 성분에 해당한다.
② ㉠: 관형사는 곧 관형어가 된다.
③ ㉡: 관형어는 체언 없이 단독으로 쓰일 수 있다.
④ ㉢: 부사어는 서술어를 꾸며 준다.
⑤ ㉣: 부사어는 문장 전체를 꾸미기도 한다.

14 〈보기〉의 문장 성분에 대한 설명으로 적절하지 <u>않은</u> 것은?

〈보기〉
푸른 하늘 은하수 하얀 쪽배엔
계수나무 한 나무 토끼 한 마리
돛대도 아니 달고 삿대도 없이   – 윤극영 작사, 「반달」 중

① '푸른'과 '하얀'은 모두 명사를 꾸며 준다.
② '푸른'과 '한'의 문장 성분은 같다.
③ '계수나무'는 '한'을 꾸며 준다.
④ '아니'는 '달고'를 꾸며 준다.
⑤ '삿대도'는 주성분이다.

15 다음 중 독립어가 쓰이지 <u>않은</u> 것은?

① 우리 마을
② 네, 알겠습니다.
③ 수지야, 밥 먹자.
④ 어머나, 너였구나.
⑤ 바다, 말만으로도 시원해진다.

1. 대등하게 이어진 문장

두 홑문장이 '그리고'나 '또는'의 대등한 의미로 이어진 문장이다.

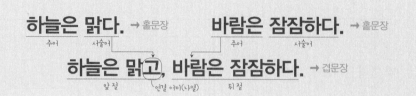

❶ 종류

의미 관계	연결 어미	예
나열	-고, -(으)며	철수는 용감하고, 영희는 씩씩하다.
대조	-지만, -(으)나	철수는 용감하지만, 수철이는 겁이 많다.
선택	-거나, -든지	사과를 먹든지, 배를 먹든지 해라.

❷ 특징

① 앞 절과 뒤 절의 순서를 바꿀 수 있다.

　예) 밖은 시끄럽지만, 안은 조용하다.(○) / 안은 조용하지만, 밖은 시끄럽다.(○)

② 앞 절과 뒤 절의 서술어가 같을 때에는 앞 절의 서술어를 생략할 수 있다.

　예) 언니는 김밥을, 나는 떡볶이를 좋아한다. → '좋아하다'라는 서술어가 같아 앞 절의 서술어를 생략함.

2. 종속적으로 이어진 문장

두 개 이상의 홑문장이 이유, 조건, 결과 등의 종속적인 의미로 이어진 문장이다.

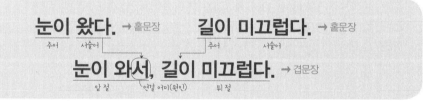

❶ 종류

의미 관계	연결 어미	예
원인(이유)	-아서/-어서, -(으)니, -(으)니까, -(으)므로	하늘이 맑아서, 기분이 좋다.
조건	-(으)면, -거든	열심히 노력하면 좋은 결과를 얻을 수 있어.
목적(의도)	-(으)러, -(으)려고, -게	밥을 먹으러 식당에 갔다.
가정, 양보	-(아/어)도, -(으)ㄹ지라도	비가 올지라도, 우리는 가야 해.
배경(상황)	-(은/는)데	내가 집에 가고 있는데, 민수가 나를 불렀다.

❷ 특징

① 앞 절과 뒤 절의 순서를 바꾸면 의미가 통하지 않거나 달라진다.

　예) 비가 와서, 땅이 젖었다.(○) / 땅이 젖어서, 비가 왔다.(×)

② 앞 절과 뒤 절의 서술어가 같아도 서술어를 생략할 수 없다.

　예) 학생이 없으면, 학교도 없다. / 학생이, 학교도 없다.(×)

 참고

문장

생각, 감정을 말과 글로 표현할 때 완결된 내용을 나타내는 가장 작은 단위이다. 한 문장 내에서 주어와 서술어가 몇 번 나타나는가에 따라 홑문장과 겹문장으로 나뉜다.

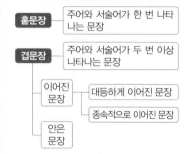

| 홑문장 | 주어와 서술어가 한 번 나타나는 문장 |

| 겹문장 | 주어와 서술어가 두 번 이상 나타나는 문장 |

이어진 문장	대등하게 이어진 문장
	종속적으로 이어진 문장
안은 문장	

● **절(節)** 주어와 서술어는 갖추었으나 홀로 쓰이지 않고 다른 문장의 한 성분으로 쓰이는 단위이다. 홑문장이 이어져 겹문장이 되면 홑문장은 문장의 한 성분이 되기에 '절'이 된다.

 알아 둘 것!

철수와 영희가 결혼하였다.

이 문장은 어떻게 해석하느냐에 따라 홑문장이 될 수도 있고, 겹문장이 될 수도 있어. 만일 철수와 영희 둘이 결혼해서 부부가 되었다면 주어는 '철수와 영희가'로 1개니까 홑문장이야. 그런데 철수는 다른 여자와, 영희는 다른 남자와 결혼한 것이라면 '철수가 결혼하였다.'와 '영희가 결혼하였다.'가 이어진 문장이므로 겹문장인 것이지. 이렇게 여러 가지 의미로 해석되는 문장을 '중의적인 문장'이라고 해. 정확하게 의미를 전달하는 문장을 사용하도록 노력하자!

 알아 둘 것!

종속적으로 이어진 문장에서는 뒤 절이 의미상 중심이 돼. 그러니까 '눈이 와서, 길이 미끄럽다.'에서 '눈이 왔다.'라는 원인보다 '길이 미끄럽다.'라는 결과가 의미상 중심이라는 거야.

1단계 기본 연습

문장의 종류 **빈칸에 들어갈 알맞은 말을 쓰시오.**

01 (   )와 (   )가 몇 번 나타나는가에 따라 홑문장과 겹문장으로 나뉜다.

02 겹문장에는 (   )과 안은문장이 있다.

03 이어진문장의 종류에는 (   ) 이어진 문장과 (   ) 이어진 문장이 있다.

문장의 짜임새 **다음 문장이 홑문장이면 '홑', 겹문장이면 '겹'이라고 쓰시오.**

04 엄마가 책을 정리했다.   (   )

05 밤이 깊었지만 잠이 오지 않는다.   (   )

06 낮말은 새가 듣고, 밤말은 쥐가 듣는다.   (   )

이어진문장의 종류 **다음 문장을 해당하는 곳에 기호로 쓰시오.**

> ㉠ 봄이 오면 꽃이 핀다.
> ㉡ 비가 올지라도 우리는 가야 해.
> ㉢ 밖은 시끄럽지만 안은 조용하다.
> ㉣ 남편은 친절하며 부인은 상냥하다.

07 대등하게 이어진 문장: ＿＿＿＿＿＿＿＿＿＿＿

08 종속적으로 이어진 문장: ＿＿＿＿＿＿＿＿＿＿＿

종속적으로 이어진 문장의 의미 관계 **다음 문장의 앞 절과 뒤 절이 갖는 의미 관계를 〈보기〉에서 골라 쓰시오.**

> 〈보기〉
> 원인   목적   가정   배경

09 밥을 먹으러 식당에 갔다.   (   )

10 하늘이 맑아서 기분이 좋다.   (   )

2단계 실전 연습

11 **다음 중 겹문장에 해당하지 않는 것은?**

① 미주는 착하고 예쁘다.
② 옷을 사러 가게에 갔다.
③ 영우가 아직 오지 않았다.
④ 상을 받아서 기분이 좋다.
⑤ 그녀는 잘 웃고 잘 먹는다.

12 **〈보기〉에서 설명하는 문장의 종류에 해당하는 것은?**

> 〈보기〉
> 앞 절과 뒤 절의 의미가 대등하지 못하고, 원인이나 조건, 목적 등의 의미로 이어진 문장이다.
> 예를 들어 '학용품을 구입하려고 문방구에 갔다.'라는 문장은 홑문장 '학용품을 구입한다.'와 홑문장 '문방구에 갔다.'가 목적의 의미 관계로 이어진 문장이다.

① 철수는 씩씩하고 용감하다.
② 하늘은 맑고 바람은 잠잠하다.
③ 비가 오니까 마음이 차분해진다.
④ 수현이는 키가 크지만, 머리는 작다.
⑤ 언니는 김밥을, 나는 떡볶이를 좋아한다.

13 **문장에서 앞 절과 뒤 절이 갖는 의미 관계로 적절한 것은?**

① 눈이 와서, 길이 미끄럽다. → 배경
② 비가 와도, 우리는 가야 해. → 조건
③ 코끼리를 보러, 동물원에 갔다. → 목적
④ 열심히 노력하면, 좋은 성적을 낼 수 있다. → 가정
⑤ 내가 집에 가고 있는데, 친구가 나를 불렀다. → 원인

안은문장 · 안긴문장

교과서 정의	홑문장 속에 다른 홑문장이 들어가 하나의 겹문장이 되는 것을 '안은문장'이라고 하고, 홑문장이 더 큰 문장 안에 들어가 하나의 문장 성분처럼 사용되는 것을 '안긴문장'이라고 함.
쉽게 쓴 정의	한 문장이 다른 홑문장을 하나의 성분으로 안아서 겹문장이 되면 이를 '안은문장'이라고 하고, 안겨 있는 문장을 '안긴문장'이라고 함.

❶ 명사절을 안은 문장

① 절이 문장에서 주어, 목적어, 부사어 등 다양한 기능을 한다.

② 명사절은 명사형 어미(-기, -(으)ㅁ)가 붙어서 만들어진다.

> 예 그 일은 <u>하기</u>가 쉽지 않다. → 명사절(주어 역할)
>
> 나는 <u>그가 옳았음</u>을 깨달았다. → 명사절(목적어 역할)

❷ 관형절을 안은 문장

① 절 전체가 체언을 꾸미는 관형어의 기능을 한다.

② 관형절은 관형사형 어미(-(으)ㄴ, -는, -(으)ㄹ, -던)가 붙어서 만들어진다.

> 예 이것은 <u>내가 읽은</u> 책이다. → 관형절(관형어 역할, '책'을 수식함)

❸ 부사절을 안은 문장

① 절 전체가 부사어의 기능을 한다.

② 부사절은 부사형 어미(-게, -도록)와 접사 '-이'가 붙어서 만들어진다.

> 예 현주가 <u>말도 없이</u> 사라졌다. → 부사절(부사어 역할)
>
> 빵이 <u>군침이 돌게</u> 구워졌다. → 부사절(부사어 역할)

❹ 서술절을 안은 문장

① 절 전체가 서술어의 기능을 한다.

> 예 형은 <u>키가 크다</u>. → 서술절(서술어 역할)
>
> 민주는 <u>눈이 예쁘다</u>. → 서술절(서술어 역할)

❺ 인용절을 안은 문장

① 다른 사람의 말이나 생각을 인용한 것이 절의 형식으로 안긴 것이다.

② 다른 사람의 말을 그대로 인용하는 직접 인용절과 말하는 이의 표현으로 바꾸어 인용하는 간접 인용절이 있다. 직접 인용절에는 '라고'가 붙고, 간접 인용절에는 '고'가 붙는다.

> 예 민수가 나에게 <u>"영화 보러 가자."</u>라고 말했다. → 직접 인용절
>
> 민수가 나에게 <u>영화 보러 가자</u>고 말했다. → 간접 인용절

참고

이어진문장과 안은문장

이어진문장과 안은문장은 모두 홑문장이 두 개 이상 합쳐진 문장, 즉 겹문장이다. 이때 홑문장이 어떻게 결합했느냐에 따라 이어진문장과 안은문장으로 나뉘는 것이다. 홑문장들이 연결 어미에 의해 이어진 경우에는 '이어진문장'으로 보며, 하나의 홑문장이 다른 문장 안에서 어떤 문장 성분의 역할을 할 때에는 '안은문장'으로 본다.

알아 둘 것!

문장에서 관형절은 관형어의 역할을 하고, 부사절은 부사어의 역할, 서술절은 서술어의 역할을 해. 그런데 명사절은 명사절 다음에 어떤 격 조사가 붙느냐에 따라 역할이 달라지지. 같은 명사절이라도 주격 조사가 붙으면 주어 역할, 목적격 조사가 붙으면 목적어의 역할, 부사격 조사가 붙으면 부사어의 역할을 하기 때문이야.

참고

관형사형 어미를 통한 시간 표현

관형절은 관형사형 어미를 통해 시간을 표현한다.

> 예 • 이것은 내가 <u>읽은</u> 책이다. → 과거
> • 이것은 내가 <u>읽는</u> 책이다. → 현재
> • 이것은 내가 <u>읽을</u> 책이다. → 미래
> • 이것은 내가 <u>읽던</u> 책이다. → 회상

알아 둘 것!

서술절을 안은 문장을 보면 주어가 두 개인데 서술어가 하나지? 그럼 '삼촌은 의사가 되었다.'라는 문장은 서술절을 안은 문장일까? 잠깐, '되다'와 '아니다'는 보격 조사 '이/가'와 결합하는 보어를 필요로 한다고 배웠었지? 그렇다면 '삼촌은 의사가 되었다.'라는 문장은 '주어-보어-서술어'로 구성된 문장임을 알 수 있고, 주어와 서술어의 관계가 한 번 나타나니까 홑문장인 거지. 이처럼 서술어가 '되다/아니다'인 문장은 얼핏 겹문장으로 생각하기 쉬우니까 유의하자.

1단계 기본 연습

안은문장의 구분 **안은문장에 해당하면 ○, 해당하지 않으면 ✕ 표시를 하시오.**

01 토끼는 앞발이 짧다. ( )

02 사람들이 다 모였네. ( )

03 그가 말도 없이 사라졌다. ( )

04 영호는 엄마를 몹시 그리워한다. ( )

05 연주는 어제 학교 앞에서 재현이를 만났다. ( )

안은문장의 종류 **다음 문장과 그 종류를 연결하시오.**

06 형은 키가 크다. •

07 이것은 내가 읽은 책이다. •

08 그 일은 하기가 쉽지 않다. •

09 빵이 군침이 돌게 구워졌다. •

10 민수가 나에게 영화 보러 가자고 말했다. •

• ㉠ 관형절을 안은 문장

• ㉡ 명사절을 안은 문장

• ㉢ 부사절을 안은 문장

• ㉣ 서술절을 안은 문장

• ㉤ 인용절을 안은 문장

안긴문장의 파악 **〈보기〉와 같이 안긴문장에 ○ 표시를 하시오.**

〈보기〉
나는 채은이가 착한 아이임을 안다.

11 민주는 눈이 예쁘다.

12 나는 그가 옳았음을 깨달았다.

13 서준이는 슬기에게 내일 만나자고 말했다.

14 해미는 어제 만났던 친구와 우연히 마주쳤다.

2단계 실전 연습

15 다음 중 밑줄 친 부분이 안긴문장이 아닌 것은?

① 색깔이 희기가 눈과 같다.
② 할머니는 다리가 불편하시다.
③ 그는 그녀가 온 사실을 몰랐다.
④ 어제 보았던 책이 무척 감동적이었다.
⑤ 선생님은 연극이 끝났다고 말씀하셨다.

16 〈보기〉에 대한 설명으로 적절하지 않은 것은?

〈보기〉
아직은 집에 돌아가기에 이르다.

① 명사절을 안은 문장이다.
② 안긴문장은 부사어로 쓰였다.
③ 안긴문장은 '집에 돌아가기'이다.
④ 어미 '-기'를 통해 과거를 나타내고 있다.
⑤ 안긴문장은 서술어 '이르다'를 꾸며 주고 있다.

17 ㉠~㉤에 대한 설명으로 적절하지 않은 것은?

〈보기〉
㉠ 그는 이미 늦었음을 깨달았다.
㉡ 아이가 흔적도 없이 사라졌다.
㉢ 사람들은 눈이 그치기를 기다렸다.
㉣ 광우는 영화가 재미있었다고 말했다.
㉤ 나는 어제 받은 선물 덕분에 행복하다.

① ㉠: 명사절을 안은 문장이다.
② ㉡: '흔적도 없이'가 안긴문장이다.
③ ㉢: '그치기를 기다렸다.'가 안긴문장이다.
④ ㉣: 간접 인용절을 안은 문장이다.
⑤ ㉤: 관형절을 안은 문장이다.

01 문장 성분에 대한 설명으로 적절하지 <u>않은</u> 것은?

① 주어, 목적어, 보어, 서술어는 주성분이다.
② 관형어는 체언을 수식하는 부속 성분이다.
③ 감탄사는 독립어이며 독립 성분에 해당된다.
④ 부속 성분은 문장 내 다른 성분과 관련이 없다.
⑤ 기능에 따라 주성분, 부속 성분, 독립 성분으로 나뉜다.

2011 고입 선발고사

02 밑줄 친 부분의 문장 성분은?

> • 얼음이 <u>물이</u> 되었다.
> • 고래는 <u>어류가</u> 아니다.

① 주어   ② 서술어   ③ 목적어
④ 보어   ⑤ 관형어

2015 중3 학업성취도평가

03 〈자료〉의 ㉠~㉤ 중 ⓐ에 해당하는 것은?

〈자료〉

<u>막내가</u> <u>중학생이</u> <u>되자,</u> <u>삼촌도</u> <u>무척이나</u> 즐거워하셨다.
　㉠　　㉡　　㉢　　㉣　　㉤

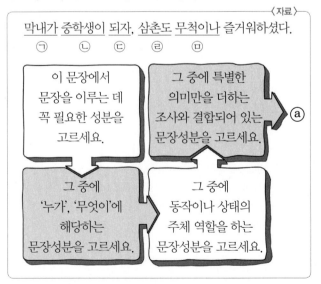

이 문장에서 문장을 이루는 데 꼭 필요한 성분을 고르세요.

그 중에 특별한 의미만을 더하는 조사와 결합되어 있는 문장성분을 고르세요. → ⓐ

그 중에 '누가', '무엇이'에 해당하는 문장성분을 고르세요.

그 중에 동작이나 상태의 주체 역할을 하는 문장성분을 고르세요.

① ㉠   ② ㉡   ③ ㉢
④ ㉣   ⑤ ㉤

04 〈보기〉의 |이것|에 해당하는 문장 성분을 포함하지 <u>않는</u> 것은?

〈보기〉

> 부속 성분은 문장에서 주성분의 내용을 꾸며 주는 역할을 한다. 부속 성분에는 관형어와 |이것|이 있는데, 관형어는 체언을, '이것'은 서술어나 관형어, 다른 부사어, 문장 등을 수식한다.

① 이제 집으로 가자.
② 그는 공을 멀리 던졌다.
③ 이곳이 낯설게 느껴진다.
④ 어머니께서 새 신발을 사셨다.
⑤ 오늘따라 산이 무척 높아 보인다.

2015 고입 선발고사

05 다음은 '서술어의 자릿수'에 대한 탐구 학습지이다. 밑줄 친 ㉠에 해당하는 문장을 〈예문〉에서 고른 것은?

> 서술어는 그 성격에 따라 의미가 온전한 문장이 되기 위해 꼭 필요로 하는 문장 성분의 개수가 다른데, 이를 서술어의 자릿수라고 한다. 주어 하나만 필요로 하면 한 자리 서술어, 주어 이외에 목적어나 부사어 또는 보어를 하나 더 필요로 하면 두 자리 서술어, 주어와 목적어 외에 부사어를 필요로 하면 ㉠세 자리 서술어라고 한다.

〈예문〉

> ㄱ. 그녀는 열심히 학생들을 가르쳤다.
> ㄴ. 그녀는 유능한 선생님이 되었다.
> ㄷ. 그녀는 나에게 선물을 주었다.
> ㄹ. 그녀는 어제 아주 푹 잘 잤다.
> ㅁ. 그녀는 책을 가방에 넣었다.

① ㄱ, ㄴ   ② ㄱ, ㄹ   ③ ㄴ, ㅁ
④ ㄷ, ㄹ   ⑤ ㄷ, ㅁ

06 밑줄 친 서술어의 자릿수가 가장 큰 것은?

① 물이 얼음이 <u>되었다</u>.
② 나는 피자를 <u>좋아한다</u>.
③ 혜림이는 반장이 <u>아니다</u>.
④ 그는 엄마에게 사실을 <u>말했다</u>.
⑤ 철수는 어제 초등학교 동창을 <u>만났다</u>.

07 다음 중 홑문장에 해당하는 것은?

• 홑문장: 주어와 서술어의 관계가 한 번만 나타나는 문장
• 겹문장: 주어와 서술어의 관계가 두 번 이상 나타나는 문장

① 나는 아침에 운동을 했다.
② 눈이 내리고, 바람이 분다.
③ 가지 많은 나무 바람 잘 날 없다.
④ 지리산을 등산하려고 일찍 일어났다.
⑤ 우리 팀이 승리하기를 간절히 기원했다.

08 〈보기〉와 같이 종속적으로 이어진 문장은?

〈보기〉
비가 와서, 땅이 젖었다.

① 날은 덥지만, 기분은 좋다.
② 여름은 싫지만, 겨울은 좋다.
③ 재영이는 예쁘고, 현수는 착하다.
④ 하늘은 파랗고, 바람은 시원하다.
⑤ 지우개를 사려고, 문구점에 갔다.

09 〈보기〉는 '문장의 종류'에 대한 학습 자료이다. ㉠에 들어갈 예문으로 적절한 것은?

〈보기〉
문장의 종류
• 홑문장: 주어와 서술어가 한 번만 나타나는 문장
  (예) 날씨가 맑다.
• 겹문장: 주어와 서술어가 두 번 이상 나타나는 문장
  – 안은문장: 다른 문장 속에 들어가 하나의 성분처럼 쓰이는 홑문장을 포함하고 있는 문장
    (예) [㉠]
  – 이어진문장: 둘 이상의 홑문장이 대등하거나 종속적으로 이어진 문장
    (예) 봄이 오면 꽃이 핀다.

① 민수는 성격이 좋은 학생이다.
② 우리 집 정원에 장미꽃이 피었다.
③ 다예가 교실에서 소설책을 읽었다.
④ 그는 갔으나 그의 예술은 살아 있다.
⑤ 바람이 세차게 불고, 비가 억수같이 내린다.

10 〈보기〉의 ㉠과 ㉡의 차이점에 대한 설명으로 적절한 것은?

〈보기〉
㉠ 눈이 와서 길이 미끄럽다.
㉡ 인생은 짧고 예술은 길다.

① ㉠은 홑문장이고, ㉡은 겹문장이다.
② ㉠은 안은문장이고, ㉡은 이어진문장이다.
③ ㉠은 명사절을 포함하고 있고, ㉡은 서술절을 포함하고 있다.
④ ㉠은 종속적으로 이어진 문장이고, ㉡은 대등하게 이어진 문장이다.
⑤ ㉠은 직접 인용절을 포함하고 있고, ㉡은 간접 인용절을 포함하고 있다.

11 다음 중 안긴문장의 종류가 <u>다른</u> 하나는?

① 그를 만나기는 쉽지 않다.

② 이것은 내가 좋아하는 인형이다.

③ 그는 엄마가 옳았음을 깨달았다.

④ 지금은 잠을 자기에 이른 시간이다.

⑤ 나는 그가 착한 사람임을 이미 알고 있다.

12 〈보기〉의 ㉠~㉢에 대한 설명으로 적절하지 <u>않은</u> 것은?

〈보기〉

㉠ 형은 키가 크다.

㉡ 비가 와서, 체육 대회가 취소되었다.

㉢ 낮말은 새가 듣고, 밤말은 쥐가 듣는다.

① ㉠, ㉡, ㉢은 모두 겹문장이다.

② ㉠은 서술절을 안은 문장이다.

③ ㉡, ㉢은 이어진문장에 해당한다.

④ ㉡은 앞 절과 뒤 절의 순서를 바꿀 수 있다.

⑤ ㉢은 앞 절과 뒤 절의 서술어가 같으므로 하나를 생략할 수 있다.

13 다음 문장에서 안긴문장을 찾고, 문장에서 어떤 기능을 하는지 쓰시오.

그의 말이 사실이었음이 밝혀졌다.

_____

_____

14 다음 문장에 대한 설명으로 적절한 것을 〈보기〉에서 골라 바르게 묶은 것은?

〈보기〉

농부들은 비가 내리기를 기다렸다.

㉠ 안은문장이다.

㉡ 명사절로 안긴 문장을 포함하고 있다.

㉢ '비가 내리기'가 안긴문장에 해당한다.

㉣ 안긴문장은 안은문장에서 목적어로 기능하고 있다.

㉤ '농부들은'과 '비가'라는 주어가 두 번 나타나는 겹문장이다.

① ㉠ 　　　　② ㉠, ㉡

③ ㉠, ㉡, ㉢ 　② ㉠, ㉡, ㉢, ㉣

⑤ ㉠, ㉡, ㉢, ㉣, ㉤

2014 중3 학업성취도평가

15 〈자료〉의 ㉠을 참조하여 ㉡을 알맞게 바꾼 것은?

〈자료〉

　안은문장은 그 속에 다른 문장을 절의 형식으로 안고 있는 것을 말하고, 안긴문장은 안겨 있는 절을 말한다. 안긴문장은 문장 속의 역할에 따라 명사절, 서술절, 관형절, 부사절, 인용절로 구분할 수 있다. 그 중 부사절은 안긴문장이 부사어와 같이 주로 용언을 꾸미는 역할을 한다. 부사절은 부사 형성 접사 '-이'가 붙어서 되는 경우가 있다.

㉠: ┌─ 아이는 예쁘다. / 꽃과 같다. ─┐
　　└─→ 아이는 꽃과 같이 예쁘다. ─┘

㉡: ┌─ 그들이 돌아왔다. / 소리가 없다. ─┐
　　└─→ _____ ─┘

① 그들이 소리가 없이 돌아왔다.

② 소리가 없는 그들이 돌아왔다.

③ 그들이 돌아왔고 소리가 없었다.

④ 소리가 없어서 그들이 돌아왔다.

⑤ 소리가 없었는데 그들이 돌아왔다.

16 다음은 한 학생이 수업 중 필기한 내용이다. ㉠~㉤에 해당하는 문장의 예로 적절하지 <u>않은</u> 것은?

> *안은문장
> 개념 - 홑문장 속에 다른 홑문장이 들어가 하나의 겹문장이 되는 것
> 종류 - 명사절을 안은 문장: ㉠
>   - 관형절을 안은 문장: ㉡
>   - 부사절을 안은 문장: ㉢
>   - 서술절을 안은 문장: ㉣
>   - 인용절을 안은 문장: ㉤

① ㉠ - 그를 만나기가 어려워.
② ㉡ - 이것이 내가 사려던 그림이야.
③ ㉢ - 미애가 말도 없이 집에 갔어.
④ ㉣ - 엄마는 나보다 동생을 좋아해.
⑤ ㉤ - 혜선이는 "오늘 바빠."라고 말했다.

2011 중3 학업성취도평가

17 〈자료〉를 읽고 ㉠에 알맞은 문장을 쓰시오.

〈자료〉

  예1)과 같이 한 문장에서 어떤 말을 꾸미는 부분을 분리하여 두 문장으로 만들 수 있다.

예1)
문　장: 민호와 본 영화가 감동적이었다.
1단계: 민호와 보았다. / 영화가 감동적이었다.
2단계: 민호와 영화를 보았다. / 영화가 감동적이었다.

  이런 방법으로 예2)의 문장을 두 문장으로 분리하면 다음과 같다.

예2)
문　장: 어제 읽은 소설이 재미있었다.
1단계: 어제 읽었다. / 소설이 재미있었다.
2단계: ＿＿＿㉠＿＿＿ / 소설이 재미있었다.

18 다음 문장에 대한 설명으로 적절한 것을 〈보기〉에서 골라 바르게 묶은 것은?

〈보기〉

> 이것은 내가 좋아했던 인형이야.

㉠ 주어가 2개이다.
㉡ 겹문장 중 이어진문장에 해당한다.
㉢ '내가 좋아했던'은 관형어의 기능을 한다.
㉣ '이것은'이 수식하는 것은 '좋아했던'이다.
㉤ '-던'이 앞 절과 뒤 절을 연결하는 어미이다.

① ㉠, ㉡　　　　② ㉠, ㉢　　　　③ ㉡, ㉣
④ ㉢, ㉤　　　　⑤ ㉣, ㉤

도전! 수능 맛보기　　2014 9월 수능 모의평가 A형

19 〈보기〉의 ㉠에 해당하는 예가 <u>아닌</u> 것은?

〈보기〉

  ㉠<u>하나의 문장이 관형절로 다른 문장에 안길 때, 원래 있었던 주어가 생략되는 경우가 있다.</u>

(가) 민수가 열심히 공부한다.
(나) 형이 민수에게 음료수를 주었다.
(다) 형이 <u>열심히 공부하는</u> 민수에게 음료수를 주었다.

  (가)가 (나)에 관형절로 안겨 (다)가 만들어질 때, (가)의 '민수'와 (나)의 '민수'가 중복된다. 이 경우, (가)의 주어 '민수'가 (다)의 밑줄 친 관형절에서는 나타나지 않는다.

① 형이 <u>숙제를 하는</u> 동생을 불렀다.
② 동생은 <u>대학생이 된</u> 형과 여행을 했다.
③ 영수는 <u>버스에 탄</u> 경희에게 말을 걸었다.
④ 나는 <u>정수가 은희와 결혼한</u> 사실을 몰랐다.
⑤ 그는 <u>이 그림을 그린</u> 화가의 전시회에 갔다.

V

문법 요소

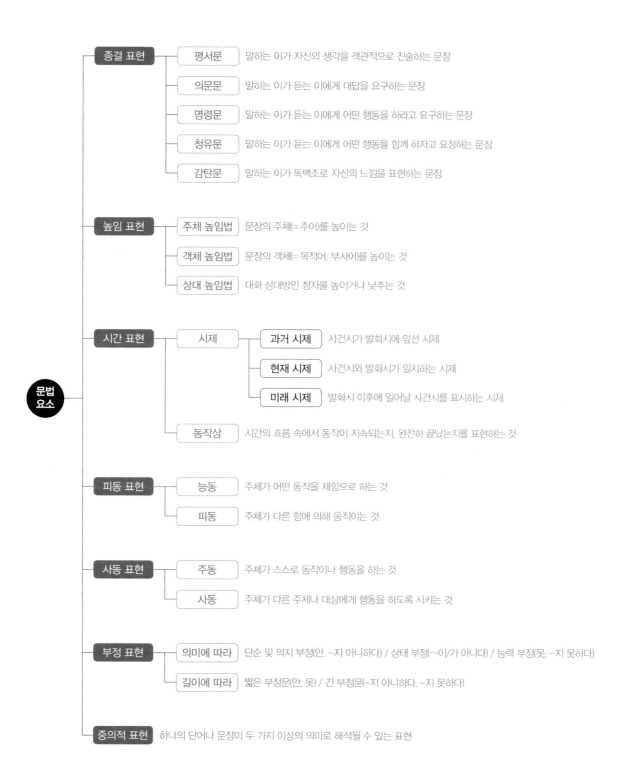

문법 요소

종결 표현
- **평서문** — 말하는 이가 자신의 생각을 객관적으로 진술하는 문장
- **의문문** — 말하는 이가 듣는 이에게 대답을 요구하는 문장
- **명령문** — 말하는 이가 듣는 이에게 어떤 행동을 하라고 요구하는 문장
- **청유문** — 말하는 이가 듣는 이에게 어떤 행동을 함께 하자고 요청하는 문장
- **감탄문** — 말하는 이가 독백조로 자신의 느낌을 표현하는 문장

높임 표현
- **주체 높임법** — 문장의 주체(= 주어)를 높이는 것
- **객체 높임법** — 문장의 객체(= 목적어, 부사어)를 높이는 것
- **상대 높임법** — 대화 상대방인 청자를 높이거나 낮추는 것

시간 표현
- **시제**
  - **과거 시제** — 사건시가 발화시에 앞선 시제
  - **현재 시제** — 사건시와 발화시가 일치하는 시제
  - **미래 시제** — 발화시 이후에 일어날 사건시를 표시하는 시제
- **동작상** — 시간의 흐름 속에서 동작이 지속되는지, 완전히 끝났는지를 표현하는 것

피동 표현
- **능동** — 주체가 어떤 동작을 제힘으로 하는 것
- **피동** — 주체가 다른 힘에 의해 움직이는 것

사동 표현
- **주동** — 주체가 스스로 동작이나 행동을 하는 것
- **사동** — 주체가 다른 주체나 대상에게 행동을 하도록 시키는 것

부정 표현
- **의미에 따라** — 단순 및 의지 부정(안, –지 아니하다) / 상태 부정(∼이/가 아니다) / 능력 부정(못, –지 못하다)
- **길이에 따라** — 짧은 부정문(안, 못) / 긴 부정문(–지 아니하다, –지 못하다)

중의적 표현 — 하나의 단어나 문장이 두 가지 이상의 의미로 해석될 수 있는 표현

22 문장 종결 표현

시험 출제 지수 ●●●○○

● 문장 종결 終끝날종 結맺을결 표현

문장을 끝맺는 표현으로, 말하는 이는 종결 어미에 기대어 자신의 생각이나 느낌을 '평서문, 의문문, 명령문, 청유문, 감탄문'으로 나타낸다.

❶ 평서문

① 말하는 이가 자신의 생각을 객관적으로 진술하는 문장이다.

② '-다, -ㅂ니다' 등의 종결 어미를 붙여 표현하며 마침표(.)를 사용한다.

> ### 멀리서 종소리가 들린다.
> 평서형 종결 어미 '-다'

❷ 의문문

① 말하는 이가 듣는 이에게 대답을 요구하는 문장이다.

② '-니, -느냐/-냐, -ㄹ까' 등의 종결 어미를 붙여 표현하며 물음표(?)를 사용한다.

> ### 꽃을 얼마나 사야 할까?
> 의문형 종결 어미 '-ㄹ까'

❸ 명령문

① 말하는 이가 듣는 이에게 어떤 행동을 하라고 요구하는 문장이다.

② 동사에 '-아라/-어라' 등의 종결 어미를 붙여 표현한다. 단, 과거를 나타내는 선어말 어미* '-았-/-었-'은 함께 쓰일 수 없고, 주어는 항상 '듣는 이'가 된다.

> ### (주어: 듣는 이) → 생략됨) 텔레비전을 끄고 밥을 먹어라.
> 명령형 종결 어미 '-어라'

❹ 청유문

① 말하는 이가 듣는 이에게 어떤 행동을 함께하자고 요청하는 문장이다.

② 동사에 '-자, -ㅂ시다' 등의 종결 어미를 붙여 표현한다. 일반적으로 주어는 '말하는 이'와 '듣는 이'가 함께 포함된다.

> ### 우리 이 일은 비밀로 간직하자.
> 주어: 말하는 이와 듣는 이   청유형 종결 어미 '자'

❺ 감탄문

① 말하는 이가 독백조로 자신의 느낌을 표현하는 문장이다.

② '-구나', 형용사에 '-어라' 등의 종결 어미를 붙여 표현하며 느낌표(!)를 사용한다.

> ### 가을 하늘이 정말 푸르구나!
> 감탄형 종결 어미 '구나'

 참고

의문문의 종류

의문사 없이 상대에게 단순히 긍정이나 부정의 대답을 요구하는 '판정 의문문', 문장 속 의문사에 대한 구체적인 설명을 요구하는 '설명 의문문', 대답을 요구하지 않고 감탄, 반어, 명령의 의미를 담은 '수사 의문문'이 있다.

예 • 비가 오니? → 판정 의문문
　• 이것의 이름은 무엇인가요? → 설명 의문문
　• 꽃이 너무나 아름답지 않은가?
　　　　　　　　　→ 수사 의문문(감탄)
　• 내가 네 부탁도 못 들어줄까?
　　　　　　　　　→ 수사 의문문(반어)
　• 질서를 잘 지켜야 하지 않을까요?
　　　　　　　　　→ 수사 의문문(명령)

● 선어말 어미(先語末語尾) 어말 어미 앞에 나타나는 어미로, 문법적인 기능을 더한다. 대표적으로 높임법에 관한 것과 시제에 관한 것이 있다.

시제	과거	-았-/-었-, -더-
	현재	-ㄴ-/-는-
	미래	-겠-
높임	주체 높임	-(으)시-
	공손	-옵-

 알아 둘 것!

문장의 종결 표현과 말하는 이의 의도

말하는 이는 자신의 의도를 다양한 종결 표현으로 나타낼 수 있기 때문에, 종결 표현의 형식과 기능이 일치하지 않는 경우가 있어. 다음 문장들은 창문을 열라는 명령의 기능을 수행하지만, 전달 효과를 높이기 위해 명령문이 아닌 종결 표현을 사용한 경우야.

> 창문을 열어라.(명령문)

↓

• 오늘은 많이 덥다.(평서문)
• 창문을 열까?(의문문)
• 창문을 열자.(청유문)
• 오늘 진짜 덥구나!(감탄문)

정답과 해설 23쪽

1단계 기본 연습

【문장의 유형】 **다음 문장과 종결 표현을 각각 연결하시오.**

01 지금 어디야? • • ㉠ 평서문

02 학교에 갑니다. • • ㉡ 의문문

03 골고루 먹어라. • • ㉢ 명령문

04 요즘 너무 바쁘구나! • • ㉣ 청유문

05 함께 만들어 봅시다. • • ㉤ 감탄문

【종결 어미의 종류】 **다음 문장의 종결 어미를 쓰시오.**

06 우리 물을 마시자. (   )

07 수연아, 물을 마셔라. (   )

08 수연이가 물을 마신다. (   )

09 수연이가 물을 마시니? (   )

10 수연이가 물을 마셨구나! (   )

【종결 표현의 형식과 기능】 **㉠~㉢의 문장 유형과 말하는 이의 의도를 각각 쓰시오.**

> ㉠ 조용히 책을 보자.
> ㉡ 이제 잠을 잘 시간이다.
> ㉢ 아침을 먹어야 든든하겠지요?

	유형	의도
11 ㉠	_____	_____
12 ㉡	_____	_____
13 ㉢	_____	_____

2단계 실전 연습

14 **종결 어미의 기능으로 적절한 것을 모두 고르시오.**

① 두 개의 문장을 이어 준다.
② 문장을 끝맺는 기능을 한다.
③ 다양한 문장 유형을 결정한다.
④ 높임과 시간 표현을 나타낸다.
⑤ 듣는 이의 생각과 느낌을 표현한다.

15 **㉠~㉤의 특징으로 적절하지 않은 것은?**

> ㉠ 꽃이 아름답게 피었다.
> ㉡ 우리는 어디에서 만날까?
> ㉢ 비가 오니 우산을 챙겨라.
> ㉣ 늦었으니 이제 집에 가자.
> ㉤ 이 영화 진짜로 무섭구나!

① ㉠: 말하는 이가 듣는 이에게 허락의 뜻을 나타낸다.
② ㉡: 말하는 이가 듣는 이에게 대답을 요구한다.
③ ㉢: 말하는 이가 듣는 이에게 어떤 행동을 하도록 요구한다.
④ ㉣: 말하는 이가 듣는 이에게 행동을 함께할 것을 요청한다.
⑤ ㉤: 말하는 이가 듣는 이를 크게 의식하지 않은 상태에서 느낌을 표현한다.

16 **〈보기〉를 참고하여 다음 문장에 해당하는 의문문의 종류를 쓰시오.**

〈보기〉

　의문문은 의문사 없이 상대에게 단순히 긍정이나 부정의 대답을 요구하는 판정 의문문, 문장 속의 의문사에 대한 구체적 설명을 요구하는 설명 의문문, 대답을 요구하지 않고 '감탄, 반어, 명령'의 의미를 담고 있는 수사 의문문으로 구분한다.

> 어서 빨리 들어오지 못하겠니?

23 높임 표현

1. 주체 主주인주體몸체 높임법

문장의 주어, 즉 서술의 주체를 높이는 방법이다.

❶ 실현 방법

선어말 어미 '-시-'	용언의 어간에 '-(으)시-'를 결합	할머니께서 우리집에 오신다.
조사 '께서'	체언에 조사 '께서'를 결합	아버지께서 신문을 읽으신다.
특수한 어휘	계시다, 주무시다, 잡수시다 등을 사용	선생님께서 교실에 계시다.

❷ 직접 높임과 간접 높임

① 직접 높임: 주어를 직접 높이는 방법이다.

② 간접 높임: 주어와 관련된 대상, 즉 친족, 신체 일부분, 부속물 등을 높임으로써 주어를 간접적으로 높이는 방법이다.

> 높임의 주격 조사 '께서'를 사용함.
> **선생님께서 따님이 있- + -(으)시- + -다.**
> 실제 주체 → 높임의 대상   주체의 친족 → 높임의 대상이 아니나 높임.   높임의 선어말 어미 '-(으)시-'를 결합함.

2. 객체 客손님객體몸체 높임법

문장의 목적어나 부사어가 지시하는 대상을 높이는 방법이다.

❶ 실현 방법

조사 '께'	체언에 조사 '께'를 결합	나는 아버지께 의견을 여쭈었다.
특수한 어휘	드리다, 여쭙다, 뵙다, 모시다 등을 사용	아버지를 학교에 모시고 오너라.

> 높임의 부사격 조사 '께'를 사용함.
> **네가 할머니께 선물을 가져다 드려라.**
> '드리다'의 대상 → 높임의 대상   특수 어휘 '드리다'를 사용함.

3. 상대 相서로상對대답할대 높임법

대화 상대방인 청자를 높이거나 낮추는 방법이다.

❶ 종류

공식적인 대화에서 사용되는 격식체와 비공식적인 대화에서 사용되는 비격식체로 나눌 수 있다.

구분		평서	의문	명령	청유	감탄
격식체	하십시오체(아주높임)	가십니다	가십니까?	가십시오	(가시지요)	–
	하오체(예사 높임)	가(시)오	가(시)오?	가(시)오, 가구려	갑시다	가는구려
	하게체(예사 낮춤)	가네, 감세	가는가?, 가나?	가게	가세	가는구먼
	해라체(아주낮춤)	간다	가냐?, 가니?	가(거)라, 가렴, 가려무나	가자	가는구나
비격식체	해요체(두루높임)	가요	가요?	가(세/셔)요	가(세/셔)요	가(세/셔)요
	해체(두루낮춤)	가, 가지	가?, 가지?	가, 가지	가, 가지	가, 가지

1단계 기본 연습

〈높임의 대상〉 **다음 문장에서 높임의 대상에 밑줄을 그으시오.**

01 아버지께서 영화를 보신다.

02 선생님은 목소리가 좋으시다.

03 언니는 부모님께 편지를 드렸다.

04 여러분, 조용히 해 주시기 바랍니다.

〈높임법의 특징〉 **다음 설명이 맞으면 ○, 틀리면 × 표시를 하시오.**

05 주체 높임법은 높임의 선어말 어미 '-(으)시-'나 조사 '께서', 특수 어휘에 의해 실현된다. ( )

06 객체 높임법은 서술어의 대상인 목적어와 부사어를 높인다. ( )

07 상대 높임법은 문장의 종결 어미를 통해 주체와 관련된 대상을 높인다. ( )

〈특수 어휘에 의한 높임〉 **밑줄 친 말을 높임 표현으로 고쳐 쓰시오.**

08 아버지께서 <u>잔다</u>. → ( )

09 할아버지께서 <u>아프다</u>. → ( )

10 어머니께서 방에 <u>있다</u>. → ( )

〈상대 높임법의 실현〉 **다음 문장과 상대 높임법의 종류를 연결하시오.**

11 빨리 가. • • ㉠ 해체

12 빨리 가요. • • ㉡ 해라체

13 빨리 가라. • • ㉢ 하게체

14 빨리 갑시다. • • ㉣ 해요체

15 빨리 가는구먼. • • ㉤ 하오체

16 빨리 가십시다. • • ㉥ 하십시오체

2단계 실전 연습

17 다음 중 높임법의 종류가 <u>다른</u> 하나는?

① 아버지께서 방에서 주무신다.
② 교장 선생님께서 말씀하시다.
③ 어머니께서 저녁을 준비하신다.
④ 할머니께서 텔레비전을 보신다.
⑤ 나는 부모님을 모시고 공원에 갔다.

18 〈보기〉의 높임 표현과 성격이 <u>다른</u> 하나는?

〈보기〉
> 할아버지께서 귀가 밝으시다.

① 사장님은 돈이 많으시다.
② 선생님께서 눈이 예쁘시다.
③ 선생님께서 책을 읽으신다.
④ 할머니께서 다리가 불편하시다.
⑤ 할아버지께서도 걱정이 많으시다.

19 〈보기〉의 상대 높임법에 대한 설명으로 적절하지 <u>않은</u> 것은?

〈보기〉
> • 나에게 이 옷이 잘 ㉠어울려?
> • 저에게 이 옷이 잘 ㉡어울립니까?

① ㉠은 상대방을 높이지 않는 방식이다.
② ㉠은 동생이나 친구에게 말할 때 사용하는 방식이다.
③ ㉡은 상대방을 높이는 방식이다.
④ ㉡은 예사 높임인 하오체에 해당한다.
⑤ ㉠, ㉡과 같이 문장의 종결 표현을 통해 상대방을 높이거나 낮출 수 있다.

24 시간 표현

1. 시제 時때시 制지을제

발화시˚를 기준으로 하여, 사건시˚의 위치를 과거, 현재, 미래로 나타내는 표현이다.

● **발화시(發話時)** 말하는 이가 말하는 시점
● **사건시(事件時)** 상황이나 동작이 일어나는 시점. 즉, 사건이 일어난 순간

❶ 과거 시제: 사건이 일어난 시간(사건시)이 말하는 시간(발화시)에 앞선 시제다.

실현 방법	• 선어말 어미: -았-/-었-, -았었-/-었었-, -더- • 형용사, 서술격 조사+-던	• 동사+-(으)ㄴ, -던 • 시간 부사어: 어제, 옛날 등

> **형이 선물을 주었다.**　　　**형이 준 선물**
> 선어말 어미 '-었-'　　　　관형사형 어미 '-(으)ㄴ'

❷ 현재 시제: 사건이 일어난 시간(사건시)이 말하는 시간(발화시)과 일치하는 시제다.

실현 방법	• 선어말 어미: 동사는 '-ㄴ-/-는-', 형용사나 서술격 조사는 결합하지 않음. • 관형사형 어미: 동사는 '-는', 형용사나 서술격 조사는 관형사형 어미 '-(으)ㄴ' • 시간 부사어: 지금, 오늘 등

> **내 동생이 공을 찬다.**　　　**공을 차는 내 동생**
> 선어말 어미 '-ㄴ-'　　　　관형사형 어미 '-는'

❸ 미래 시제: 말하는 시간(발화시) 이후에 일어날 사건(사건시)을 나타내는 시제다.

실현 방법	• 선어말 어미: '-겠-', 종결 어미 '-(으)리' • 관형사형 어미와 의존 명사의 결합: -(으)ㄹ 것이-	• 관형사형 어미: -(으)ㄹ • 시간 부사어: 내일, 모레 등

> **그가 곧 출발하겠다.**　　　**곧 출발할 그**
> 선어말 어미 '-겠-'　　　　관형사형 어미 '-ㄹ'

과거 · 현재 · 미래 시제
• 과거 시제
　사건시　발화시　시간의 흐름
• 현재 시제
　사건시 = 발화시　시간의 흐름
• 미래 시제
　발화시　사건시　시간의 흐름

2. 동작상 動움직일동 作지을작 相서로상

시간의 흐름 속에서 동작이 끝나지 않고 지속되는지, 완전히 끝났는지를 표현하는 것이다.

❶ 종류

진행상	말하는 시점에 동작이 계속 진행되는 것	• -고 있다, -아/-어 가다 • -며, -(으)면서
완료상	말하는 시점에 동작이 이미 끝난 것	• -아/-어 있다, -아/-어 버리다 • -어서, -고서, -다가

> **숙제를 하고 있다.**　　**전화를 하면서 걷는다.**
> 보조 용언 → 진행　　연결 어미 → 진행
>
> **영화가 끝나 버렸다.**　　**감기에 걸려서 일찍 잤다.**
> 보조 용언 → 완료　　연결 어미 → 완료

현재 시제로 나타내는 문장
• 보편적 사실을 나타낼 때
　예 지구는 태양을 돈다.
• 습관이나 반복적, 객관적 사실을 나타낼 때
　예 철수는 밥을 먹을 때 젓가락으로 먹는다.
• 속담이나 명언
　예 고래 싸움에 새우 등 터진다.

'시제'는 사건이 일어난 시간의 위치를 표현하는 것이고, '동작상'은 사건이 일어나는 시간 속에서 동작이 진행 중인지 완료되었는지를 나타내는 거야. 따라서 문장의 '시제'와 '상'은 다른 개념이지. 예를 들어 '밥을 먹으면서 텔레비전을 봤다.'라는 문장에서 텔레비전을 본 것은 과거의 일이지만, 그 과거의 일 속에서 밥을 먹는 동작이 진행되고 있는 거니까 동작상은 진행상인 거야.

시제의 개념 다음 설명이 맞으면 ○, 틀리면 × 표시를 하시오.

01 시제는 사건시를 기준으로 하여, 발화시의 위치를 나타내는 표현이다. ( )

02 과거 시제는 사건시가 발화시에 앞선 시제이다. ( )

03 현재 시제는 사건시와 발화시가 일치하는 시제이다. ( )

04 미래 시제는 사건시 이후에 일어날 발화시를 표시하는 시제이다. ( )

시제의 종류 다음 문장에 나타난 시제와 그 종류를 연결하시오.

05 비가 오겠어. •

06 바람이 분다. •

07 날씨가 덥더라. •

• ㉠ 과거 시제

• ㉡ 현재 시제

• ㉢ 미래 시제

시제 표현 다음 문장의 시제를 나타내는 표현에 밑줄을 그으시오.

08 너는 장차 뭐라도 되겠다.

09 지금 운동장에서 달리기를 한다.

10 어제 읽던 책을 동생이 가져갔다.

동작상의 종류 다음 문장이 표현하는 동작상에 ○ 표시를 하시오.

11 기차가 역에 들어서고 있다. (진행상 , 완료상)

12 밥을 먹으면서 신문을 본다. (진행상 , 완료상)

13 기다리던 편지가 도착해 있다. (진행상 , 완료상)

14 친구들을 보고서 달려 나갔다. (진행상 , 완료상)

15 〈보기〉의 '현준'의 말에서 현재 시제를 나타내는 문법 요소로 적절한 것은?

〈보기〉

가은: 현준아, 네 형이 누구니?

현준: 응, 지금 서 있는 사람이 우리 형이야.

① 감탄사 '응', 부사 '지금'

② 감탄사 '응', 선어말 어미 '-는-'

③ 감탄사 '응', 서술격 조사의 활용형 '이야'

④ 부사 '지금', 명사 '사람'

⑤ 부사 '지금', 관형사형 어미 '-는'

16 ㉠~㉤에 대한 설명으로 적절하지 <u>않은</u> 것은?

〈보기〉

㉠ 지금쯤 영화가 끝났<u>겠</u>지?

㉡ 이걸 혼자서 어떻게 다 하<u>겠</u>니?

㉢ 네가 가는 곳은 어디든 함께 하<u>겠</u>다.

㉣ 나는 내일 비행기로 떠<u>난</u>다.

㉤ 그는 긴장하면 눈을 자주 깜빡<u>인</u>다.

① ㉠: '-겠-'은 추측의 의미를 지닌다.

② ㉡: '-겠-'은 가능성이나 능력을 나타낸다.

③ ㉢: '-겠-'은 말하는 이의 의지를 드러낸다.

④ ㉣: '-ㄴ-'으로 과거 시제를 나타낸다.

⑤ ㉤: 반복되는 습관에는 현재 시제를 사용한다.

17 〈보기〉의 문장과 동작상이 일치하는 것은?

〈보기〉

길을 걸으며 주위를 둘러본다.

① 감기에 걸려서 집에만 있다.

② 웃음을 지으면서 대답해야지.

③ 책이 흥미로워서 단숨에 읽었다.

④ 꾸지람을 듣고서 태도가 좋아졌다.

⑤ 다른 생각을 하다가 어머니께 혼났다.

25 피동 표현과 사동 표현

1. 능동 能능할능動움직일동 표현과 피동 被입을피動움직일동 표현

능동 표현	피동 표현
주체가 어떤 동작을 제힘으로 하는 것	주체가 다른 힘에 의해 움직이는 것

❶ 피동문을 만드는 방법

① 접사에 의한 피동: 용언의 어근에 '-이-', '-히-', '-리-', '-기-', 명사에 '-되다'의 접사를 결합한다.

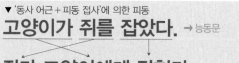

▼ '동사 어근 + 피동 접사'에 의한 피동

고양이가 쥐를 잡았다. → 능동문

쥐가 고양이에게 잡혔다. → 피동문
목적어가 주어로 / 주어가 부사어로 / 능동사가 피동사로

▼ '명사 + 피동 접사'에 의한 피동

회장을 선출하다.

회장이 선출되다.
명사 '선출' + 피동 접사 '-되다'가 결합함.

② 통사적* 방식에 의한 피동: 용언의 어간에 '-어지다', '-게 되다'를 결합한다.

예 서운한 마음이 풀어지다. → 용언의 어간 '풀-' + '-어지다'가 결합함.

게임에서 이기게 되다. → 용언의 어간 '이기-' + '-게 되다'가 결합함.

2. 주동 主주인주動움직일동 표현과 사동 使부릴사動움직일동 표현

주동 표현	사동 표현
주체가 스스로 동작이나 행동을 하는 것	주체가 다른 주체나 대상에게 행동을 하도록 시키는 것

❶ 사동문을 만드는 방법

① 접사에 의한 사동: 용언의 어근에 '-이-', '-히-', '-리-', '-기-', '-우-', '-구-', '-추-', 명사에 '-시키다'의 접사를 결합한다.

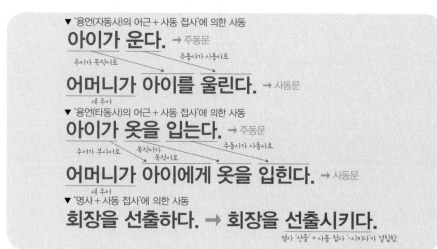

▼ '용언(자동사)의 어근 + 사동 접사'에 의한 사동

아이가 운다. → 주동문
주어가 목적어로 / 주동사가 사동사로

어머니가 아이를 울린다. → 사동문
새 주어

▼ '용언(타동사)의 어근 + 사동 접사'에 의한 사동

아이가 옷을 입는다. → 주동문
주어가 부사어로 / 목적어가 목적어로 / 주동사가 사동사로

어머니가 아이에게 옷을 입힌다. → 사동문
새 주어

▼ '명사 + 사동 접사'에 의한 사동

회장을 선출하다. → **회장을 선출시키다.**
명사 '선출' + 사동 접사 '-시키다'가 결합함.

② 통사적 방식에 의한 사동: 용언의 어간에 '-게 하다'를 결합한다.

예 경찰이 차를 멈추게 했다. → 용언의 어간 '멈추-' + '-게 하다'가 결합함.

참고

피동 표현을 사용하는 의도

• 주체가 동작을 당한 것을 강조한다.
예 도둑이 경찰에게 잡혔다. → 도둑이 경찰에 의해 동작을 당한 것에 초점을 둠.

• 동작 주체가 불분명하거나 스스로 동작을 하지 못할 때 사용한다.
예 • 감기가 나를 걸었다.(×)
　• 내가 감기에 걸렸다.(○)

• 객관성을 높일 때 사용한다.
예 방송 기사: 이번 선거의 결과는 정치권에 큰 영향을 줄 것으로 보입니다.

• 책임을 회피하고자 할 때 사용한다.
예 학급 회의 시간의 발언: 학급 분위기가 개선되면 좋겠습니다.

● **통사적(統辭的)** '통사'는 생각이나 감정을 말로 표현할 때 완결된 내용을 나타내는데, 최소의 단위인 '문장'과 같은 의미를 지닌다.

알아 둘 것!

서술어가 형용사인 경우에도 사동 표현이 사용되는데, 이때에는 자동사에 사동 접사를 결합할 때와 그 방법이 같아.

마당이 넓다. (주동문)
어머니가 마당을 넓히신다. (사동문)
새 주어

참고

잘못된 사동 표현

• 사동의 의미가 포함되어 있는 말에 '-시키다'를 붙여 사동의 의미가 중복되는 경우
예 친구에게 너를 소개시켜 줄게.(×)
　→ 친구에게 너를 소개해 줄게.(○)

• 번역 투나 책임을 회피하기 위해 사물을 사동문의 주어로 쓴 경우
예 그 사건이 나를 혼나게 했다.(×)
　→ 그 사건 때문에 내가 혼났다.(○)

(능동과 피동, 주동과 사동의 개념) **빈칸에 들어갈 알맞은 말을 쓰시오.**

01 주체가 제힘으로 움직이는 것을 (　　　), 스스로 동작이나 행동을 하는 것을 (　　　)이라고 한다.

02 주체가 다른 힘에 의해 움직이는 것을 (　　　)이라고 한다.

03 주체가 다른 주체나 대상에게 행동을 하도록 시키는 것을 (　　　)이라고 한다.

(능동문과 피동문의 구별) **다음 문장을 능동문과 피동문으로 구별해 쓰시오.**

04 문이 바람에 닫혔다. (　　　　)

05 그는 음악을 듣는다. (　　　　)

06 친구가 전학을 가게 되었다. (　　　　)

(피동문의 실현) **〈보기〉와 같이 접사를 이용해 능동문을 피동문으로 바꾸어 쓰시오.**

〈보기〉
엄마가 아기를 <u>업었다</u>. → 아기가 엄마에게 <u>업혔다</u>.

07 폭풍이 마을을 휩쓸었다.

→ _____

08 태준이가 수수께끼를 풀었다.

→ _____

(사동문의 실현 방법) **다음 문장에서 사동문을 실현하는 요소를 빈칸에 쓰시오.**

09 가로등이 길을 밝힌다. (　　　　)

10 난롯불이 얼음을 녹였다. (　　　　)

11 그의 위로가 나를 웃게 해. (　　　　)

12 선생님이 학생들을 화해시켰다. (　　　　)

13 능동 표현을 피동 표현으로 잘못 고친 것은?

① 눈이 마을을 덮었다. → 마을이 눈에 덮였다.
② 그가 그녀를 안았다. → 그녀가 그에게 안겼다.
③ 술래가 나를 잡았다. → 내가 술래에게 잡혔다.
④ 친구가 나를 밀었다. → 내가 친구에게 밀렸다.
⑤ 아버지가 벽에 못을 박았다. → 못이 아버지에게 박혔다.

14 다음 중 나머지 문장과 성격이 <u>다른</u> 것은?

① 그를 보고 키를 낮추었다.
② 상인들이 가격을 올렸다.
③ 늦잠 자는 동생을 깨워라.
④ 시험 문제가 쉽게 풀린다.
⑤ 의사가 환자를 퇴원시켰다.

15 〈보기〉의 ㉠과 ㉡을 사동문으로 바꾸는 과정에 대한 설명으로 적절하지 <u>않은</u> 것은?

〈보기〉
㉠ 아기가 웃는다.
　　→ 엄마가 아기를 웃긴다.
　　→ 엄마가 아기를 웃게 한다.
㉡ 아기가 옷을 입는다.
　　→ 엄마가 아기에게 옷을 입힌다.
　　→ 엄마가 아기에게 옷을 입게 한다.

① ㉠, ㉡의 사동문은 모두 새로운 주어가 나타난다.
② ㉠, ㉡의 '아기가'는 사동문에서 모두 목적어가 된다.
③ ㉠, ㉡은 '-게 하다'를 결합하여 사동문을 만들 수 있다.
④ ㉠의 '아기가'는 사동문의 목적어가 된다.
⑤ ㉡의 '옷을'은 문장 성분이 변하지 않는다.

26 부정 표현과 중의적 표현

시험 출제 지수 ●●●●●

1. 부정(否아닐부定정할정) 표현

안 해!
못 해!

| 교과서 정의 | 어떤 명제의 사실성이나 가능성에 대해 부인(否認)하는 표현 |
| 쉽게 쓴 정의 | 어떠한 사실이나 생각 등의 서술 내용에 대해 부정의 뜻을 나타내는 것 |

❶ 의미에 따른 부정 표현의 종류

① 단순 및 의지 부정: 부정 부사 '안', 용언 '-지 않다', '-지 아니하다'

　　예 우리 팀이 승리했다. → 우리 팀이 승리하지 않았다. → '-지 않다'를 사용함.(단순 부정)

② 상태 부정: 서술격 조사 '이다'의 부정의 형태인 '~이/가 아니다'

　　예 한울이는 1반이다. → 한울이는 1반이 아니다. → '~이 아니다'를 사용함.(상태 부정)

③ 주체의 능력 부정이나 외부의 원인에 의한 불가능을 표현한 부정: 부정 부사 '못', 용언 '-지 못하다'

　　예 그는 피아노를 잘 친다. → 그는 피아노를 못 친다. → '못'을 사용함.(주체의 능력 부정)

❷ 길이에 따른 부정 표현의 종류

① 짧은 부정문: 부정 부사 '안'이나 '못'

　　예 원기는 거짓말을 안 한다. / 원기는 거짓말을 못 한다.

② 긴 부정문: 용언 '-지 않다(아니하다)'나 '-지 못하다'

　　예 원기는 거짓말을 하지 않는다. / 원기는 거짓말을 하지 못한다.

❸ 명령문과 청유문의 부정

'안' 부정문을 명령문, 청유문으로 바꿀 때에는 보조 동사 '말다'를 사용해 청유문은 '-지 말자', 명령문은 '-지 마/마라'로 표현한다.

예 수업 시간에 떠들지 말자. → 청유형 / 수업 시간에 떠들지 마/마라. → 명령형

2. 중의(重거듭중義옳을의)적 표현

하나의 단어나 문장이 두 가지 이상의 의미로 해석될 수 있는 표현으로, 의미가 정확하게 전달되지 않아 원활한 의사소통을 방해할 수 있다.

〈중의성을 해소하는 방법〉

중의적 표현	나는 예쁜 언니의 손을 보았다.
해석	• 언니가 예쁘다. • 언니의 손이 예쁘다.
고쳐쓰기 (중의성 해소)	• 꾸미는 말의 위치 조정 → 나는 언니의 예쁜 손을 보았다.(언니의 손이 예쁘다.) • 쉼표(,) 사용 → 나는 예쁜, 언니의 손을 보았다.(언니의 손이 예쁘다.)

알아 둘 것!

부정 부사 '못'은 주로 동사와만 어울리고 형용사 앞에는 올 수 없는 것이 일반적이야. 하지만 '만족하다, 뛰어나다, 넓다' 등의 형용사 일부와는 긴 부정문의 형태로도 쓰여. 이때에는 기대에 미치지 못했다는 의미를 지녀.

예 • 동사 '가다'
　　- 나는 못 갔다.(○)
　　- 나는 가지 못했다.(○) → 능력 부정
　• 형용사 '만족하다'
　　- 나는 못 만족하다.(✕)
　　- 나는 만족하지 못하다.(○) → 기대에 미치지 못함.

● **보조 동사** 본동사와 연결되어 그 풀이를 보조하는 동사로, 동사처럼 활용한다.

완료	다 먹어 버렸다.
진행	일이 다 끝나 간다.
유지	불을 켜 두었다.
부정	그를 만나지 않았다.

참고

중의적 표현의 원인과 해석

동음 이의어	다리가 길다. • 신체의 한 부분 • 사람들이 건너는 시설
관용 표현	손을 씻다. • 손을 깨끗하게 닦다. • 나쁜 일을 청산하다.
수식 범위	하얀 언니의 손 • 언니가 하얗다. • 언니의 손이 하얗다.
부정 표현	친구들이 다 오지 않았어. • 한 명도 오지 않았다. • 일부가 오지 않았다.
비교 표현	그는 나보다 축구를 더 좋아해. • 그는 내가 축구를 좋아하는 것보다 더 축구를 좋아한다. • 그는 나를 좋아하는 것보다 축구를 더 좋아한다.
조사 '와/과'	유미와 혁이가 결혼했다. • 유미와 혁이가 부부가 되었다. • 유미와 혁이가 각각 다른 사람과 결혼했다.
주체	내가 좋은 사람 • 내가 좋아하는 사람 • 나를 좋아하는 사람

1단계	기본 연습

부정 표현의 특징 다음 설명이 맞으면 ○, 틀리면 × 표시를 하시오.

01 부정 부사 '안'은 주체의 능력 부정이나 외부의 원인에 의해 불가능함을 나타낸다. ( )

02 '의지 부정'과 '능력 부정'은 동사와 형용사에 모두 자유롭게 사용된다. ( )

03 '말다'를 사용한 부정문은 명령문과 청유문에서 사용된다. ( )

부정문의 유형 다음 문장을 의미에 따른 부정문의 유형으로 구분하시오.

04 그녀는 고기를 안 먹는다. ( )

05 넘어져서 일어나지 못한다. ( )

06 저 아이는 내 동생이 아니다. ( )

긴 부정문 밑줄 친 부분을 긴 부정문으로 고쳐 쓰시오.

07 나는 숙제를 <u>못 마쳤다.</u> → ( )

08 친구가 전화를 <u>안 받는다.</u> → ( )

09 거리가 멀어서 잘 <u>안 들린다.</u> → ( )

중의적 표현 〈보기〉의 문장에 대한 설명이 맞으면 ○, 틀리면 × 표시를 하시오.

〈보기〉
> 친구들이 다 도착하지 않았다.

10 동음이의어로 인해 중의적 의미를 지닌다. ( )

11 두 가지 의미로 해석되는 중의적 표현이다. ( )

12 '다'를 '아무도'로 고쳐 쓰면 중의적 의미가 해소된다. ( )

2단계	실전 연습

13 다음 중 부정 표현에 해당하지 <u>않는</u> 것은?

① 민수는 텔레비전을 안 본다.
② 그녀는 글씨를 잘 쓰지 못한다.
③ 그녀의 모습을 못 본 지 오래다.
④ 시간이 없어서 사진을 찍지 못했다.
⑤ 날씨가 추워서 거리에 사람들이 없다.

14 ㉠과 ㉡에 대한 설명으로 적절하지 <u>않은</u> 것은?

〈보기〉
> ㉠ 나는 그녀를 안 만난다.
> ㉡ 나는 그녀를 못 만난다.

① ㉠과 ㉡은 짧은 부정문이다.
② ㉠과 ㉡의 '나'는 그녀를 만나고 싶어 한다.
③ ㉠은 부정 부사 '안'으로 의지 부정을 나타낸다.
④ ㉡의 '나'는 그녀를 만날 수 없는 상황이다.
⑤ ㉡은 부정 부사 '못'으로 외부의 원인에 의한 불가능을 표현한다.

15 〈보기〉의 문장이 중의적 의미를 지니는 이유를 쓰시오.

〈보기〉
> 다리가 매우 길다.

_____

_____

01 ⊙~⑩의 문장 종결 표현에 대한 설명으로 적절하지 **않은** 것은?

> ⊙ 하얀 눈이 왔다.
> ⓒ 내일 어디에서 만나야 하니?
> ⓒ 네가 좋아하는 것을 말해라.
> ⓔ 이번 주말에 놀이공원에 가자.
> ⑩ 창밖의 풍경이 무척 아름답구나!

① ⊙: 말하는 이가 단순하게 사실을 진술한다.
② ⓒ: 말하는 이가 듣는 이에게 대답을 요구한다.
③ ⓒ: 말하는 이가 듣는 이에게 행동을 요구한다.
④ ⓔ: 말하는 이가 듣는 이에게 행동을 함께할 것을 요구한다.
⑤ ⑩: 말하는 이가 듣는 이에게 자신이 원하는 바를 요청한다.

02 〈보기〉를 통해 알 수 있는 문장 종결 표현의 특징으로 가장 적절한 것은?

> ─────────〈보기〉
> • 집에 가.(↘) → 집에 간다는 사실을 진술함.
> • 집에 가?(↗) → 집에 가냐는 질문에 대한 대답을 요구함.
> • 집에 가!(→) → 집에 갈 것을 요구함.

① 종결 어미가 달라지면 종결 표현이 달라진다.
② 종결 어미의 종류에 의해 종결 표현이 달라진다.
③ 종결 어미의 종류에 의해 문장의 억양이 달라진다.
④ 종결 어미가 동일하면 말하는 이의 의도 또한 동일하다.
⑤ 종결 어미가 동일하면 문장의 억양을 통해 문장의 유형을 구별한다.

03 다음 문장에서 높임 표현을 실현하는 방법으로 적절하지 **않은** 것은?

① 나는 아버지를 사랑합니다. → 종결 어미 '-ㅂ니다'
② 내가 아버지께 선물을 드렸어. → 조사 '께', 어휘 '드리다'
③ 아버지께서 주무신다. → 조사 '께서', 선어말 어미 '-시-'
④ 아버지께서 돌아오신다. → 조사 '께서', 선어말 어미 '-시-'
⑤ 아버지, 언니를 부르셨습니까? → 선어말 어미 '-시-', 종결 어미 '-습니까'

04 다음 중 높임 표현이 **잘못된** 것은?

① 선생님은 목소리가 예쁘시다.
② 선생님께서 다리를 다치셨다.
③ 선생님의 넥타이가 멋지시다.
④ 선생님께서 걱정거리가 계시다.
⑤ 선생님의 말씀이 있으시겠습니다.

05 〈보기〉에 사용된 높임법에 대한 설명으로 적절하지 **않은** 것은?

> ─────────〈보기〉
> 〈어디를 가느냐고 묻는 친구에게〉
> "나는 할머니를 모시고 병원에 가."

① 주체 높임법은 사용되지 않았다.
② 상대 높임법의 해체가 사용되었다.
③ 목적어인 '할머니'가 높임의 대상이다.
④ 어휘 '모시다'로 높임 표현이 실현되고 있다.
⑤ 종결 표현을 사용해 '할머니'를 높이고 있다.

06 ㉠과 ㉡에서 '민혁'이가 한 말을 바탕으로, 대화 상황을 이해한 내용으로 적절하지 <u>않은</u> 것은?

> *민혁이와 다원이는 같은 반 친구이다.
> ㉠ 〈학급 회의 시간〉
> 　민혁: 다원 군, 발언해 주시기 바랍니다.
> ㉡ 〈방과 후〉
> 　민혁: 다원아, 같이 집에 가.

① ㉠은 격식체, ㉡은 비격식체를 사용했다.
② ㉠은 ㉡에 비해 부드럽고 친근한 느낌이다.
③ ㉠, ㉡에서 민혁이가 대화하는 대상은 같다.
④ ㉠은 공식적인 상황, ㉡은 비공식적인 상황이다.
⑤ ㉠, ㉡에서 대화 상황에 의해 높임 표현이 결정되었다.

개념 쿽! 핵심 쿽!
격식체 직접적이며 딱딱하고 단정한 느낌. 심리적 거리감이 느껴진다.
비격식체 부드럽고 친근하며 격식을 덜 차리는 느낌. 심리적 거리감이 해소된다.

07 사건시와 발화시가 일치하는 것은?

① 벽에 걸린 그림이 아름다웠다.
② 가을이 다가온 것이 느껴졌다.
③ 나는 그녀가 최고라고 생각한다.
④ 그가 돌아올 날을 기다릴 것이다.
⑤ 나는 다른 사람을 돕는 사람이 되겠다.

08 〈보기〉에서 과거 시제를 나타내는 표현끼리 묶은 것은?

> 〈보기〉
> ㉠2년 전, ㉡중학교에 입학해서 재승이를 ㉢처음 ㉣보았다. 내 ㉤짝이던 재승이는 키가 작은 ㉥친구였다. 하지만 그 후로 키가 부쩍 커서 지금은 나보다 ㉦크다. 항상 웃음이 떠나지 ㉧않는 재승이를 보기만 해도 기분이 ㉨좋아진다.

① ㉠, ㉣, ㉤, ㉥
② ㉠, ㉥, ㉦, ㉨
③ ㉠, ㉥, ㉧, ㉨
④ ㉡, ㉢, ㉣, ㉥
⑤ ㉡, ㉣, ㉤, ㉥

09 〈보기〉를 참고할 때, 피동 표현의 예로 적절한 것은?

> 〈보기〉
> • 능동 표현: 주어가 동작을 제힘으로 하는 것을 나타냄.
> 　**예** 호랑이가 토끼를 잡다.
> • 피동 표현: 주어가 다른 주체에 의해서 동작을 당하게 되는 것을 나타냄.
> 　**예** 토끼가 호랑이에게 잡<u>히</u>다.

① 동생에게 사탕을 <u>빼앗기</u>다.
② 운동장에서 친구를 <u>만나</u>다.
③ 친구가 기쁜 소식을 <u>전하</u>다.
④ 교장 선생님께 고개를 <u>숙이</u>다.
⑤ 할머니께 공손하게 허리를 <u>굽히</u>다.

10 〈자료〉를 바탕으로 이해한 ㉠의 예로 적절하지 <u>않은</u> 것은?

> 〈자료〉
> ㉠피동 표현은 주어가 다른 힘에 의해 어떤 행동을 당한 것을 나타내는 표현으로, 스스로 한 것이 아니라 남에 의해 그렇게 되었다는 것을 강조한다. 동사의 어간에 피동 접미사 '-이-, -히-, -리-, -기-'가 붙어서 만들어진다.

① 합의의 결과가 <u>보이</u>다.
② 친구에게 손해를 <u>보이</u>다.
③ 이야기의 결말이 <u>보이</u>다.
④ 벽에 걸려 있는 시계가 <u>보이</u>다.
⑤ 멀리 건물 사이로 하늘이 <u>보이</u>다.

2014 고입 선발고사

11 〈자료〉를 참고할 때, 피동 표현을 바르게 사용한 것은?

―――――――――――――――――〈자료〉
(가) 피동 표현: 주어가 다른 힘에 의해 어떤 행동을 당한
　　것을 나타내는 표현
(나) 능동 표현을 피동 표현으로 바꾸는 방법
　　　㉠ '-이-, -히-, -리-, -기-'를 붙여서 만드는 방법
　　　㉡ '-어지다'를 붙여서 만드는 방법
　　　㉢ '-되다' 같은 단어를 다른 단어와 결합하여 만드는
　　　　방법
(다) 유의할 점: (나)의 ㉠, ㉡, ㉢을 겹쳐 사용하는 경우를
　　이중피동이라 하는데 이는 우리말 문법에 맞지 않음.

① 누구나 행복을 누릴 자격이 있다고 <u>생각되어진다</u>.
② 손바닥에 쓰인 글씨가 잘 <u>지워지지</u> 않는다.
③ 내가 합격했다는 사실이 <u>믿겨지지</u> 않는다.
④ 올해는 첫눈이 늦을 것으로 <u>보여진다</u>.
⑤ 생각의 실마리가 <u>잡혀지지</u> 않는다.

2012 중3 학업성취도평가

12 다음 〈자료〉를 읽고 물음에 답하시오.

―――――――――――――――――〈자료〉
　우리를 탈출한 후 열흘 동안 행방이 묘연하던 반달가슴
곰 '아름이'가 드디어 잡혔다. 지난 12일 낮 12시 동물원 인
근 야산에 숨어 있던 아름이는 열흘 동안 곰의 흔적을 추
적해 온 사육사에게 발견되었다. 이어서 동물원에서 지원
팀이 도착하고 한바탕 추격전을 벌인 끝에 ㉠아름이는 사
육사에게 생포되었다. 아름이는 동물원에서 건강 검진을
받고 안정을 되찾았다고 한다.

(1) ㉠을 '사육사는'을 주어로 하는 문장으로 바꾸어 쓰시오.
• 사육사는 ＿＿＿＿＿＿＿＿＿＿＿＿＿＿

(2) 다음 문장은 〈자료〉에 대한 설명이다. 빈칸에 공통으
로 들어갈 말을 〈자료〉에서 찾아 쓰시오.

―――――――――――――――――
　이 글에서는 진술의 초점을 '(　　　)'에게 두어, '(　　)'
이/가 행위를 당하는 것을 나타내는 표현을 주로 사용하
고 있다.

• ＿＿＿＿＿＿＿＿＿＿＿＿＿＿＿＿

2013 중3 학업성취도평가

13 〈자료〉에서 설명한 ㉠과 같은 표현의 문장은?

―――――――――――――――――〈자료〉
　사동 표현은 ㉠과 같이 주어가, 다른 대상에게 어떤 행동
을 하도록 시키는 것을 나타낸다.

　㉠어머니가 아이에게 밥을 먹이셨다.

① 형이 동생에게 옷을 입혔다.
② 투수가 포수에게 공을 던졌다.
③ 그는 친구에게 소설책을 주었다.
④ 언니가 부모님께 선물을 보냈다.
⑤ 영희가 친구들에게 성금을 걷었다.

2015 3월 고1 학력평가

14 〈보기〉의 ㄱ~ㄷ을 통해 부정 표현에 대해 탐구한 내
용으로 적절하지 않은 것은?

―――――――――――――――――〈보기〉
ㄱ. 나팔꽃이 **안** 예쁘다.
ㄴ. 그는 다리를 다쳐 축구를 **못 한다**.
ㄷ. 고래는 어류가 **아니다**.

① ㄱ에서 '안'을 '못'으로 바꾸면 어색한 문장이 된다.
② ㄱ에서 '안'은 '예쁘다'라는 상태를 부정하기 위해 사용
　되었다.
③ ㄴ에서 '못'은 축구를 하고자 하는 '그'의 의지를 부정하
　고 있다.
④ ㄴ에서 '못 한다'는 '하지 못한다'로 바꾸어도 어법상 문
　제가 없다.
⑤ ㄷ에서 '아니다'는 '고래'가 '어류'라는 것을 부정하기 위
　해 사용되었다.

15 부정 표현을 적절하게 사용한 것은?

① 자신의 잘못을 안 깨닫는다.
② 그 학생은 뛰어나지 못하다.
③ 건강을 위해 늦게 자지 않자.
④ 내가 아는 그녀는 못 아름답다.
⑤ 친구를 설득하기 위해 안 노력한다.

2015 3월 고1 학력평가

16 〈보기〉의 밑줄 친 부분에 해당하는 예로 적절한 것은?

〈보기〉

"나는 멋진 오빠의 친구를 보았다."는 수식하는 말의 수식 범위가 불분명하여 두 가지 이상의 의미로 해석되는 문장이다. 즉, '오빠'가 멋진 것인지, '오빠의 친구'가 멋진 것인지 분명하지 않아 중의적으로 해석된다.

① 귀여운 동생의 강아지가 있다.
② 형은 나보다 등산을 좋아한다.
③ 할머니께서 신발을 신고 계신다.
④ 나와 그녀는 올해 결혼을 하였다.
⑤ 그는 나에게 사과와 귤 두 개를 주었다.

2014 중3 학업성취도평가

17 〈자료〉의 문장과 같이 중의적으로 해석되는 것은?

〈자료〉

나는 그와 민우를 만났다.

→ 이 문장은 '민우를 만난 사람이 나와 그이다.', '내가 만난 사람이 그와 민우이다.' 등 여러 가지로 해석되는 중의성이 있다.

① 민우는 준수와 닮았다.
② 민우는 영희와 사촌이다.
③ 민우는 영희와 취미가 같다.
④ 민우는 준수와 영희를 도왔다.
⑤ 민우는 준희와 결혼을 하였다.

개념 퀵! 핵심 퀵!

중의적 표현 하나의 문장이 두 가지 이상의 의미로 해석되는 표현으로, '어순 조절, 쉼표(,) 사용, 정보의 추가, 보조사 넣기' 등의 방법으로 중의성을 해소할 수 있다.

2012 고입 선발고사

18 문장의 의미가 두 가지 이상으로 해석되는 것은?

① 나는 부지런한 학생이다.
② 토끼가 풀을 뜯어 먹는다.
③ 고향의 아름다운 하늘을 생각한다.
④ 누나는 나보다 먹을 것을 더 좋아한다.
⑤ 나는 동생과 둘이서 누나를 찾아다녔다.

2012 중3 학업성취도평가

19 〈자료〉에서 설명하고 있는 문제점을 찾을 수 있는 문장은?

〈자료〉

위 작품에서 ⓐ를 '부인'의 성실함을 강조하기 위해 다음과 같이 바꾸어 썼다.

ⓐ아무개의 부인 → 성실한 아무개의 부인

그랬더니 '성실한'이 꾸며 주는 말이 '아무개'인지 '아무개의 부인'인지 분명하지 않아서, 그 의미가 두 가지로 해석되는 문제점이 생겼다.

① 굵은 빗줄기가 쏟아졌다.
② 어제 먹은 밥이 맛있었다.
③ 아름다운 풍경을 감상했다.
④ 낡은 버스를 타고 시골로 갔다.
⑤ 예쁜 친구의 동생을 바라보았다.

도전! 수능 맛보기

2014 수능 A형

20 〈보기〉의 ㉠, ㉡이 모두 사용된 문장은?

〈보기〉

우리말에서는 일반적으로 선어말 어미나 종결 어미, 조사 등을 통해 높임을 표현하지만, **어휘를 통해 높임을 표현하는 경우**도 있다. 높임 표현에 쓰이는 어휘들은 다음과 같이 분류할 수 있다.

• 주체를 높이는 용언(예 계시다)·····················㉠
• 객체를 높이는 용언(예 드리다)
• 높여야 할 인물을 직접 높이는 명사(예 선생님)
• 높여야 할 인물과 관련된 것을 높이는 명사(예 진지)
·····················㉡

① 나는 아직 그분의 성함을 기억하고 있다.
② 누나는 여쭐 것이 있다며 할머니 댁에 갔다.
③ 연세가 많으신 할머니께서는 홍시를 잘 잡수신다.
④ 우리는 부모님을 모시고 바닷가로 여행을 떠났다.
⑤ 어머니께서는 몹시 피곤하셨는지 거실에서 주무신다.

VI

어문 규정

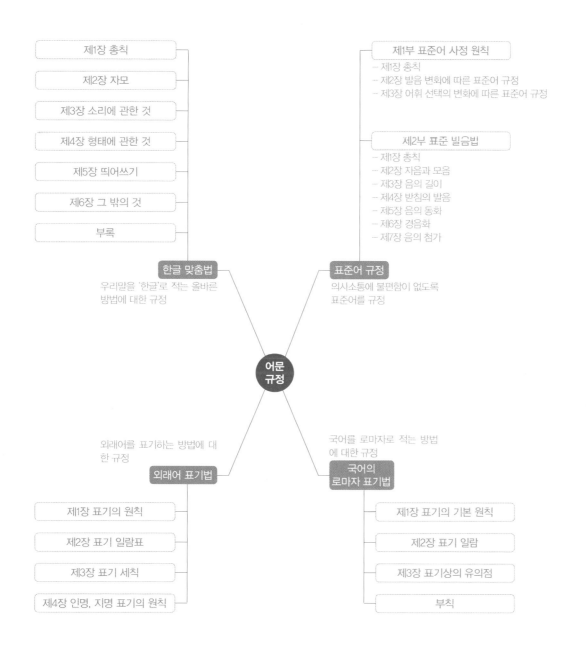

제1장 총칙

제2장 자모

제3장 소리에 관한 것

제4장 형태에 관한 것

제5장 띄어쓰기

제6장 그 밖의 것

부록

한글 맞춤법

우리말을 '한글'로 적는 올바른
방법에 대한 규정

제1부 표준어 사정 원칙

– 제1장 총칙
– 제2장 발음 변화에 따른 표준어 규정
– 제3장 어휘 선택의 변화에 따른 표준어 규정

제2부 표준 발음법

– 제1장 총칙
– 제2장 자음과 모음
– 제3장 음의 길이
– 제4장 받침의 발음
– 제5장 음의 동화
– 제6장 경음화
– 제7장 음의 첨가

표준어 규정

의시소통에 불편함이 없도록
표준어를 규정

**어문
규정**

외래어를 표기하는 방법에 대
한 규정

외래어 표기법

제1장 표기의 원칙

제2장 표기 일람표

제3장 표기 세칙

제4장 인명, 지명 표기의 원칙

국어를 로마자로 적는 방법
에 대한 규정

**국어의
로마자 표기법**

제1장 표기의 기본 원칙

제2장 표기 일람

제3장 표기상의 유의점

부칙

27 한글 맞춤법과 표준어 규정

1. 한글 맞춤법

❶ 총칙

제1항 한글 맞춤법은 표준어를 소리대로 적되, 어법에 맞도록 함을 원칙으로 한다.

• 소리대로 적는 것은 표준어의 발음대로 적는다는 것으로, 쉽게 쓰기 위해서이다.

　　📙 구름 / 하늘 / 나비 / 멀다 / 학생 → 소리대로 적었기 때문에 표기와 소리가 같음.

• 어법에 맞도록 한다는 것은 뜻을 파악하기 쉽도록 본래의 모양을 밝혀 적는다는 것으로 이 경우에는 표기와 발음이 다르다.

> **국물[궁물]　갑자기[갑짜기]　같이[가치]**
> → 본래의 모양을 밝혀 적었기 때문에 표기와 소리가 다름.

❷ 소리에 관한 것

제10항 한자음 '녀, 뇨, 뉴, 니'가 단어 첫머리에 올 적에는, 두음 법칙에 따라 '여, 요, 유, 이'로 적는다. (ㄱ을 취하고, ㄴ을 버림.)

ㄱ	ㄴ	ㄱ	ㄴ
여자(女子)	녀자	유대(紐帶)	뉴대
연세(年歲)	년세	이토(泥土)	니토
요소(尿素)	뇨소	익명(匿名)	닉명

• 접두사처럼 쓰이는 한자가 붙어서 된 말이나 합성어에서, 뒷말의 첫소리가 'ㄴ' 소리로 나더라도 두음 법칙에 따라 적는다.

　　📙 신녀성(×), 신여성(○) → 접두사처럼 쓰이는 한자 '신(新)'이 붙어서 된 말

　　남존녀비(×), 남존여비(○) → '남존'과 '여(女)비'가 결합한 구조

• 모음이나 'ㄴ' 받침 뒤에 이어지는 '렬, 률'은 '열, 율'로 적는다.

　　📙 비율, 지지율, 백분율, 출산율, 균열 → 모음이나 'ㄴ' 받침 뒤인 경우

　　성장률, 합격률, 확률, 결렬 → 모음이나 'ㄴ' 받침이 아닌 경우

❸ 형태에 관한 것

제14항 체언은 조사와 구별하여 적는다.
제15항 용언의 어간과 어미는 구별하여 적는다.

• 체언은 조사와, 용언의 어간은 어미와 구별하여 적는다. 이때 구별하여 적는다는 것은 소리대로 쓰지 않고 어법에 맞게 본래의 모양을 밝혀 적는다는 의미이다.

　　📙　이　　　집이[지비]　　　　　　　－고　　높고[놉꼬]
　　　집 ＋ 을 → 집을[지블]　　　　　높 ＋ －은 → 높은[노픈]
　　　　에　　　집에[지베]　　　　　　　－아　　높아[노파]

• 두 개의 용언이 어울려 하나의 용언이 된 경우, 앞말의 본뜻이 유지되는 것은 본래의 형태대로 적고, 본뜻에서 멀어진 것은 소리대로 적는다.

　　📙 넘어지다, 돌아가다 → 앞말인 '넘다', '돌다'의 의미가 유지되므로 본래의 형태대로 적음.

　　드러나다, 사라지다, 쓰러지다 → 앞말이 본래의 의미에서 멀어졌으므로 소리대로 적음.

'어문 규정'이란 '한국어의 말과 글에 관련된 규정'을 의미해. 우리말에서 어문 규정은 '한 글 맞춤법', '표준어 규정', '외래어 표기법', '로마자 표기법'으로 총 4개가 있어.

참고

한글 맞춤법 제2장 자모
한글 맞춤법은 여섯 개의 장과 부록으로 구성되어 있는데, 이 중 제2장은 자모에 관한 것이다. 제2장에서는 한글 자모의 수는 스물 넉 자로 하고, 그 순서와 이름은 다음과 같이 정한다고 명시하였다.

자음 (14개)	ㄱ(기역)　ㄴ(니은)　ㄷ(디귿) ㄹ(리을)　ㅁ(미음)　ㅂ(비읍) ㅅ(시옷)　ㅇ(이응)　ㅈ(지읒) ㅊ(치읓)　ㅋ(키읔)　ㅌ(티읕) ㅍ(피읖)　ㅎ(히읗)
모음 (10개)	ㅏ(아)　ㅑ(야)　ㅓ(어)　ㅕ(여) ㅗ(오)　ㅛ(요)　ㅜ(우)　ㅠ(유) ㅡ(으)　ㅣ(이)

참고

사이시옷의 표기
순우리말로 된 합성어 또는 순우리말과 한자어로 된 합성어로서 앞말이 모음으로 끝난 경우에 조건에 따라 사이시옷을 받치어 적는다.
• 뒷말의 첫소리가 된소리로 날 때
　📙 귀 ＋ 밥 → [귀빱] → 귓밥
　　 귀 ＋ 병 → [귀뼝] → 귓병
• 뒷말의 첫소리 'ㄴ, ㅁ' 앞에서 'ㄴ' 소리가 덧날 때
　📙 내 ＋ 물 → [낸물] → 냇물
　　 계 ＋ 날 → [곈날] → 곗날
• 뒷말의 첫소리 모음 앞에서 'ㄴㄴ' 소리가 덧날 때
　📙 뒤 ＋ 일 → [뒨닐] → 뒷일
　　 후 ＋ 일 → [훈닐] → 훗일

❹ 띄어쓰기

제41항 조사는 그 앞말에 붙여 쓴다.

⟮예⟯ 꽃이 → 주격 조사 '이' / 꽃을 → 목적격 조사 '을' / 꽃이다 → 서술격 조사 '이다' / 꽃과 → 접속 조사 '과' / 꽃도 → 보조사 '도'

제42항 의존 명사는 띄어 쓴다.

⟮예⟯ 아는 것이 힘 / 나도 할 수 있다. / 뜻한 바를 알겠다. / 될 대로 돼라.

제43항 단위를 나타내는 명사는 띄어 쓴다.

⟮예⟯ 과자 한 개 / 차 한 대 / 옷 한 벌 / 두 살 / 연필 세 자루 / 집 한 채 / 양말 두 켤레

제45항 두 말을 이어 주거나 열거할 적에 쓰이는 다음의 말들은 띄어 쓴다.

⟮예⟯ 국장 겸 과장 / 청군 대 백군 / 이사장 및 이사들 / 책상, 걸상 등

❺ 그 밖의 것

- '-(으)ㄹ'이 붙는 어미는 예사소리로 적는다.

  ⟮예⟯ -(으)ㄹ걸(○) → 있을걸(○), 있을껄(×) / -(으)ㄹ게(○) → 갈게(○), 갈께(×)

- 지난 일을 나타내는 어미는 '-더라', '-던'으로 적고, 어느 쪽을 선택해도 상관없다는 의미를 나타내는 조사나 어미는 '(-)든/(-)든지'로 적는다.

  ⟮예⟯ 어제 먹었던 밥 → '던'은 지난 일을 나타낼 때 쓰임. / 포도든 사과든 골라. / 먹든지 말든지 마음대로 해.

2. 표준어 규정

❶ 표준어 사정 원칙

① 총칙

제1항 표준어는 교양 있는 사람들이 두루 쓰는 현대 서울말로 정함을 원칙으로 한다.

② 자음과 관련된 표준어 규정

- 어원에서 멀어진 형태로 굳어져서 널리 쓰이는 것은 그것을 표준어로 삼는다.

  ⟮예⟯ 강남콩(×) → 강낭콩(○) → 강남 지방에서 들어온 콩이나 이미 어원을 인식하지 않으므로 '강낭콩'으로 씀.

- 수컷을 이르는 접두사는 '수-'로 통일한다. 단, '숫양, 숫염소, 숫쥐'는 '숫-'으로 표기한다.

  ⟮예⟯ 수펌 / 수놈 / 수소

③ 모음과 관련된 표준어 규정

- 모음 조화가 지켜지지 않은 채 굳어진 경우에는 이를 표준어로 삼는다.

- 기술자에게는 '-장이', 그 외에는 '-쟁이'가 붙는 형태를 표준어로 삼는다.

  ⟮예⟯ 미장이 → 건축 공사에서 벽이나 천장 등에 흙, 시멘트 따위를 바르는 일을 직업으로 하는 사람

  멋쟁이 → 멋있거나 멋을 잘 부리는 사람

참고

의존 명사 '대로'와 조사 '대로'
'대로'가 의존 명사로 쓰일 때는 띄어 쓰고, 조사로 쓰일 때는 붙여 쓴다. '대로'가 체언 뒤에 오면 조사이므로 붙여 쓰고, 관형어 뒤에서는 의존 명사이므로 띄어 쓰면 된다. 비슷한 예로 '만큼, 뿐' 등이 있다.
⟮예⟯ 들은 대로, 느낀 대로 → 의존 명사
법대로 하다. 너는 너대로 → 조사

참고

문장 부호
한글 맞춤법 부록에서는 여러 가지 문장 부호의 사용 방법에 대해 제시하였는데, 이는 문장을 구별하여 읽고 쉽게 이해할 수 있도록 돕는다.

| 마침표(.) 물음표(?) 느낌표(!) |
| 쉼표(,) 가운뎃점(·) 쌍점(:) 빗금(/) |
| 큰따옴표(" ") 작은따옴표(' ') |

알아 둘 것!

접두사 '수-'는 옛날 우리말에서 '숳'이었어. 그래서 'ㅎ'이 다음에 이어지는 말에 영향을 주어 거센소리로 소리 나는 말들이 있어. 이때는 거센소리를 인정하여 발음하니까 다음의 9개를 알아 두면 좋아.

| 수캉아지 수캐 수컷 수키와 수탉 |
| 수탕나귀 수톨쩌귀 수퇘지 수평아리 |

참고

표준어와 비표준어
현실에서는 거의 쓰이지 않는 본말을 표준어에서 제거하고 준말만을 표준어로 삼는 경우가 있다.

표준어	비표준어
귀찮다(○)	귀치 않다(×)
또리(○)	또아리(×)
무(○)	무우(×)
샘(○)	새암(×)
생쥐(○)	새앙쥐(×)

- 위쪽을 의미하는 말은 모두 '윗–'으로 통일하지만, 된소리나 거센소리 앞에서는 '위'를 사용한다.

  예 윗니, 윗입술 → 위쪽을 의미하는 '윗–'이 붙음.

  위쪽, 위층 → '쪽', '층'과 같이 된소리나 거센소리 앞에 쓰였으므로 '위'를 사용함.

  단, 위, 아래의 대립이 없는 단어에서는 '웃–'을 사용한다.

  예 웃어른, 웃돈

④ 단수 표준어와 복수 표준어

- 비슷한 형태의 단어가 여러 개 사용될 때 그중 가장 널리 쓰이는 하나의 단어를 표준어로 삼는다. 이를 '단수 표준어'라고 한다.

표준어	비표준어	표준어	비표준어
알사탕(O)	구슬사탕(×)	밀짚모자(O)	보릿짚모자(×)
안절부절못하다(O)	안절부절하다(×)	언제나(O)	노다지(×)

- 한 가지 의미를 나타내는 여러 가지 형태가 모두 널리 쓰이고 표준어 규정에 맞으면 그 모두를 표준어로 삼는다. 이를 '복수 표준어'라고 한다.

–거리다 / –대다	관계없다 / 상관없다	나귀 / 당나귀	넝쿨 / 덩굴
녘 / 쪽	모쪼록 / 아무쪼록	민둥산 / 벌거숭이산	밑층 / 아래층
신 / 신발	여쭈다 / 여쭙다	옥수수 / 강냉이	우레 / 천둥

❷ 표준 발음법

① 총칙

제1항 표준 발음법은 표준어의 실제 발음을 따르되, 국어의 전통성과 합리성을 고려하여 정함을 원칙으로 한다.

② 받침의 발음

제8항 받침소리로는 'ㄱ, ㄴ, ㄷ, ㄹ, ㅁ, ㅂ, ㅇ'의 7개 자음만 발음한다.

제9항 받침 'ㄲ, ㅋ', 'ㅅ, ㅆ, ㅈ, ㅊ, ㅌ', 'ㅍ'은 어말 또는 자음 앞에서 각각 대표음 [ㄱ, ㄷ, ㅂ]으로 발음한다.

- 받침소리는 7개의 자음(ㄱ, ㄴ, ㄷ, ㄹ, ㅁ, ㅂ, ㅇ)만 발음한다. 이 외의 자음은 7개의 자음 중 하나의 소리로 발음하는데, 이를 대표음이라고 한다.

예 닦다[닥따], 키읔[키윽] → ㄲ, ㅋ ▶ [ㄱ]

웃다[욷:따], 있다[읻따], 빚다[빋따], 꽃[꼳], 솥[솓], 뱉다[밷:따] → ㅅ, ㅆ, ㅈ, ㅊ, ㅌ ▶ [ㄷ]

앞[압], 덮다[덥따] → ㅍ ▶ [ㅂ]

제10항 겹받침 'ㄳ', 'ㄵ', 'ㄼ, ㄽ, ㄾ', 'ㅄ'은 어말 또는 자음 앞에서 각각 [ㄱ, ㄴ, ㄹ, ㅂ]으로 발음한다.

예 넋[넉] → ㄳ ▶ [ㄱ]

앉다[안따] → ㄵ ▶ [ㄴ]

여덟[여덜], 넓다[널따], 외곬[외골], 핥다[할따] → ㄼ, ㄽ, ㄾ ▶ [ㄹ]   } 뒤의 자음이 탈락하고, 앞의 자음만 발음함.

값[갑], 없다[업:따] → ㅄ ▶ [ㅂ]

제11항 겹받침 'ㄺ, ㄻ, ㄿ'은 어말 또는 자음 앞에서 각각 [ㄱ, ㅁ, ㅂ]으로 발음한다.

예 닭[닥], 흙[흑], 맑다[막따], 늙지[늑찌] → ㄺ ▶ [ㄱ]   } 앞의 자음이 탈락하고 뒤의 자음만 발음함.

삶[삼:], 젊다[점:따] → ㄻ ▶ [ㅁ]

읊고[읍꼬], 읊다[읍따] → ㄿ ▶ [ㅂ]

언어도 사랑처럼 움직이지. 그래서 표준어는 고정된 것이 아니라 사라지기도 하고 새로운 말이 표준어로 인정받기도 해. 다음의 말들은 추가된 표준어들이야.

원래 표준어	추가된 표준어
간질이다	간지럽히다
굽실	굽신
남우세스럽다	남사스럽다
눈두덩	눈두덩이
만날	맨날
묏자리	묫자리
복사뼈	복숭아뼈
삐치다	삐지다
허섭스레기	허접쓰레기

어휘 선택의 변화에 따른 표준어 규정
옛날에 쓰였으나 오늘날 더 이상 쓰이지 않는 단어는 현재 널리 사용되는 단어를 표준어로 삼는다.
예 설겆다(×) → 설거지하다(O)
방언이던 단어가 표준어보다 널리 쓰이면, 방언도 표준어로 삼는다.
예 멍게(O) / 우렁쉥이(O)

겹받침의 발음에서 예외 사항
- '밟–'은 자음 앞에서 [밥]으로 발음하고, '넓–'은 다음과 같은 경우에 [넙]으로 발음한다.
  예 · 밟다[밥:따], 밟는[밥:는 → 밤:는], 밟게[밥:께], 밟고[밥:꼬]
  · 넓죽하다[넙쭈카다], 넓둥글다[넙뚱글다]
- 용언의 어간 말음 'ㄺ'은 'ㄱ' 앞에서 [ㄹ]로 발음한다.
  예 맑게[말께], 묽고[물꼬], 얽거나[얼꺼나]

문제로 개념 확인

정답과 해설 28쪽

1단계 기본 연습

소리와 형태에 관한 것 한글 맞춤법에 맞는 것을 골라 밑줄을 그으시오.

01 (같이, 가치)

02 (신녀성, 신여성)

03 (합격율, 합격률)

04 (성장율, 성장률)

05 (갑짜기, 갑자기)

06 (남존여비, 남존녀비)

띄어쓰기 밑줄 친 부분에서 띄어 써야 하는 곳에 V 표를 하시오.

07 아는것이 힘이다.

08 먹을만큼 먹어라.

09 연필한자루

10 청군대백군

그 밖의 것 한글 맞춤법에 맞는 것에 ○ 표를 하시오.

11 내가 (갈게, 갈께).

12 (하던 말던, 하든 말든) 마음대로 해.

13 어제 (먹었던, 먹었든) 피자가 또 먹고 싶다.

표준어 사정 원칙 표준어가 맞으면 ○, 틀리면 × 표시를 하시오.

14 강남콩 (   )

15 수꿩 (   )

16 깡충깡충 (   )

17 미쟁이 (   )

표준 발음법 다음 단어의 밑줄 친 부분에서 겹받침이 어떤 소리로 발음되는지 연결하시오.

18 넋 •   • ㉠ [ㄱ]

19 앉다 •   • ㉡ [ㄴ]

20 없다 •   • ㉢ [ㅁ]

21 젊다 •   • ㉣ [ㅂ]

2단계 실전 연습

22 〈보기〉의 한글 맞춤법 조항에 대한 예로 적절하지 않은 것은?

〈보기〉

㉠ 한자음 '녀, 뇨, 뉴, 니'가 단어 첫머리에 올 적에는, 두음 법칙에 따라 '여, 요, 유, 이'로 적는다.
㉡ 모음이나 'ㄴ' 받침 뒤에 이어지는 '렬, 률'은 '열, 율'로 적는다.
㉢ 용언의 어간과 어미는 구별하여 적는다.
㉣ 두 말을 이어 주거나 열거할 적에 쓰이는 다음의 말들은 띄어 쓴다.
㉤ 물건이나 일의 내용을 가리지 아니하는 뜻을 나타내는 조사와 어미는 '(-)든지'로 적는다.

① ㉠ – 여자(女子)
② ㉡ – 능률
③ ㉢ – 넘어지다
④ ㉣ – 할 수 있다
⑤ ㉤ – 먹든지 말든지

23 다음 설명에 해당하는 표준어의 예로 적절한 것은?

위, 아래의 대립이 없는 단어에서는 '웃-'을 사용한다.

① 웃니 ② 웃도리 ③ 웃잇몸
④ 웃어른 ⑤ 웃입술

24 ㉠~㉤의 밑줄 친 부분을 잘못 고친 것은?

㉠ 옷 한벌
㉡ 어제 봤든 영화
㉢ 엄마는 멋쟁이야.
㉣ 토끼가 깡총깡총 뛴다.
㉤ 그 아이는 안절부절했다.

① ㉠: 한벌 → 한 벌
② ㉡: 봤든 → 봤던
③ ㉢: 멋쟁이 → 멋장이
④ ㉣: 깡총깡총 → 깡충깡충
⑤ ㉤: 안절부절했다 → 안절부절못했다

28 외래어 표기법과 국어의 로마자 표기법

1. 외래어 표기법

❶ 표기의 원칙

• 국어에서 현재 사용하는 24 자모만 사용하여 적는다.

자음(14개)	ㄱ, ㄴ, ㄷ, ㄹ, ㅁ, ㅂ, ㅅ, ㅇ, ㅈ, ㅊ, ㅋ, ㅌ, ㅍ, ㅎ	모음(10개)	ㅏ, ㅑ, ㅓ, ㅕ, ㅗ, ㅛ, ㅜ, ㅠ, ㅡ, ㅣ

• 외래어의 1개의 음운은 원칙적으로 1개의 기호로 적는다.

　예) fighting → 파이팅(○), 화이팅(×) → 영어의 [f] 발음은 'ㅍ'으로만 적음.

• 받침에는 'ㄱ, ㄴ, ㄹ, ㅁ, ㅂ, ㅅ, ㅇ'의 7개 자음만 사용하여 적는다.

　예) Internet → 인터넷(○), 인터넽(×)　　　　cup → 컵(○), 컾(×)

• 파열음 표기에는 된소리를 쓰지 않는 것을 원칙으로 한다.

　예) Paris → 파리(○), 빠리(×)　　　　cafe → 카페(○), 까페(×)

• 이미 굳어진 외래어는 표기법에 어긋나더라도 널리 쓰이는 형태를 인정한다.

　예) piano → 피아노(○), 피애노(×)　　　　gum → 껌(○), 검(×)

2. 국어의 로마자 표기법

❶ 모음의 표기 방법

• 단모음

국어	ㅏ	ㅓ	ㅗ	ㅜ	ㅡ	ㅣ	ㅐ	ㅔ	ㅚ	ㅟ
로마자	a	eo	o	u	eu	i	ae	e	oe	wi

• 이중 모음

국어	ㅑ	ㅕ	ㅛ	ㅠ	ㅒ	ㅖ	ㅘ	ㅙ	ㅝ	ㅞ	ㅢ
로마자	ya	yeo	yo	yu	yae	ye	wa	wae	wo	we	ui

❷ 자음의 표기 방법

파열음						파찰음		마찰음		비음		유음	
국어	로마자	국어	로마자	국어	로마자	국어	로마자	국어	로마자	국어	로마자	국어	로마자
ㄱ	g, k	ㄷ	d, t	ㅂ	b, p	ㅈ	j	ㅅ	s	ㄴ	n	ㄹ	r, l
ㄲ	kk	ㄸ	tt	ㅃ	pp	ㅉ	jj	ㅆ	ss	ㅁ	m		
ㅋ	k	ㅌ	t	ㅍ	p	ㅊ	ch	ㅎ	h	ㅇ	ng		

• 'ㄱ, ㄷ, ㅂ'은 모음 앞에서는 'g, d, b'로, 자음 앞이나 어말에서는 'k, t, p'로 적는다.

　예) 구미 Gumi → 모음 앞에서 'ㄱ'은 'g' / 옥천 Okcheon → 자음 앞에서 'ㄱ'은 'k'로 적음.

• 'ㄹ'은 모음 앞에서는 'r'로, 자음 앞이나 어말에서는 'l'로 적는다. 단, 'ㄹㄹ'은 'll'로 적는다.　예) 구리 Guri → 모음 앞에서 'r' / 임실 Imsil → 어말에서 'l' / 울릉 Ulleung → 'ㄹㄹ'은 'll'

• 체언에서 'ㄱ, ㄷ, ㅂ' 뒤에 'ㅎ'이 따를 때에는 'ㅎ'을 밝혀 적는다.

　예) 묵호 Mukho / 집현전 Jiphyeonjeon

• 된소리는 표기에 반영하지 않는다.　예) 압구정[압꾸정] Apgujeong / 낙동강[낙똥강] Nakdonggang

• 고유 명사는 첫 글자를 대문자로 적는다.　예) 부산 Busan / 세종 Sejong

● **외래어 표기법** 외래어를 한글로 표기하는 방법에 대한 규정이다.

외래어	외국에서 들어왔지만 국어의 체계에 동화되어 우리말처럼 쓰이는 단어 예) 택시, 커피, 버스
외국어	우리말처럼 쓰이지 않는, 다른 나라의 말 예) 셰프, 하우스

알아 둘 것!

음절의 끝소리 규칙 기억나? 국어에서는 'ㄱ, ㄴ, ㄷ, ㄹ, ㅁ, ㅂ, ㅇ'의 7개 자음만 끝소리로 날 수 있다고 했잖아. 외래어는 'ㄷ' 대신 'ㅅ'이 끝소리로 난다는 차이점을 기억해 두자!

● **국어의 로마자 표기법** 국어를 로마자로 적는 방법에 대한 규정이다. 외국인이 국어를 읽는다는 것을 전제로 한 것이므로, 외국인이 우리말 발음에 가장 비슷하게 발음하도록 하기 위해서 소리 나는 대로 적는 것을 원칙으로 한다.

● 'ㅢ'는 'l'로 소리 나더라도 'ui'로 적는다.
예) 광희문 → Gwanghuimun

행정 구역 단위의 표기
행정 구역을 적을 때는 그 앞에 붙임표(-)를 넣는다. 붙임표 앞뒤에서 일어나는 음운 변화는 표기에 반영하지 않는다.

도	시	군	구
do	si	gun	gu
읍	면	리	동
eup	myeon	ri	dong

예) • 경기도 Gyeonggi-do
　• 의정부시 Uijeongbu-si
　• 은평구 Eunpyeong-gu

1단계 기본 연습

외래어 표기법 **다음 외래어 표기를 바르게 고쳐 쓰시오.**

01 fighting: 화이팅 → _____

02 Paris: 빠리 → _____

03 cafe: 까페 → _____

04 coffee shop: 커피숖 → _____

05 internet :인터넽 → _____

06 piano: 피애노 → _____

07 bus: 뻐스 → _____

로마자 표기법 **빈칸에 들어갈 알맞은 로마자 표기를 〈보기〉에서 찾아 쓰시오.**

〈보기〉
j   m   t   ch   ss

08 ㅌ → ( )

09 ㅈ → ( )

10 ㅊ → ( )

11 ㅆ → ( )

12 ㅁ → ( )

로마자 표기법 **다음 중 바른 표기에 ○ 표 하시오.**

13 임실(Imsil, Imsir)

14 구미(Gumi, Kumi)

15 경기도(Gyeonggido, Gyeonggi-do)

16 압구정(Apgujeong, Apggujeong)

17 부산(busan, Busan)

2단계 실전 연습

18 외래어 표기 방법에 대한 설명과 그 예가 잘못 짝 지어진 것은?

	외래어 표기 방법	예
①	파열음 표기에는 된소리를 쓰지 않는다.	conte 콩트
②	외래어의 1 음운은 원칙적으로 1 기호로 적는다.	file 파일
③	외래어는 받침 표기에 일곱 개의 자음만을 사용한다.	cup 컵
④	외래어 표기법에 어긋난 형태는 사용하지 않는다.	gum 검
⑤	이미 굳어진 외래어는 널리 쓰이는 형태를 존중한다.	radio 라디오

19 〈보기〉는 한글을 로마자로 표기한 것이다. ㉠~㉤에 대한 설명으로 적절하지 않은 것은?

〈보기〉
㉠ 구리 Guri   ㉡ 울릉 Uleung
㉢ 세종 sejong   ㉣ 백암 Paegam
㉤ 낙동강 Nakddonggang

① ㉠: 모음 앞에서의 'ㄹ'은 'r'로 적어야 하므로 바른 표기이다.

② ㉡: 'ㄹㄹ'은 'll'로 적어야 하므로 'Ulleung'으로 표기해야 한다.

③ ㉢: 고유 명사는 첫 글자를 대문자로 적어야 하므로 'Sejong'으로 고쳐 써야 한다.

④ ㉣: 모음 앞에서의 'ㅂ'은 'p'로 적어야 하므로 바른 표기이다.

⑤ ㉤: 된소리는 표기에 반영하지 않는 것이 원칙이므로 'Nakdonggang'으로 적어야 한다.

01 다음을 참고할 때, 밑줄 친 부분의 띄어쓰기가 잘못된 것은?

> 제42항 의존 명사는 띄어 쓴다.
> 제43항 단위를 나타내는 명사는 띄어 쓴다.
> 제45항 두 말을 이어 주거나 열거할 적에 쓰이는 다음의 말들은 띄어 쓴다.

① 나도 <u>할수</u> 있다.
② 엄마가 <u>옷 한 벌</u>을 사셨다.
③ 네가 <u>뜻한 바</u>를 잘 알겠다.
④ 회장 <u>겸</u> 체육부장인 진구가 사회를 봤다.
⑤ <u>청군 대 백군</u>으로 나눠서 경기를 진행했다.

02 〈보기 1〉과 〈보기 2〉를 참고할 때 밑줄 친 부분이 맞춤법 규정에 어긋난 것은?

> ───────〈보기 1〉
> 의존 명사는 앞말과 띄어 쓴다.

> ───────〈보기 2〉
> **대로**⁰¹
> 「의존 명사」
> 「1」 어떤 모양이나 상태와 같이.
> 「2」 ((어미 '-는' 뒤에 쓰여)) 어떤 상태나 행동이 나타나는 그 즉시.
>
> **대로**¹⁰
> 「조사」
> 「1」 앞에 오는 말에 근거하거나 달라짐이 없음을 나타내는 보조사.
> 「2」 따로따로 구별됨을 나타내는 보조사.

① 언니가 <u>좋을 대로</u> 해.
② <u>예상했던 대로</u> 힘들었어.
③ 네가 <u>본 대로</u> 이야기해라.
④ 집에 <u>도착하는 대로</u> 전화할게.
⑤ <u>법 대로</u> 처리하는 것이 좋겠어.

03 〈보기〉의 '맞춤법 규정'을 이해한 것으로 적절하지 않은 것은?

> ───────〈보기〉
> 제30항 사이시옷은 다음과 같은 경우에 받치어 적는다.
> 1. 순 우리말로 된 합성어로서 앞말이 모음으로 끝난 경우
>   (1) 뒷말의 첫소리가 된소리로 나는 것
>   (2) 뒷말의 첫소리 'ㄴ, ㅁ' 앞에서 'ㄴ' 소리가 덧나는 것
>   (3) 뒷말의 첫소리 모음 앞에서 'ㄴㄴ' 소리가 덧나는 것
> 2. 순 우리말과 한자어로 된 합성어로서 앞말이 모음으로 끝난 경우
>   (1) 뒷말의 첫소리가 된소리로 나는 것
>   (2) 뒷말의 첫소리 'ㄴ, ㅁ' 앞에서 'ㄴ' 소리가 덧나는 것
>   (3) 뒷말의 첫소리 모음 앞에서 'ㄴㄴ' 소리가 덧나는 것
> 3. 두 음절로 된 다음 한자어
>   곳간(庫間)   셋방(貰房)   숫자(數字)
>   찻간(車間)   툇간(退間)   횟수(回數)

① '제30항-1-(1)'에 따라 '고래 + 기름'은 '고랫기름'으로 적어야 한다.
② '제30항-1-(2)'에 따라 '바다 + 물'은 '바닷물'로 적어야 한다.
③ '제30항-1-(3)'에 따라 '뒤 + 일'은 '뒷일'로 적어야 한다.
④ '제30항-2-(1)'에 따라 '등교 + 길'은 '등굣길'로 적어야 한다.
⑤ '제30항-2-(2)'에 따라 '양치 + 물'은 '양칫물'로 적어야 한다.

04 다음 중 한글 맞춤법 규정에 맞지 않는 것은?

① 비율   ② 균열   ③ 백분율
④ 성장율   ⑤ 지지율

05 밑줄 친 부분이 표준어가 아닌 것은?

① 부스러기 떨어진 것 좀 치워.
② 언제나 밖에서 놀 생각만 하지.
③ 우리 이모는 지나치게 까다롭다.
④ 안절부절하지 말고 차분히 앉아 있어라.
⑤ 손목시계를 차고 온 덕에 시간에 맞게 도착했다.

06 밑줄 친 부분에 대한 설명으로 적절하지 않은 것은?

① 윗어른을 공경해야지.
→ '어른'은 위, 아래의 대립이 없는 단어이므로 '웃어른'으로 써야 한다.
② 심술장이처럼 굴지 마라.
→ '-장이'는 기술자에게 붙는 접사이므로 '심술쟁이'로 고쳐 써야 한다.
③ 그는 농장에서 수염소를 기른다.
→ '숫양', '숫염소', '숫쥐'는 '숫-'을 접사로 쓴다.
④ 어머니는 짜장면이 싫다고 하셨다.
→ '짜장면'은 표준어가 아니므로 '자장면'으로 고쳐 써야 한다.
⑤ 졸업생들의 취업율이 좋지 않아 걱정이다.
→ 모음이나 'ㄴ' 받침 뒤에 이어지는 말에만 '열, 율'이고 나머지 경우엔 '렬, 률'로 써야 하므로 '취업률'이 바른 표현이다.

07 두 단어의 관계가 다음과 같은 것은?

> 옥수수 –강냉이   천연스럽다 – 천연덕스럽다

① 우레 – 천둥
② 언제나 – 노다지
③ 부스러기 – 부스럭지
④ 알사탕 – 구슬사탕
⑤ 밀짚모자 – 보릿짚모자

08 〈보기〉의 ㉠에 추가할 수 있는 단어로 적절한 것은?

〈보기〉
표준 발음법 제18항
받침 'ㄱ(ㄲ, ㅋ, ㄳ, ㄺ), ㄷ(ㅅ, ㅆ, ㅈ, ㅊ, ㅌ, ㅎ), ㅂ(ㅍ, ㄼ, ㄿ, ㅄ)'은 'ㄴ, ㅁ' 앞에서 [ㅇ, ㄴ, ㅁ]으로 발음한다.
(예) 국민[궁민], 앞마당[암마당] ………………… ㉠

① 국물
② 먹이
③ 밤낮
④ 손재주
⑤ 가을걷이

개념 쾅! 핵심 콕!
비음화 음절의 끝소리 'ㅂ, ㄷ, ㄱ'이 비음 'ㄴ, ㅁ' 앞에서 각각 비음 'ㅁ, ㄴ, ㅇ'으로 바뀌는 현상으로, 비음이 아닌 자음이 비음을 닮아 비음으로 소리 나는 경우이다.

09 〈자료 1〉을 참고하여 〈자료 2〉의 ㉠과 ㉡에 들어갈 표준 발음을 쓰시오.

〈자료 1〉
※ 표준 발음법
제5항 'ㅑ ㅒ ㅕ ㅖ ㅘ ㅙ ㅛ ㅝ ㅞ ㅠ ㅢ'는 이중 모음으로 발음한다.
다만 3. 자음을 첫소리로 가지고 있는 음절의 'ㅢ'는 [ㅣ]로 발음한다.

〈자료 2〉
(1) 그는 굳은 의지를[㉠] 보였다.
(2) 그는 분위기를 띄우려고[㉡] 노력했다.

(1) ㉠: [   ]
(2) ㉡: [   ]

10 〈자료〉의 '표준 발음법' 규정을 참고할 때 잘못 발음한 것은?

〈자료〉
제14항　겹받침이 모음으로 시작된 조사나 어미, 접미사와 결합되는 경우에는, 뒤엣것만을 뒤 음절 첫소리로 옮겨 발음한다.(이 경우 'ㅅ'은 된소리로 발음함.)

① 값이[가비]　　② 넓이[널비]
③ 닭을[달글]　　④ 몫을[목쓸]
⑤ 읊어[을퍼]

11 〈보기〉의 ㉠~㉢에 대해 이해한 내용으로 적절하지 않은 것은?

〈보기〉
제12항　㉠'웃' 및 '윗'은 명사 '위'에 맞추어 '윗-'으로 통일한다.
다만 1.　㉡된소리나 거센소리 앞에서는 '위'로 한다.
다만 2.　㉢'아래, 위'의 대립이 없는 단어는 '웃-'으로 발음되는 형태를 표준어로 삼는다.

① '윗니', '윗입술'은 ㉠의 예에 해당한다.
② '웃어른'은 ㉠에 따라 '윗어른'으로 고쳐 써야 한다.
③ '층'은 거센소리로 시작하므로 ㉡의 설명에 따라 '위층'으로 써야 한다.
④ ㉡은 '윗쪽'이 아닌 '위쪽'이 표준어인 까닭을 설명하는 조항이다.
⑤ ㉢을 근거로 할 때 '웃돈'은 아래, 위의 대립이 없는 단어이므로 '윗돈'이 아닌 '웃돈'이 옳은 표기이다.

12 밑줄 친 부분을 표준어로 잘못 고친 것은?

① 늦지 않게 <u>갈께</u>. → 갈게.
② '<u>삭월세</u>'가 무슨 뜻이야? → 사글세
③ 얼마 전에 <u>강남콩</u>을 심었어. → 강낭콩
④ 토끼가 <u>깡충깡충</u> 뛰어간다. → 깡총깡총
⑤ 어제 친구랑 <u>먹었든</u> 냉면이 생각난다. → 먹었던

> **개념 쿡! 핵심 쿡!**
> **표준어 규정**　어원에서 멀어진 형태로 굳어져서 쓰이는 경우와 모음 조화가 지켜지지 않은 형태로 굳어진 경우가 표준어로 인정되기도 한다.

13 〈보기〉는 외래어 표기에 대한 설명이다. ㉠~㉢을 이해한 내용으로 적절하지 않은 것은?

〈보기〉
㉠ 파열음 표기에는 된소리를 쓰지 않는다.
㉡ 외래어는 받침 표기에 일곱 개의 자음만을 사용한다.
㉢ 외래어의 1개의 음운은 원칙적으로 1개의 기호로만 적는다.

① ㉠에 따라 cafe는 '카페'라고 적는다.
② ㉠을 통해 Paris를 '파리'라고 표기하는 이유를 알 수 있다.
③ ㉡에 따라 '커피숖'이 아니라 '커피숍'이라고 적는다.
④ ㉡에서 받침 표기에 사용되는 일곱 개의 자음은 'ㄱ, ㄴ, ㄹ, ㅁ, ㅂ, ㅅ, ㅇ'이다.
⑤ ㉢에 따라 file은 '파일', fighting은 '화이팅'이라고 적는다.

14 다음 광고에서 밑줄 친 부분에 공통으로 해당하는 외래어 표기의 원칙을 〈보기〉에서 바르게 고른 것은?

- 맑고 경쾌한 소리, ○○ 피아<u>노</u>를 사세요.
- 입안이 텁텁할 때에는 역시 □□ 껌!

〈보기〉

ㄱ 국어에서 현재 사용하는 24 자모만 사용하여 적는다.

ㄴ 파열음 표기에는 된소리를 쓰지 않는 것을 원칙으로 한다.

ㄷ 이미 굳어진 외래어는 표기법에 어긋나더라도 널리 쓰이는 형태를 존중하여 적는다.

① ㄱ   ② ㄴ   ③ ㄷ

④ ㄱ, ㄴ   ⑤ ㄴ, ㄷ

15 〈보기〉를 참고할 때, 로마자 표기가 잘못된 것은?

〈보기〉

선생님: 자, 다음의 예를 통해서 'ㄹ'을 로마자로 어떻게 적는지 알아볼까요?

> ㄱ 구리 Guri   ㄴ 임실 Imsil
> ㄷ 칠곡 Chilgok   ㄹ 울릉 Ulleung

위의 예를 통해서 'ㄹ'이 어떠한 음운 환경에 처해 있는지에 따라 표기가 달라짐을 알 수 있어요.

① ㄱ~ㄹ을 통해 'ㄹ'은 로마자 'r' 또는 'l'로 적는다는 것을 알 수 있다.

② '설악'은 [서락]으로 소리 나므로 ㄱ과 같이 'Seolak'으로 적는다.

③ '학여울'은 [항녀울]로 소리 나므로 ㄴ과 같이 'Hangnyeoul'로 적는다.

④ '월곶'은 [월곧]으로 소리 나므로 ㄷ과 같이 'Wolgot'으로 적는다.

⑤ '대관령'은 [대괄령]으로 소리 나므로 ㄹ과 같이 'Daegwallyeong'으로 적는다.

16 다음을 읽고 로마자를 잘못 표기한 것은?

'ㄱ, ㄷ, ㅂ'을 로마자로 적을 때에는 모음 앞에서는 'g, d, b'로, 자음 앞이나 어말에서는 'k, t, p'로 쓴다.

① 가야 Gaya   ② 구미 Kumi

③ 호법 Hobeop   ④ 백암 Baegam

⑤ 합덕 Hapdeok

도전! 수능 맛보기   2014 예비 수능 B형

17 〈보기〉는 한글 맞춤법 제1항에 대한 선생님의 설명이다. ㉠, ㉡에 대해 학생들이 이해한 내용으로 적절한 것은?

제1항 한글 맞춤법은 표준어를 ㉠소리대로 적되, ㉡어법에 맞도록 함을 원칙으로 한다.

선생님의 설명: 한글 맞춤법은 소리대로 표기하는 것이 근본 원칙이에요. '구름, 나라, 하늘' 등은 표준어를 소리 나는 대로 적은 예이지요. 그런데 이 원칙만 따른다면 '밥'과 같은 단어는 뒤에 오는 말에 따라 '바비(밥 + 이), 밥또(밥 + 도), 밤만(밥 + 만)'처럼 여러 가지로 표기될 수 있어요. 그래서 원래 형태를 알기 어려워지고 이로 인해 독서의 능률도 크게 떨어지지요. 이 때문에 발음과 상관없이 형태를 고정시키는 방법, 즉 어법에 맞도록 한다는 원칙을 추가한 거예요.

① '먹어, 먹은'은 어간과 어미를 분리해서 적은 것을 볼 때 ㉠에 해당하겠군.

② '굳이, 같이'는 음운 현상을 반영하지 않고 적은 것을 볼 때 ㉠에 해당하겠군.

③ '퍼서(푸 + 어서)', '펐다(푸 + 었다)'는 어간을 원래 형태에서 벗어난 대로 적은 것을 볼 때 ㉠에 해당하겠군.

④ '미덥다, 우습다'는 어간을 밝혀 적지 않은 것을 볼 때 ㉡에 해당하겠군.

⑤ '노인(老人)'과 '원로(元老)'는 같은 한자를 '노'와 '로'로 적은 것을 볼 때 ㉡에 해당하겠군.

VII

기타

담화

구성 요소
- 말하는 이 — 화자
- 듣는 이 — 청자
- 언어(발화) — 말하는 이와 듣는 이 사이에 주고받는 것
- 맥락 — 상황 맥락과 사회·문화적 맥락

유형
- 정보 제공 — 정보를 제공하기 위한 담화
- 호소 — 상대를 설득하기 위한 담화
- 친교 — 인간관계를 원활하게 하기 위한 담화
- 약속 — 약속을 수행하겠다는 다짐의 담화
- 선언 — 의견, 주장 등을 외부에 정식으로 밝히는 담화

표현
- 지시 표현 — 사물이나 사람, 사건을 지시하는 표현
- 높임 표현 — 담화에 참여하는 사람들 사이의 상하 관계, 친소 관계에 따른 표현
- 심리적 태도 — 말하는 이의 심리적 태도
- 생략 표현 — 장면에서 이미 알려진 내용으로, 생략되는 표현

한글

창제 원리
- 자음
  - 상형의 원리 — 발음 기관의 모양을 본떠서 기본자를 만듦.
  - 가획의 원리 — 기본자에 획을 더해 소리의 세기를 나타냄.
- 모음
  - 상형의 원리 — 하늘, 땅, 사람의 모양을 본떠서 기본자를 만듦.
  - 합성의 원리 — 기본자를 합쳐서 초출자와 재출자를 만듦.

가치
- 경제성
- 독창성
- 과학성
- 실용성

담화 談말씀담話말씀화

교과서 정의	둘 이상의 문장이 연속되어 이루어지는 말의 단위
쉽게 쓴 정의	서로 이야기를 주고받는 것

문제를 풀다 보면 '발화', '담화' 이런 말들이 섞여 있을 거야. 생각이 입 밖으로 나와서 주고 받는 말이며, 문장 단위로 나타나는 것을 '발화(發話)'라 하고, 이러한 발화들이 모여서 이야기가 이루어진 것을 '담화(이야기)'라 해.

❶ 구성 요소

① 말하는 이(화자), 듣는 이(청자)

② 언어(발화): 말하는 이와 듣는 이 사이에 주고받는 것

③ 맥락: 상황 맥락, 사회·문화적 맥락

담화의 구성 요소인 맥락
의미를 둘러싼 사물이나 현상이 서로 이어져 있는 관계를 의미하며, 상황 맥락과 사회·문화적 맥락으로 나눌 수 있다.

상황 맥락	시간적·공간적 상황
사회·문화적 맥락	담화를 둘러싼 사회·문화적 상황

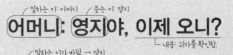

어머니: 영지야, 이제 오니?
말하는 이: 어머니 듣는 이: 영지
내용: 귀가를 확인함.

영지: 네, 어머니. 조별 과제를 하느라 늦었어요.
말하는 이가 바뀜. → 영지   듣는 이가 바뀜. → 어머니   내용이 바뀜 → 늦은 이유를 전달함.
장소: 집

❷ 유형

유형	말하는 이의 의도	예
정보 제공 담화	정보를 제공하기 위해서	강의, 뉴스 보도
호소 담화	상대를 설득하여 무엇인가를 하도록 유도하기 위해서	광고, 연설
친교 담화	인간관계를 원활하게 하기 위해서	인사말, 잡담
약속 담화	약속을 수행하겠다는 다짐을 밝히기 위해서	선서, 맹세
선언 담화	의견, 주장 등을 외부에 정식으로 밝히기 위해서	선전 포고, 판결문

❸ 표현

① 지시 표현: 사물이나 사람, 사건을 지시하는 표현이다.

구분	지시 표현	지시하는 내용
이	이것, 여기, 이렇게, 이렇다	말하는 이에게 가까운 대상
그	그것, 거기, 그렇게, 그렇다	말하는 이에게는 멀지만 듣는 이에게는 가까운 대상
저	저것, 저기, 저렇게, 저렇다	말하는 이와 듣는 이 모두에게서 멀리 떨어진 대상

② 높임 표현: 담화에 참여하는 사람들 사이의 상하 관계, 친소 관계에 따라 상대적으로 결정된다.

예 선생님: 영희야, 어디 가니? / 영희: 네, 선생님. 도서관에 갑니다.
　→ 선생님이 영희보다 윗사람이기 때문에 영희는 선생님에게 높임말을 사용함.

　〈선배와 처음 만났을 때〉 후배: 선배님, 처음 뵙겠습니다. 안녕하십니까? → 친하지 않으므로 격식체를 사용함.

　〈시간이 지나 친해진 뒤〉 후배: 선배, 안녕하세요? → 친해진 뒤에는 비격식체인 '해요체'를 사용함.

③ 심리적 태도: 용언의 어미를 통해 말하는 이의 심리적 태도를 전달한다.

예 영희는 공부를 하고 있다. → 있겠다(추측) / 있구나(감탄) / 있어(단정)

생략 표현
담화에서는 언어 표현 중에서 일정한 성분을 생략할 수 있다.

> 영희: 너, 철수 봤니?
> 민국: 아니, (철수를) 못 봤는데?

영희와 민국이 사이에 '철수'는 이미 알려진 내용이기 때문에 민국이의 말에서 '철수'가 생략되었다.

1단계 기본 연습

담화의 개념 **빈칸에 들어갈 알맞은 말을 쓰시오.**

01 둘 이상의 문장이 연속되어 이루어지는 말의 단위를 (   )라고 한다.

02 담화는 (   ), (   ), (   ), (   ) 으로 구성된다.

담화의 구성 요소 **〈보기〉에 대한 설명이 맞으면 ○, 틀리면 ✕ 표시를 하시오.**

> 〈보기〉
> 〈학교 앞에서〉
> 철수: 호영아, 일요일인데 어디 가니?
> 호영: 도서관에 가.

03 '철수'는 '호영'이 가는 장소를 묻고 있다.   (   )

04 '호영'의 발화에서 듣는 이는 '철수'이다.   (   )

05 장면(상황)은 '일요일, 도서관'이다.   (   )

담화의 유형 **담화의 유형과 그 예를 바르게 연결하시오.**

06 정보 제공 •   • ㉠ 선전 포고

07 호소 •   • ㉡ 강의, 뉴스 보도

08 약속 •   • ㉢ 맹세, 선서

09 친교 •   • ㉣ 광고, 연설

10 선언 •   • ㉤ 잡담, 인사

담화의 표현 **다음의 ㉠~㉢이 가리키는 대상을 찾아 쓰시오.**

> 나무꾼이 산길을 가고 있다. 그런데 ㉠거기에 금도끼가 떨어져 있었다. ㉡그는 ㉢그것을 냉큼 주웠다.

11 ㉠: _____   **12** ㉡: _____   **13** ㉢: _____

2단계 실전 연습

14 담화에 대한 설명으로 적절하지 않은 것은?

① 둘 이상의 문장이 연속되어 이루어진다.

② 말하는 이와 듣는 이는 담화를 구성하는 데 필수적이다.

③ 말하는 이와 듣는 이 사이에 주고받는 말을 '발화'라 한다.

④ 제품을 설명하는 담화는 담화의 유형 중 약속 담화의 대표적인 예이다.

⑤ 말하는 이가 주장을 외부에 정식으로 밝혀 새로운 사태를 불러일으키는 담화를 선언 담화라 한다.

15 다음의 담화를 이루는 구성 요소로 적절하지 않은 것은?

택배 기사: ㉠ (전화기에 대고) 김철수 씨, 물건은 우편함에 넣어 두었습니다.	김철수: ㉡ (전화기를 들고) 네, 감사합니다.

① ㉠에서 듣는 이는 '김철수'이다.

② ㉠은 물건이 우편함에 있다는 내용을 전달한다.

③ ㉡에서 말하는 이는 '김철수'이다.

④ ㉠과 ㉡의 공간적 상황은 동일하다.

⑤ ㉠과 ㉡의 시간적 상황은 드러나지 않는다.

16 ㉠~㉤ 중 가리키는 대상이 같은 것끼리 묶은 것은?

> 민정: ㉠이 책 다 읽었니? ㉡그 책은?
> 가예: ㉢이 책은 아직 못 읽었어. ㉣그 책 읽기 전에 ㉤저 책을 읽어 봐.
> 민정: 그래? 나도 ㉥저 책을 읽고 싶었어.

① ㉠, ㉡   ② ㉡, ㉣

③ ㉢, ㉣   ④ ㉣, ㉤

⑤ ㉤, ㉥

훈민정음 訓가르칠훈 民백성민 正바를정 音소리음

백성을 가르치는 바른 소리라는 뜻으로, 1443년에 세종이 창제한 우리나라 글자를 이르는 말이다.

❶ 자음의 창제 원리

기본자	명칭	창제 원리	가획자		이체자
ㄱ	어금닛소리(아음(牙音))	혀뿌리가 목구멍을 막는 모양을 본뜸.	ㅋ		ㆁ
ㄴ	혓소리(설음(舌音))	혀끝이 윗잇몸에 닿는 모양을 본뜸.	ㄷ	ㅌ	ㄹ
ㅁ	입술소리(순음(脣音))	입 모양을 본뜸.	ㅂ	ㅍ	
ㅅ	잇소리(치음(齒音))	이 모양을 본뜸.	ㅈ	ㅊ	ㅿ
ㅇ	목구멍소리(후음(喉音))	목구멍 모양을 본뜸.	ㆆ	ㅎ	

① **상형**의 원리: 발음 기관의 모양을 본떠서 기본자 5개(ㄱ, ㄴ, ㅁ, ㅅ, ㅇ)를 만들었다.

② **가획**의 원리: 기본자에 획을 더해 소리의 세기를 나타냈다.

　예 ㅁ → ㅂ → ㅍ → 획이 더해질수록 소리의 세기가 강해짐.

❷ 모음의 창제 원리

기본자		창제 원리	초출자	재출자
`	천(天)	하늘의 둥근 모양을 본뜸.	ㅗ ㅏ (ㅗ, ㅏ) → 하늘 '`'에서 나온 글자(양성 모음)	ㅛ ㅑ (ㅛ, ㅑ)
ㅡ	지(地)	땅의 평평한 모양을 본뜸.	ㅜ ㅓ (ㅜ, ㅓ) → 땅 'ㅡ'에서 나온 글자(음성 모음)	ㅠ ㅕ (ㅠ, ㅕ)
ㅣ	인(人)	사람이 서 있는 모양을 본뜸.		

① 상형의 원리: '하늘, 땅, 사람'의 삼재 모양을 본떠서 기본자 3개(`, ㅡ, ㅣ)를 만들었다.

② **합성**의 원리: 모음의 기본자를 합쳐서 초출자와 재출자를 만들었다.

❸ 한글의 우수성과 가치

• 자음과 모음을 합친 28자로 많은 소리를 표현할 수 있다. → 경제성

• 한자를 모방하지 않고 독창적으로 새롭게 글자를 만들었다. → 독창성

• 우리말 말소리에 대한 연구를 바탕으로 글자의 모양과 소리의 관계를 쉽게 이해할 수 있도록 만들었다. → 과학성

• 음절 단위로 '모아쓰기'를 하여 문자를 쉽게 읽을 수 있고, 휴대 전화의 자판 등에서와 같이 정보화 시대에 효과적으로 사용할 수 있다. → 실용성

　예 'ㄱ ㅜ ㄱ ㅏ'(풀어쓰기)가 아닌 '국가'(모아쓰기)로 표기함. → 음절 단위로 초성, 중성, 종성으로 모아서 운용함.

참고

훈민정음

세종이 창제한 문자이며 20세기 이후에는 '한글'이라 이른다. 훈민정음을 처음 반포할 때는 자음(= 초성 = 첫소리) 17자, 모음(= 중성 = 가운뎃소리) 11자로 총 28자였다. 종성(끝소리)은 따로 만들지 않고 초성에 사용했던 자음들을 그대로 사용하였다. 그리고 반포할 때 만들었던 28자 중 'ㆆ(여린히읗), ㅿ(반치음), ㆁ(옛이응), `(아래아)'가 사라져서 지금은 24자가 쓰이고 있다.

참고

이체자

이체자는 '모양이 다른 글자'를 뜻한다. 'ㆁ, ㄹ, ㅿ'은 예외적으로 만든 것이다. 모양으로는 'ㆁ'은 'ㅇ'에, 'ㄹ'은 'ㄴ'에, 'ㅿ'은 'ㅅ'에 각각 획을 더한 모양으로 보이지만 소리의 세기를 나타내지는 않는다.

● **상형(象形)** 어떤 물건의 형상을 본뜸.
● **가획(加劃)** 원글자에 획을 더함.

● **초출자(初出字)** 첫 번째로 생겨난 글자로, 기본자를 합침.
● **재출자(再出字)** 두 번째로 생겨난 글자로, 초출자에 '`'를 합침.

● **삼재(三才)** 우주를 형성하는 가장 중요한 요소 3가지로, 하늘, 땅, 사람임.
● **합성(合成)** 둘 이상의 것을 합쳐서 하나를 이룸.

참고

훈민정음 운용법

• **이어 쓰기(연서)**: 자음 두 개를 밑으로 이어쓰는 방법
　예 ㅱ, ㅸ, ㆄ, ㅹ

• **나란히 쓰기(병서)**: 자음 두 개를 옆으로 나란히 쓰는 방법
　예 ㄲ, ㄸ, ㅃ, ㅆ, ㅉ
　　→ 각자 병서(같은 글자를 합쳐서 씀)
　　ㅅ, ㅼ, ㅽ, ㅄ, ㅴ
　　→ 합용 병서(다른 글자를 합쳐서 씀)

1단계 기본 연습

훈민정음의 창제 원리 빈칸에 들어갈 알맞은 말을 쓰시오.

01 훈민정음의 자음은 (   )과 (   )의 원리에 따라 만들었다.

02 훈민정음의 모음은 (   )과 (   )의 원리에 따라 만들었다.

자음의 창제 원리 ① 자음의 기본자와 그 모양을 본뜬 대상을 바르게 연결하시오.

03 ㄱ •   • ㉠ 혀뿌리가 목구멍을 막는 모양

04 ㄴ •   • ㉡ 목구멍 모양

05 ㅁ •   • ㉢ 이 모양

06 ㅅ •   • ㉣ 입 모양

07 ㅇ •   • ㉤ 혀끝이 윗잇몸에 닿는 모양

자음의 창제 원리 ② 다음 설명과 관련된 자음을 〈보기〉에서 모두 찾아 쓰시오.

〈보기〉
ㄱ ㅋ ㆁ ㄴ ㄷ ㅌ ㄹ ㅁ ㅂ ㅍ ㅅ ㅈ ㅊ ㅿ ㅇ ㆆ ㅎ

08 'ㅈ, ㅊ' 글자의 기본자   (   )

09 'ㆆ, ㅎ' 글자의 기본자   (   )

10 기본자 'ㅁ'에서 가획한 글자   (   )

11 기본자에 획을 더한 모양이나 소리의 세기를 나타내지 않는 글자   (   )

모음의 창제 원리 다음 설명이 맞으면 ○, 틀리면 × 표시를 하시오.

12 기본자 'ㆍ'는 하늘의 모양을 본뜬 것이다.   (   )

13 'ㅗ, ㅏ, ㅜ, ㅓ'는 초출자이다.   (   )

14 'ㅛ, ㅑ, ㅠ, ㅕ'는 발음 기관의 모양을 본뜬 것이다.   (   )

2단계 실전 연습

15 다음을 바탕으로 자음의 창제 원리를 바르게 설명한 것은?

> ㄱ → ㅋ

① 'ㄱ'에 획을 더해 'ㅋ'이 되었다.
② 'ㅋ'은 'ㄱ'을 바탕으로 나온 재출자이다.
③ 기본자 'ㄱ'을 나란히 써서 'ㅋ'이 되었다.
④ 'ㅋ'은 'ㄱ'에 'ㆍ'를 더해 만든 초출자이다.
⑤ 'ㄱ'은 사람이 허리를 굽힌 모양을 본떠 만들었다.

16 자음의 기본자와 가획자를 바르게 연결한 것은?

① ㄱ - ㄲ - ㅌ   ② ㅅ - ㅈ - ㅊ
③ ㅁ - ㄹ - ㅍ   ④ ㅇ - ㅎ - ㆁ
⑤ ㄴ - ㄷ - ㄹ

17 모음 중 재출자로만 알맞게 묶은 것은?

① ㆍ, ㅡ, ㅣ   ② ㆍ, ㅏ, ㅗ
③ ㅗ, ㅏ, ㅜ, ㅓ   ④ ㅑ, ㅕ, ㅛ, ㅠ
⑤ ㅜ, ㅓ, ㅋ, ㅠ

18 한글의 우수성에 대한 설명으로 적절하지 않은 것은?

① 모아쓰기를 통해 쉽게 글을 읽을 수 있다.
② 이체자를 통해 소리의 높낮이를 드러내었다.
③ 28개의 글자로 무수히 많은 소리를 표현할 수 있다.
④ 한자를 모방하지 않고 독창적으로 글자를 만들었다.
⑤ 가획의 원리를 통해 소리의 세기를 문자로 표현하였다.

2013 3월 고1 학력평가

01 〈보기〉에 나타난 담화의 기능으로 가장 적절한 것은?

─〈보기〉─

자, 좀 내립시다!

5

① 대상에 대한 정보를 전달하고 있다.
② 말하는 내용을 수행하겠다고 약속하고 있다.
③ 집단의 방침을 외부에 정식으로 표명하고 있다.
④ 심리적 정서를 전달하여 관계를 원활하게 만들고 있다.
⑤ 상대의 마음을 움직여 무엇인가를 하도록 유도하고 있다.

02 〈보기〉의 ㉠에 해당하는 담화로 적절한 것은?

─〈보기〉─

담화의 유형은 말하는 이의 의도에 따라 구분할 수 있다. 크게 정보 제공, ㉠호소, 친교, 약속, 선언으로 나눈다.

① 〈아침에 일어나서〉
손자: 할아버지, 안녕히 주무셨어요?
② 〈종례 시간〉
선생님: 다음 주 청소 당번은 5번부터 10번까지예요.
③ 〈학교에서 돌아온 딸에게〉
아버지: 잘 다녀왔니? 오늘 하루도 공부하느라 수고 많았어.
④ 〈저녁 식사를 하며〉
어머니: 밥 먹은 지 10분도 안 지났는데 벌써 다 먹었구나. 아들아, 음식을 좀 천천히 먹지 못하겠니?
⑤ 〈경주로 수학여행을 온 학생들 앞에서〉
선생님: 이것은 우리나라의 대표적인 석굴 사원인 석굴암입니다. 신라 경덕왕 때에 김대성이 축조하였습니다.

03 다음 담화의 유형에 대한 설명으로 적절한 것은?

뉴스 진행자: 오늘의 뉴스를 말씀드리겠습니다. 한국은행이 올해 국내 총생산 성장률 전망치를 지난 4월 4.0%에서 3.8%로 하향 조정했습니다.

① 말하는 이가 자신의 주장을 외부에 정식으로 밝힌다.
② 말하는 이와 듣는 이 사이의 인간관계를 원활하게 한다.
③ 말하는 이가 듣는 이에게 어떤 행위를 하겠다고 약속한다.
④ 말하는 이가 듣는 이에게 사실, 현상 등에 대한 정보를 전달한다.
⑤ 말하는 이가 듣는 이의 마음을 움직여 무엇인가를 하도록 유도한다.

2014 3월 고1 학력평가

04 〈보기〉의 ㉠~㉤에 대한 설명으로 적절하지 않은 것은?

─〈보기〉─

지수: 성모야, 내가 낀 장갑 어때?
성모: ㉠그것 참 예쁘네. 어디서 샀어?
지수: 우리 언니가 생일 선물로 준 건데, 우리 동네 시장에 있는 가게에서 샀대. 거기 가르쳐 줄까?
성모: ㉡여기서 쉽게 찾아 갈 수 있을까?
지수: ㉢저기 학교 앞 정류소에서 11번 버스를 타고 다섯 번째 정류소에서 내리면 편의점이 있을 거야. ㉣거기서 우측 골목으로 조금 더 가면 바로 ㉤그곳이야.

① ㉠은 '지수'가 끼고 있는 '장갑'을 가리키는 말이다.
② ㉡은 '성모'와 '지수'가 대화하고 있는 장소를 가리키는 말이다.
③ ㉢은 듣는 이인 '성모'와 가까이 있는 장소를 가리키는 말이다.
④ ㉣은 대화 상황에서 눈에 보이지 않는 장소로, '편의점'을 가리키는 말이다.
⑤ ㉤은 '지수'의 언니가 장갑을 산 '가게'를 가리키는 말이다.

 개념 쾅! 핵심 쾅!
지시 표현 말하는 이와 가까울 때 '이', 말하는 이에게서는 멀지만 듣는 이와 가까울 때 '그', 말하는 이와 듣는 이에게서 모두 멀 때 '저'를 사용한다.

05 〈보기〉의 ㉠~㉤에 대한 설명으로 적절하지 <u>않은</u> 것은?

〈보기〉

정원: 아, 덥다! (부채를 가리키며) ㉠<u>그것</u> 좀 줘 봐.

영일: (부채를 건네주며) 많이 더워? 그럼 ㉡<u>저</u> 선풍기 바람을 쐐. 오늘부터 비가 온다고 하던데……

정원: 나도 ㉢<u>그렇게</u> 일기 예보를 들었어. 그런데도 덥네.

영일: (숙제를 가리키며) ㉣<u>이것</u> 봐. 너, 숙제는 다 했니?

정원: ㉤<u>그거</u>? 빨리 해야겠다.

① ㉠은 '정원'보다 '영일'에게 가까이 있다.

② ㉡은 '영일'과 '정원' 모두에게 멀리 있다.

③ ㉢은 '영일'이 한 말을 대신 표현하여 중복을 피한다.

④ ㉣은 '영일'보다 '정원'에게 가까이 있다.

⑤ ㉤은 '영일'이 이미 말했던 대상임을 나타낸다.

06 〈보기〉의 ㉠~㉥에 대한 설명으로 적절하지 <u>않은</u> 것은?

〈보기〉

재용: ㉠<u>여기</u>로 와 봐. ㉡<u>이거</u> 뭐지?

강현: ㉢<u>그거</u>? 내 건데.

재용: 그래? ㉣<u>이거</u> 멋지다. 어디서 샀어?

강현: 우리 피아노 학원 옆에 가게 있지? ㉤<u>거기서</u> 샀어.

재용: 아, 그저께 갔던 ㉥<u>거기</u>?

강현: ㉦<u>저기</u> 보이는 문구점에는 이게 없더라고.

① ㉠은 '강현'보다 '재용'에게 가까운 장소를 가리킨다.

② ㉡과 ㉢은 동일한 사물을 가리킨다.

③ ㉡과 ㉣은 '재용'에게 가까운 사물을 가리킨다.

④ ㉤과 ㉥은 '재용'과 '강현'이 모두 알고 있는 같은 장소를 가리킨다.

⑤ ㉥과 ㉦은 같은 장소를 거리에 따라 다르게 표현한 것이다.

07 〈자료〉를 참고할 때, '우리'를 '저희'로 바꿔 쓸 수 없는 문장은?

〈자료〉

'우리'는 일반적으로 말하는 이가 자기와 듣는 이, 또는 자기와 듣는 이를 포함한 여러 사람을 가리키는 일인칭 대명사이다. 말하는 이가 자기보다 높지 아니한 사람을 상대하여 자기를 포함한 여러 사람을 가리키거나 어떤 대상이 자기와 친밀한 관계임을 나타낼 때 쓰기도 한다.

그런데, '우리'의 낮춤말인 '저희'는 듣는 이를 포함하여 가리킬 수 없다. 말하는 이가 듣는 이까지를 함께 낮출 수는 없기 때문이다.

① 사장님, <u>우리</u> 계획이 괜찮으신가요?

② <u>우리</u>는 여러분들과 생각이 다릅니다.

③ <u>우리</u> 모두 힘을 합쳐 이 방향으로 나아갑시다.

④ 박사님, <u>우리</u>가 조사한 내용은 다음과 같습니다.

⑤ 선생님, <u>우리</u> 모둠은 내일 발표하기로 했습니다.

08 〈보기〉의 ㉠~㉤에 대한 설명으로 적절하지 <u>않은</u> 것은?

〈보기〉

우현: 학교 다녀왔습니다.

우찬: 너 이제 ㉠<u>오니</u>?

우현: 형밖에 없어? 어머니는 어디 ㉡<u>계시는</u> 거야?

우찬: ㉢<u>어머니께</u> 전화 드리고 빨리 나가자.

우현: 왜?

우찬: ㉣<u>어머니께서</u> 너를 데리고 식당으로 오라고 하셨어. 할아버지를 ㉤<u>모시고</u> 저녁 먹자고 말씀하시더라.

① ㉠은 '-니'를 사용하여 '우현'을 높이고 있다.

② ㉡은 '계시다'를 사용하여 '어머니'를 높이고 있다.

③ ㉢은 '께'를 사용하여 '어머니'를 높이고 있다.

④ ㉣은 '께서'를 사용하여 '어머니'를 높이고 있다.

⑤ ㉤은 '모시다'를 사용하여 '할아버지'를 높이고 있다.

개념 쿡! 핵심 쿡!

높임 표현 담화 참여자 사이의 상하 관계, 친소 관계에 따라 상대적으로 결정된다.

09 〈보기〉의 ㉠~㉤에 대한 설명으로 적절하지 <u>않은</u> 것은?

〈보기〉

나현: 재령아, 선생님께서 다음 발표는 네가 ㉠<u>준비하시라</u>
<u>고</u> 하셨어.

재령: 존경하는 인물에 대한 발표 말이지?

나현: 그래.

재령: 그런데 어떤 인물을 발표하는 게 좋을지에 대해서
도 말씀 ㉡<u>있으셨니?</u>

나현: 아니. 그건 시간이 날 때 네가 직접 선생님께 ㉢<u>물</u>
<u>어서</u> 알아봐.

재령: 알았어.

나현: 그런데 지난 시간에 선생님께서 어떤 작곡가를
㉣<u>자기의</u> 존경하는 인물이라고 ㉤<u>말했잖아.</u>

① ㉠: '재령'을 높이고 있으므로, '준비하라고'로 바꾼다.

② ㉡: '말씀'을 높이고 있으므로, '있었니'로 바꾼다.

③ ㉢: '선생님'을 높여야 하므로, '여쭤서'로 바꾼다.

④ ㉣: '선생님'을 높여야 하므로, '당신'으로 바꾼다.

⑤ ㉤: '선생님'을 높여야 하므로, '말씀하셨잖아'로 바꾼다.

10 〈보기〉의 ㉠과 ㉡에 해당하는 글자를 바르게 묶은 것은?

〈보기〉

훈민정음에서 모음의 기본 글자는 하늘(天)과 땅(地)과
사람(人)의 모양을 본떠서 만들었다. 기본 글자를 제외한
나머지 글자에는 'ㅡ'나 'ㅣ'에 'ㆍ'가 하나만 결합된 ㉠<u>초출</u>
<u>자(初出字)</u>와 각각의 초출자에 'ㆍ'가 하나씩 더 붙어 만들
어진 ㉡<u>재출자(再出字)</u>가 있다.

	㉠	㉡
①	ㅑ, ㅕ, ㆍ, ㅣ	ㅕ, ㅠ, ㅡ, ㅏ
②	ㅏ, ㅓ, ㅗ, ㅣ	ㆍ, ㅡ, ㅑ, ㅕ
③	ㅏ, ㅓ, ㅗ, ㅜ	ㅑ, ㅕ, ㅛ, ㅠ
④	ㅓ, ㅕ, ㅜ, ㅠ	ㆍ, ㅣ, ㅑ, ㅛ
⑤	ㅜ, ㅠ, ㅡ, ㅣ	ㆍ, ㅏ, ㅓ, ㅛ

11 〈자료〉의 ㉠과 ㉡에 해당하는 글자를 순서대로 제시한 것은?

〈자료〉

'훈민정음'은 우리 고유의 문자 이름이기도 하지만, 책의
이름이기도 하다. 이 책의 해례편에서는 새로 만든 글자
의 제자 원리와 이것이 어떤 소릿값을 가지는지를 밝히고
있다. 제자 원리는 상형(象形)으로, 자음 글자를 만들 때는
먼저 소리가 나는 위치의 ㉠<u>기본이 되는 초성자(初聲字)</u>
를 정하고 이 기본자들을 각각 그 소리가 나는 방법과 위
치를 본떠서 만들었음을 밝혔다. 그리고 각각의 소리 나는
위치에서 발음되는 자음은 ㉡<u>발음이 세게 나는 정도에 따</u>
<u>라 이 기본자에 획을 더하여 글자를 만들었다고</u> 밝혔다.

① ㄱ, ㅅ ② ㅋ, ㅇ

③ ㄴ, ㄹ ④ ㄷ, ㅌ

⑤ ㅁ, ㅂ

12 〈보기〉의 ㉠과 ㉡에 해당하는 글자를 바르게 나열한 것은?

〈보기〉

한글의 자음은 발음하는 기관의 모양을 본떠 기본 글자
를 만든 다음, 획을 더하는 가획(加劃)과 ㉠<u>글자를 나란히</u>
<u>쓰는 병서(並書)</u>의 원리를 적용하였다. 또한 소리 세기의
특성을 나타내지 않는 ㉡<u>예외적인 글자</u>가 있다.

① ㅋ—ㄲ ② ㅃ—ㅍ ③ ㅅ—ㅉ

④ ㄸ—ㄹ ⑤ ㅁ—ㄹ

개념 쿡! 핵심 쿡!

자음의 창제 원리

• 상형: 기본자는 발음 기관의 모양을 본떠서 만들었다.

• 가획: 기본자에 획을 더한다.

• 이체: 소리 세기의 특성을 나타내지 않는 예외적인 글자(ㆁ, ㄹ, ㅿ)이다.

13 〈보기〉의 ㉠과 ㉡이 결합하여 만들어진 글자가 포함된 것은?

〈보기〉

자음의 기본자는 발음 기관과 소리 내는 방법을 본떠서 만들었는데 ㉠혀뿌리가 목구멍을 막는 모양, 혀끝이 윗잇몸에 닿는 모양, 입 모양, 이 모양, 목구멍 모양을 본떴다.
모음의 기본자는 우주 만물의 기본 요소인 하늘의 둥근 모양, 땅의 평평한 모습, ㉡사람이 가운데 서 있는 모습을 본떴다.

① 불휘 　　② 님군 　　③ 기픈
④ 곶 　　⑤ 여름

14 〈보기〉의 빈칸에 들어갈 수 있는 예로 가장 적절한 것은?

〈보기〉

우리나라에서 휴대 전화의 문자 입력 방식은 한글의 창제 원리를 이용하고 있다. 예를 들어 ㉠과 같은 한글 입력의 방식의 경우, 천(·), 지(ㅡ), 인(ㅣ) 세 글자만으로 모든 모음 글자를 만들 수 있다. 또한 자음은 가획의 원리에 따라 ⬚⬚⬚⬚⬚⬚⬚⬚⬚⬚⬚⬚⬚⬚⬚
반면에 ㉡에서 알파벳은 26자를 모두 늘어놓는다. 게다가 알파벳은 하나의 단추에 3~4글자가 들어가 있어 여러 차례 눌러야 하는 불편이 있다.

ㅣ	·	ㅡ
ㄱ ㅋ	ㄴ ㄹ	ㄷ ㅌ
ㅂ ㅍ	ㅅ ㅎ	ㅈ ㅊ
	ㅇ ㅁ	

㉠ 한글 입력 방식

	ABC	DEF
GHI	JKL	MNO
PQRS	TUV	WXYZ

㉡ 알파벳 입력 방식

① 자음과 모음을 입력하는 자판을 분리했다.
② 'Z'를 입력하기 위해 같은 자판을 네 번 눌러야 한다.
③ 첫 줄의 'ㅣ, ·, ㅡ'를 조합하여 모든 모음을 나타낼 수 있다.
④ 'ㄱ, ㅋ'이 있는 자판을 한 번 누르면 'ㄱ', 두 번 누르면 거센소리인 'ㅋ'이 된다.
⑤ 'ㅇ'과 'ㅁ'의 경우 조음 위치는 다르지만, 형태가 비슷하여 같은 자판에 배치했다.

도전! 수능 맛보기

2015 수능 B형

15 〈보기 1〉의 학생 의견과 관련된 한글이 제자 원리를 〈보기 2〉에서 찾아 바르게 짝지은 것은?

〈보기 1〉

학습 활동 : 오늘날 우리가 한글을 사용하면서 생각한 바를 각자 정리하여 발표해 봅시다.
○ 학생 1: 'ㄱ'의 글자 모양이 그 소리를 낼 때 혀뿌리가 목구멍을 막는 모양과 관련된다니 한글은 정말 대단해요.
○ 학생 2: 휴대 전화 자판 중에는 '·, ㅡ, ㅣ'를 나타내는 3개의 자판만으로 모든 모음자를 입력하는 것도 있어서 참 편리해요.
○ 학생 3: 〈예사소리〉-〈거센소리〉-〈된소리〉의 관계가 〈A〉-〈A에 획 추가〉-〈AA〉로 글자 모양에 나타나 있어서 참 체계적인 문자인 것 같아요.
○ 학생 4: 'ㅁ'과 'ㅁ에 획을 추가해서 만든 자음자들은 'ㅁ' 모양을 공통으로 포함하고 있는데, 이때 포함된 'ㅁ' 모양은 이들 자음자들의 공통된 소리 특징을 반영한 것이에요.
○ 학생 5: 한글은 음절 단위로 모아쓰기를 하면서도 받침 글자를 따로 만들지 않았어요. 만약 그렇지 않다면 지금보다 글자 수가 훨씬 많아졌을 거예요.

〈보기 2〉

한글의 제자 원리
가. 초성자와 중성자의 기본자는 상형의 원리로 만들었다.
나. 기본자에 가획하여 새로운 초성자를 만들었다.
다. 초성자를 나란히 써서 또 다른 초성자로 사용하였다.
라. 기본자 외의 8개 중성자는 기본자를 합하여 만들었다.

① 학생 1 - 가, 나 　　② 학생 2 - 다, 라
③ 학생 3 - 나, 다 　　④ 학생 4 - 나, 라
⑤ 학생 5 - 가, 라

개념 쿽! 핵심 쿽!
기본자 '·, ㅡ, ㅣ'가 있다.
초출자 기본자가 결합하여 나온 첫 번째 글자로, 'ㅗ, ㅏ, ㅜ, ㅓ'가 있다.
재출자 초출자에 '·'를 결합하여 나온 두 번째 글자로, 'ㅛ, ㅑ, ㅠ, ㅕ'가 있다.

문법
공부에
마침표
찍기

정답과 해설

중등 국어문법의 모든 것!

디딤돌
국어

문제로
국어문법

디딤돌

중등 국어문법의 모든 것!

문제로
국어문법
정답과
해설

Ⅰ. 언어의 특성과 국어의 음운

01 언어의 본질과 기능

문제로 개념 확인 | 본문 11쪽 |

> **1단계** 01 내용, 형식 02 자의성 03 사회성 04 창조성 05 역사성 06 규칙성 07 ㉠ 08 ㉣ 09 ㉢ 10 ㉡
>
> **2단계** 11 ② 12 ③ 13 명령적 기능

11
답 ②

언어의 자의성은 내용과 형식(기호) 사이의 결합 관계에 필연성이 없다는 것이다. 따라서 특정한 의미를 반드시 그 기호로 나타내야 할 이유가 없으므로, 같은 의미라도 각 언어마다 다른 기호(형식)로 나타낸다. ②의 '나무'라는 뜻을 우리말과 영어에서 다른 기호를 통해 나타내는 것은 언어의 자의성과 관계 있다.

오답 풀이 ① 과거에 쓰이던 '미르'라는 고유어가 현재 쓰이지 않는 것은 언어의 역사성과 관련 있다.
③ 몸짓과 같은 비언어적 요소가 나라마다 비슷한 점이 많다는 것은 언어의 자의성에 대한 반대 의견으로 제시할 수 있는 예이다.
④ '철수가 밥을 먹다.'가 올바른 문장으로, 적절한 조사를 써야 하는 것은 언어의 규칙성과 관련 있다.
⑤ 인간은 두뇌와 발음 기관이 발달하면서 더 많은 표현을 사용한다는 것으로 언어의 자의성과 상관없다.

12
답 ③

〈보기〉에서 '어리다'의 뜻이 달라진 예나 '딴지'라는 말이 널리 쓰이면서 공식적으로 표준어로 인정받은 예는 시간의 흐름에 따라 언어가 변화한 것이므로 언어의 역사성과 관련 있다.

오답 풀이 ① 기호성은 언어가 내용과 형식으로 이루어진 기호 체계라는 것이다.
② 자의성은 내용과 형식의 결합 관계에 필연성이 없다는 것이다.
④ 규칙성은 말과 글에 일정한 규칙을 가지고 사용한다는 것이다.
⑤ 창조성은 제한된 말과 글을 가지고 무수히 많은 상황을 표현할 수 있다는 것이다.

13
답 명령적 기능

언어의 명령적 기능은 듣는 사람의 생각이나 감정을 움직여 어떤 행동을 하게 하는 것이다. "창문 좀 열어 줄래?"는 의문문의 형식을 가지고 있지만, 듣는 사람이 창문을 여는 행동을 하도록 요구하기 때문에 명령적 기능을 수행하고 있다.

> ⊙ **언어의 기능**
> • 지시적 기능: 어떤 대상을 가리키는 것
> • 정보적 기능: 어떤 사실, 정보를 전달하는 것
> • 친교적 기능: 언어를 통해 관계가 원활해지도록 하는 것
> • 정서적 기능: 언어를 통해 감정과 태도를 표현하는 것

02 모음 체계

문제로 개념 확인 | 본문 13쪽 |

> **1단계** 01 음운 02 분절 음운, 비분절 음운 03 모음 04 ㉣ 05 ㉤ 06 ㉡ 07 ㉢ 08 ㉠ 09 ㉯ 10 ㉵ 11 ㅑ 12 ㅖ 13 ㅘ 14 ㅢ
>
> **2단계** 15 다섯(5) 16 ④ 17 ④ 18 ⑤

15
답 다섯(5)

우리말에서 음절은 첫소리, 가운뎃소리, 끝소리로 구성된다. 가운뎃소리를 이루는 모음은 필수적이지만 첫소리와 끝소리는 없어도 음절을 이룰 수 있다. '아가씨'에서 '아'의 'ㅇ'은 소릿값이 없기 때문에 음운으로 인정되지 않으므로, '아가씨'는 [ㅏ, ㄱ, ㅏ, ㅆ, ㅣ]의 다섯 개 음운으로 이루어진 단어이다.

> 첫소리의 'ㅇ'은 소릿값이 없지만, 끝소리의 'ㅇ'은 음운으로 인정된다.
> ⓔ 야: [ㅑ] → 음운 1개
> 응: [ㅡ, ㅇ] → 음운 2개

16
답 ④

단모음은 발음할 때의 입술 모양에 따라 평평하게 발음하는 평순 모음과 입술을 둥글게 하여 발음하는 원순 모음으로 나뉜다. 〈보기〉에서 'ㅗ, ㅚ, ㅜ, ㅟ'는 원순 모음이고, 'ㅏ, ㅐ, ㅓ, ㅔ, ㅡ, ㅣ'는 평순 모음이다.

오답 풀이 ① 발음할 때 혀의 높낮이에 따라 고모음, 중모음, 저모음으로 나뉜다.
② 자음은 목청의 떨림에 따라 울림소리와 안울림소리로 나뉜다.
③ 발음할 때 입술이나 혀의 움직임에 따라 단모음과 이중 모음으로 나뉜다.
⑤ 혀의 최고점의 위치를 기준으로 전설 모음과 후설 모음으로 나뉜다.

17
답 ④

단모음을 분류할 때 혀의 높이가 높으면 고모음인 'ㅣ, ㅟ, ㅡ, ㅜ', 혀의 최고점이 앞쪽에 있으면 전설 모음인 'ㅣ, ㅔ, ㅐ, ㅟ, ㅚ', 입술의 모양을 둥글게 하여 소리 내면 원순 모음인 'ㅟ, ㅚ, ㅜ, ㅗ'이다. 세 가지 조건에 모두 해당하는 모음은 'ㅟ'이다.

오답 풀이 ① 'ㅏ'는 저모음, 후설 모음, 평순 모음이다.
② 'ㅗ'는 중모음, 후설 모음, 원순 모음이다.
③ 'ㅡ'는 고모음, 후설 모음, 평순 모음이다.
⑤ 'ㅣ'는 고모음, 전설 모음, 평순 모음이다.

18
답 ⑤

발음할 때 입술과 혀의 움직임이 있으면 이중 모음이라고 한다. ⑤ '왜가리'의 'ㅙ'가 이중 모음이다.

오답 풀이 ① '닭'에서 'ㅏ'는 단모음이다.
② '거위'에서 'ㅓ'와 'ㅟ'는 모두 단모음이다.
③ '참새'에서 'ㅏ'와 'ㅐ'는 모두 단모음이다.
④ '타조'에서 'ㅏ'와 'ㅗ'는 모두 단모음이다.

03 자음 체계

1단계 01 방해 02 위치, 방법 03 × 04 ○ 05 × 06 × 07 ㄴ, ㅁ, ㅇ
08 ㅈ, ㅉ, ㅊ 09 ㄴ, ㄹ, ㅁ, ㅇ 10 ㄱ, ㄷ, ㅂ 11 ㅆ
2단계 12 ⑤ 13 ③ 14 ②

12
답 ⑤

자음은 소리 내는 위치에 따라 입술소리, 잇몸소리, 센입천장소리, 여린입천장소리, 목청소리로 구분하고, 소리 내는 방법에 따라 파열음, 파찰음, 마찰음, 비음, 유음으로 구분한다. 'ㄱ'은 소리 내는 위치에 따라 구분하면 여린입천장소리로 구분된다.

오답 풀이 ① 소리 내는 방법에 따라 파열음으로 구분된다.
② 소리의 세기에 따라 예사소리로 구분된다.
③ 자음과 모음은 분절 음운이다.
④ 목청을 울리지 않는 안울림소리이다.

> **⊙ 조음 방법에 따른 자음 분류**
> • 파열음: 공기의 흐름을 막았다가 터뜨리는 소리
> • 마찰음: 공기 통로를 좁히고 좁은 틈 사이로 공기를 내보내면서 마찰하며 내는 소리
> • 파찰음: 공기를 막았다가 터뜨리면서 마찰을 일으키는 소리(파열음＋마찰음)
> • 비음: 코로 공기를 내보내는 소리
> • 유음: 혀끝을 잇몸에 가볍게 대었다가 떼거나 혀끝을 윗잇몸에 댄 채 공기를 그 양 옆으로 흘려보내는 소리

13
답 ③

㉠~㉢은 자음이 소리 나는 위치를 표시한 것이다. ㉢은 센입천장으로, 'ㅈ, ㅉ, ㅊ'이 소리 나는 위치이다. 'ㅅ'은 혀끝이 윗잇몸에 닿아 소리 나는 잇몸소리이다.

오답 풀이 ① 두 입술에서 나는 소리에는 'ㅂ, ㅃ, ㅍ, ㅁ'이 있다.
② 잇몸에서 나는 소리에는 'ㄷ, ㄸ, ㅌ, ㅅ, ㅆ, ㄴ, ㄹ'이 있다.
④ 여린입천장에서 나는 소리에는 'ㄱ, ㄲ, ㅋ, ㅇ'이 있다.
⑤ 목청에서 나는 소리에는 'ㅎ'이 있다.

14
답 ②

자음은 소리의 세기를 기준으로 '예사소리, 된소리, 거센소리'로 구분할 수 있다. 된소리와 거센소리는 예사소리보다 더 강하게 소리 난다.

오답 풀이 ① 성대의 진동에 따라 안울림소리와 울림소리로 나뉜다.
③ 소리 내는 위치에 따라 입술소리, 잇몸소리, 여린입천장소리, 센입천장소리, 목청소리로 나뉜다.
④ 소리 내는 방법에 따라 파열음, 파찰음, 마찰음, 비음, 유음으로 나뉜다.
⑤ 혀의 최고점의 위치는 모음을 구분하는 기준이다.

> **⊙ 소리의 세기에 따른 분류**
> 자음을 '예사소리, 된소리, 거센소리'로 구분하는 것을 '삼지적 상관속'이라 한다. 우리말의 경우, 안울림소리인 '파열음, 파찰음, 마찰음'에서 이런 관계를 보인다.
> ◎ 파열음: ㄱ－ㄲ－ㅋ / ㄷ－ㄸ－ㅌ / ㅂ－ㅃ－ㅍ
> 파찰음: ㅈ－ㅉ－ㅊ
> 마찰음: ㅅ－ㅆ

[01 ~ 03]

01 ③ 02 ① 03 ② 04 ② 05 ④ 06 (1) 철수가 밥을 빠르게(빨리) 먹었다. (2) [예시답] 우리말의 규칙에 따라 '먹었다' 앞에는 '빠르게(빨리)'로 써야 하는데, '빠른'으로 써서 규칙성에 어긋나므로 어색한 것이다. 07 ① 08 (1) ㅆ, ㅏ, ㄱ (2) ㅏ, ㅜ 09 ⑤ 10 ④ 11 ⑤ 12 ② 13 ③ 14 ① 15 ⑤ 16 ②

01
답 ③

특정한 의미를 특정한 기호로 표현하는 것은 언어의 사회성과 관련된다. ③처럼 '꼬리를 흔들며 왈왈 짖는 동물'을 '개'라는 기호로 표현하는 것은 그 언어를 쓰는 사람들끼리 사회적으로 약속한 것이다.

오답 풀이 ① '개'라는 의미를 '개'라는 기호로 부르는 것은 사회적으로 약속한 것이다.
② '개'라는 의미를 '개'라고 부르는 것은 닮았기 때문이 아니라 사회적으로 약속한 것이므로 언어마다 표현이 다를 수 있다.
④ 다른 사람과 달리 '개'라는 기호 대신 '왈왈'이라는 기호를 사용하면 다른 사람과 의사소통을 정확하게 할 수 없다.
⑤ 시간의 흐름에 따라 말과 글이 바뀌는 것은 언어의 역사성과 관련 있다.

02
답 ①

시간의 흐름에 따라 언어가 변하는 것은 언어의 역사성에 대한 설명이다. ①의 '수레'와 '자동차'는 가리키는 대상이 다르다. 수레를 쓰던 사회에서 원동기로 땅 위를 달리는 차인 '자동차'가 등장하자 이를 표현할 새말로 '자동차'가 쓰인 것이다. 둘 다 쓰이는 말이므로 ㉠에 해당하지 않는다.

오답 풀이 ②, ③, ④, ⑤ 우리말에서 고유어와 한자어가 서로 경쟁하다가 '즈믄, 가람, 온, 뫼'와 같은 고유어가 사라지고 '천(千), 강(江), 백(百), 산(山)'과 같은 한자어가 그 자리를 대신하는 경우가 많다.

03
답 ②

㉠은 옛날에 쓰이던 고유어가 오늘날에는 쓰이지 않는 사례, ㉡은 '어엿브다'의 뜻이 변한 사례, ㉢은 새말이 등장한 사례이다. 이는 언어가 고정된 것이 아니라 시간의 흐름에 따라 변화한다는 것을 나타내므로 '언어의 역사성'과 관련 있다.

오답 풀이 ① 언어의 자의성은 언어의 내용과 형식의 결합 관계가 필연적이지 않다는 것이다.
③ 언어의 규칙성은 말과 글을 일정한 규칙에 따라 사용해야 한다는 것이다.
④ 언어의 사회성은 언어가 그것을 사용하는 사람들 사이의 사회적 약속이라는 것이다.
⑤ 언어의 창조성은 제한된 언어를 사용해서 수많은 표현을 할 수 있다는 것이다.

04
답 ②

㉠은 언어의 역사성, ㉡은 언어의 사회성에 대한 내용이다. ②의 '도긴

'개긴'은 원래 표준어로 쓰이지 않다가 사람들이 널리 쓰자 표준어로 인정된 것이므로 언어의 역사성의 예로 적절하다.

오답 풀이 ① 꿀벌은 꿀의 위치를 주로 춤으로 나타내지만 그 이외의 내용은 표현하지 못한다. 반면 인간의 언어는 무수히 많은 내용을 표현할 수 있다. 이는 언어의 창조성과 관련 있다.

③ '손'이라는 뜻을 언어마다 다르게 표현하는 것은 언어의 내용과 형식 사이에 필연성이 없다는 것으로, 언어의 자의성과 관련 있다.

④ '얼굴'의 뜻이 변한 것은 언어의 역사성과 관련 있다.

⑤ '국방'이라는 말이 새로 생겨난 것은 언어의 역사성과 관련 있다.

> **⊙ 도긴개긴**
> 윷놀이에서 '도'로 남의 말을 잡을 수 있는 거리나 '개'로 남의 말을 잡을 수 있는 거리는 별반 차이가 없다는 뜻이다. 조금 낫고 못한 정도의 차이는 있으나 본질적으로는 비슷비슷하여 견주어 볼 필요가 없음을 이르는 말로, 2015년 6월에 표준어로 인정되었다. 그러나 흔히 쓰는 '도찐개찐'은 표준어로 인정받지 못해 '도긴개긴'으로 써야 한다.

05 <답 ④>

부정적인 서술어에만 결합되어 쓰이던 '너무'라는 말을 긍정의 서술어와 결합하여 쓰는 사람들이 많아지자 뜻을 바꾸고 긍정의 서술어와 결합하여 쓸 수 있게 된 것이다. 이는 언어의 역사성을 보여 준다.

오답 풀이 ① '너무'의 의미는 시간의 흐름에 따라 사회 상황을 반영하여 또 바뀔 수 있다.

② '너무'의 의미가 바뀌면서 '너무 좋다.'는 표현이 바른 표현이 되었다.

③ '너무'의 의미가 바뀐 것은 사회적 약속을 바꾼 것이다.

⑤ '너무'의 뜻은 바뀌었지만 문장의 어순에는 변화가 없다.

06 <답 (1) 철수가 밥을 빠르게(빨리) 먹었다.

(2) [예시답] 우리말의 규칙에 따라 '먹었다' 앞에는 '빠르게(빨리)'로 써야 하는데, '빠른'으로 써서 규칙성에 어긋나므로 어색한 것이다.>

언어를 사용하는 것에 일정한 규칙이 있으며, 언어 사회에서는 그 규칙을 따라야 한다. 이러한 언어의 본질을 '언어의 규칙성'이라고 한다. ⓛ은 '철수가 밥을 빠르게 먹었다.'와 같이 '빠른'을 '빠르게(빨리)'로 고쳐야 우리말 규칙에 맞는 표현이 된다.

07 <답 ①>

언어의 변화를 관점에 따라 다르게 볼 수 있다. 언어의 역사성을 중시하는 입장(㉠, 신조어와 줄인 말을 쓰는 학생)에서는 시대가 변하면서 언어가 같이 변하는 것이 당연할 수 있지만, 언어의 사회성을 중시하는 입장(㉡, 국어 교사)에서는 언어의 변화를 사회적 약속을 파괴하는 것으로 볼 수 있다. ①의 입장은 언어의 사회성을 중시하는 입장이므로, ㉡에 들어가기에 적절하다.

오답 풀이 ② 언어의 역사성을 중시하는 입장이다.

③, ④, ⑤ 언어의 사회성을 중시하는 입장이다.

08 <답 (1) ㅆ, ㅏ, ㄱ (2) ㅏ, ㅜ>

'싹'은 'ㅆ, ㅏ, ㄱ'이라는 3개의 음운으로 구성된 말이며, '싹'과 '쑥'의 의미가 구별되는 것은 다른 음운들은 같지만 'ㅏ'와 'ㅜ'라는 음운이 다르기 때문이다. 이러한 관계를 이루는 짝을 '최소 대립쌍'이라고 한다.

09 <답 ⑤>

음운은 다시 자음과 모음처럼 쉽게 분리되는 분절 음운과 쉽게 분리되지 않는 비분절 음운으로 나뉜다. 하늘에서 내리는 '눈(雪)'과 사람의 '눈(眼)'은 형태가 같으나 '눈(雪)'은 긴소리, '눈(眼)'은 짧은소리로 발음되어 뜻이 구별된다.

오답 풀이 ① '눈'은 'ㄴ, ㅜ, ㄴ'으로 이루어진 말이다.

② 첫소리와 끝소리에 모두 'ㄴ'이 쓰였다.

③ '눈'의 가운뎃소리인 'ㅜ'를 'ㅗ'로 바꾸면 '논'이라는 뜻이 다른 말이 된다.

④ 첫소리 'ㄴ', 가운뎃소리 'ㅜ', 끝소리 'ㄴ'으로 이루어진 말이다.

> **⊙ 비분절 음운**
> 소리의 길이(장단), 소리의 높낮이(고저), 강세 등이 있다. 우리말에서는 소리의 길이에 따른 의미의 차이만을 인정한다.

10 <답 ④>

음절은 음운이 모여 이루는 소리로, 발음할 수 있는 최소의 소리 단위이다. 따라서 한 글자가 바로 한 음절이 된다. 우리말에서 가운뎃소리인 모음 없이는 음절을 이룰 수 없다.

오답 풀이 ① '아', '이'와 같이 첫소리에 소릿값이 없는 'ㅇ'이 오면 가운뎃소리와 끝소리로만 음절이 이루어질 수 있다.

② 가운뎃소리에는 모음이 쓰인다.

③ '소'와 '벼'는 끝소리 없이 첫소리와 가운뎃소리만으로 이루어진 음절이다.

⑤ 자음은 첫소리와 끝소리에 모두 사용할 수 있다.

11 <답 ⑤>

3개의 원에 공통으로 해당하는 ㉠에 들어갈 모음은 입술 모양을 평평하게 하여 발음하는 평순 모음, 혀의 최고점을 기준으로 앞쪽에서 발음되는 전설 모음, 혀의 위치가 높은 고모음에 해당하는 모음이다. ⑤의 'ㅣ'는 평순 모음, 전설 모음, 고모음이다.

오답 풀이 ① 'ㅏ'는 저모음, 후설 모음, 평순 모음이다.

② 'ㅓ'는 중모음, 후설 모음, 평순 모음이다.

③ 'ㅡ'는 고모음, 후설 모음, 평순 모음이다.

④ 'ㅜ'는 고모음, 후설 모음, 원순 모음이다.

> **⊙ 단모음 체계**
>
> | 혀의 앞뒤
입술 모양
혀의 높낮이 | 전설 모음 | | 후설 모음 | |
> |---|---|---|---|---|
> | | 평순 모음 | 원순 모음 | 평순 모음 | 원순 모음 |
> | 고모음 | ㅣ | ㅟ | ㅡ | ㅜ |
> | 중모음 | ㅔ | ㅚ | ㅓ | ㅗ |
> | 저모음 | ㅐ | | ㅏ | |

12 <답 ②>

혀의 최고점을 기준으로 혀의 앞쪽에서 소리 나는 것을 전설 모음, 뒤쪽에서 소리 나는 것을 후설 모음이라고 한다. ②의 'ㅡ'는 후설 모음이다.

오답 풀이 ①, ③, ④, ⑤ 모두 전설 모음이다.

13
답 ③

자음 체계는 소리 내는 위치(조음 위치)와 소리 내는 방법(조음 방법), 성대의 진동 여부에 따라 구분한다. ③에서 'ㄱ'은 여린입천장에서 소리 나기 때문에 입술에서 소리 나는 'ㅂ'보다 혀의 뒤쪽에서 발음된다.

오답 풀이 ① 안울림소리에는 파열음, 파찰음, 마찰음이 해당되고, 울림소리에는 비음과 유음이 해당된다.

② 입술소리는 'ㅂ, ㅃ, ㅍ, ㅁ'이다.

④ 'ㅅ'은 잇몸소리, 마찰음이고, 'ㅈ'은 센입천장소리, 파찰음이므로 소리 내는 방법과 위치가 모두 다르다.

⑤ 예사소리, 된소리, 거센소리와 같이 소리의 세기에 따라 구분되는 소리는 모두 안울림소리이다. 안울림소리에는 파열음, 파찰음, 마찰음이 해당된다.

14
답 ①

외국인 학생은 'ㄱ'과 'ㅋ'을 구분하여 발음하지 못하고 있다. 따라서 '갈'의 'ㅋ'은 예사소리인 'ㄱ'보다 더 세게 소리 내야 한다고 조언해야 한다.

오답 풀이 ② 'ㅋ'은 여린입천장에서 나는 소리이다.

③ 'ㅋ'과 'ㄱ' 모두 안울림소리이다.

④ 코로 공기를 내보내며 소리 내는 것은 비음으로, 'ㅁ, ㄴ, ㅇ'이 해당된다.

⑤ 'ㅋ'과 'ㄱ'은 모두 공기의 흐름을 일단 막았다가 터뜨리면서 소리 내는 파열음이다.

15
답 ⑤

우리말의 자음은 소리의 세기에 따라 소리의 느낌이 다르다. 예사소리보다 된소리와 거센소리가 더 크고, 강하고, 단단한 느낌을 준다. ⑤의 '좇다'와 '쫓다'는 하나의 단어가 'ㅈ'과 'ㅉ'으로 느낌에 따라 다르게 발음되는 것이 아니라, 서로 다른 뜻을 지닌 단어이기 때문에 예로 적절하지 않다. '좇다'는 '남의 말이나 뜻을 따르다.', '쫓다'는 '어떤 대상을 잡거나 만나기 위하여 뒤를 급히 따르다.'의 뜻을 지닌 단어이다.

16
답 ②

도전! 수능 맛보기

| 출제 연도 | 2014 수능 예비 A형
| 배　　점 | 2점 ★★★☆☆
| 출제 의도 | 음운의 개념 파악

음운은 (ㄱ)과 같은 분절 음운과 (ㄴ)과 같은 비분절 음운으로 나뉜다. (ㄱ)에서는 최소 대립쌍을 구성하여 초성(첫소리) 'ㄷ, ㅅ', 중성(가운뎃소리) 'ㅗ, ㅜ', 종성(끝소리) 'ㅂ, ㅇ'에 따라 의미의 차이가 생김을 보여 준다. (ㄴ)에서는 소리의 길이에 따라 하늘에서 내리는 눈과 사람의 눈의 뜻이 구분됨을 보여 준다. (ㄱ)과 (ㄴ)을 함께 고려할 때 음운은 단어의 뜻을 구별해 준다는 사실을 알 수 있다.

오답 풀이 ① 비분절 음운은 소리의 단위이기 때문에 문자로 표기할 수 없다.

③ 음운이 일정한 조건에서 변화하는 것은 음운의 변동이다.

④, ⑤ 음운의 위치나 감정의 차이 표현은 활동지의 내용과 관련 없다.

04 음절의 끝소리 규칙

문제로 개념 확인 | 본문 21쪽 |

1단계 01 ㄱ, ㄴ, ㄷ, ㄹ, ㅁ, ㅂ, ㅇ 02 ㄷ 03 첫소리 04 한(1) 05 ㅂ 06 ㄷ 07 ㄷ 08 ㄱ 09 ㄷ 10 안 11 언 12 담 13 담 14 할

2단계 15 ⑤ 16 ① 17 ②

15
답 ⑤

음절의 끝에서 홑받침이 홀로 쓰일 때 7개의 자음만 발음되고, 그 이외의 자음은 7개의 자음 중 하나로 바뀌어 발음된다. ㉠은 [낟], ㉡은 [낟], ㉢은 [낟], ㉣은 [남], ㉤은 [남]으로 소리 나므로, ㉣과 ㉤의 발음이 같다.

16
답 ①

겹받침의 소리가 음절의 끝에 오면 그중 한 개의 자음이 탈락하고 하나만 발음된다. 다만 뒤에 오는 소리가 모음이고 문법적인 의미를 지니면 겹받침 중 뒤의 자음이 다음 음절의 첫소리로 이어진다. 겹받침 'ㄼ'은 'ㄹ'이 남아 발음되는 것이 원칙이며, '밟다, 넓죽하다, 넓둥글다, 넓적하다'에서는 예외로 'ㅂ'이 남아 발음된다. ①의 '넓다'는 원칙대로 'ㄹ'이 남아 [널따]로 발음된다.

오답 풀이 ② '앎' 뒤에 모음으로 시작하는 형식 형태소가 오기 때문에 겹받침 중 'ㅁ'이 뒤 음절의 첫소리가 되어 [알믈]으로 발음된다.

③ '읊다'는 뒤 음절이 자음이기 때문에 'ㄿ' 중 'ㅍ'이 남은 뒤에 음절의 끝소리 규칙에 따라 다시 'ㅂ'으로 바뀌어 [읍따]로 소리 난다.

④ '앉다'는 'ㄵ' 중 'ㄴ'이 남아 [안따]로 소리 난다.

⑤ '부엌으로'는 '부엌' 뒤에 모음으로 시작하는 형식 형태소가 오기 때문에 받침 'ㅋ'이 뒤 음절의 첫소리로 이어져서 [부어크로]로 소리 난다.

> **⊙ 된소리되기 현상**
> 음절의 끝에서 소리 나는 'ㄱ, ㄷ, ㅂ'이 파열음이지만 파열되지 못해서 내파음(불파음)이 되면 그 영향으로 뒤 음절의 첫소리에 있는 예사소리가 된소리로 발음되는 현상이다.
> ⓔ 먹다 → [먹따]

17
답 ②

겹받침 'ㄺ'은 원칙적으로 'ㄱ'이 남아 발음되지만 뒤에 'ㄱ'이 오는 경우 'ㄹ'이 남아 발음된다. 따라서 'ㄺ'은 자음 'ㄱ' 앞에서 'ㄹ', 그 외 자음 앞에서 'ㄱ'이 선택적으로 남는 경우에 해당한다.

오답 풀이 ① 'ㄺ' 뒤에 'ㄱ'이 오면 'ㄹ'이 남아 발음된다.

③ 'ㄺ'은 음절의 끝에서 'ㄱ'이 남아 발음된다.

④ 'ㄺ' 뒤에 모음이고 형식 형태소가 오면 뒤의 'ㄱ'이 뒤 음절의 첫소리로 발음된다.

⑤ 'ㄺ' 뒤에 'ㄱ'이 오는지, 그 외 자음이 오는지에 따라 발음되는 소리가 다르다.

> **⊙ 겹받침의 발음**
> • 뒤 음절이 자음, 단독, 모음＋실질적인 의미를 지닐 때: 2개 중 하나만 선택되어 발음된다.
> • 뒤 음절이 모음＋문법적인 의미를 지닐 때: 뒤 자음이 뒤 음절의 첫소리로 이어져 발음된다.

05 자음 동화

15
답 ②

자음이 서로 만나 비슷한 소리로 바뀌는 것을 '자음 동화'라 한다. ② '도로'는 자음 동화가 일어나지 않고 표기 그대로 [도로]로 발음된다.

오답 풀이 ① '밥물'은 'ㅂ+ㅁ → ㅁ+ㅁ'의 비음화가 일어나 [밤물]로 소리 난다.

③ '국물'은 'ㄱ+ㅁ → ㅇ+ㅁ'의 비음화가 일어나 [궁물]로 소리 난다.

④ '종로'는 'ㅇ+ㄹ → ㅇ+ㄴ'의 비음화가 일어나 [종노]로 소리 난다.

⑤ '맏며느리'는 'ㄷ+ㅁ → ㄴ+ㅁ'의 비음화가 일어나 [만며느리]로 소리 난다.

16
답 ①

비음이 아닌 소리가 비음을 만나 소리 나는 위치가 같은 비음으로 바뀌는 것을 '비음화'라 한다. ① '석류'는 먼저 뒤의 'ㄹ'이 'ㄴ'으로 바뀌어 [석뉴]가 되었다가 앞의 'ㄱ'이 뒤의 비음 'ㄴ'과 만나 'ㅇ'으로 바뀌어 [성뉴]로 소리 나므로 비음화가 일어나는 단어이다.

오답 풀이 ② 앓는[알른], ③ 신라[실라], ④ 찰나[찰라], ⑤ 권력[궐력]은 유음화가 일어나는 단어이다.

17
답 ⑤

'선릉'이 [설릉]으로 발음되는 것은 뒤의 'ㄹ'의 영향으로 앞의 'ㄴ'이 'ㄹ'로 발음되는 유음화가 일어나기 때문이다. '줄넘기'는 'ㄹ+ㄴ → ㄹ+ㄹ'이 되어 [줄럼끼]로 소리 나기 때문에 유음화가 일어나는 단어이다.

오답 풀이 ① 궁리[궁니], ② 합리[함니], ③ 입는[임는], ④ 닫는[단는]은 비음화가 일어나는 단어이다.

18
답 ③

'ㄴ'이 'ㄹ'의 앞이나 뒤에서 'ㄹ'로 바뀌는 것을 '유음화'라 한다. '신라'는 뒤의 'ㄹ'의 영향으로 앞의 'ㄴ'이 'ㄹ'로 바뀌어 [실라]로 소리 난다. ㉠은 앞의 'ㄹ'의 영향으로 뒤의 'ㄴ'이 'ㄹ'로 바뀌는 예이므로, '달님[달림]'이 적절하다.

오답 풀이 ① 산림[살림]: ㄴ+ㄹ → ㄹ+ㄹ

② 천리[철리]: ㄴ+ㄹ → ㄹ+ㄹ

④ 대관령[대괄령]: ㄴ+ㄹ → ㄹ+ㄹ

⑤ 광한루[광할루]: ㄴ+ㄹ → ㄹ+ㄹ

> • 순행 동화: 뒤에 오는 음운이 앞에 오는 음운의 영향을 받아서 그와 비슷하거나 같게 소리 나는 현상
> 예 달님[달림]
> • 역행 동화: 앞에 오는 음운이 뒤에 오는 음운의 영향을 받아서 그와 비슷하거나 같게 소리 나는 현상
> 예 신라[실라]

06 구개음화

14
답 ⑤

구개음화는 'ㄷ, ㅌ'이 모음 'ㅣ'로 시작하는 형식 형태소와 만날 때 'ㅈ, ㅊ'으로 바뀌어 소리 나는 현상이다. 그러나 한 형태소 안에서는 구개음화가 일어나지 않는다. 따라서 〈보기〉의 '마디마디'에서 '디'는 'ㄷ'과 모음 'ㅣ'가 한 형태소 안에서 결합한 것이므로 구개음화가 일어나지 않고 [마디마디]로 소리 난다.

오답 풀이 ① 표기 그대로 [마디마디]로 소리 난다.

② 구개음화가 일어나지 않는다.

③ 모음 'ㅣ'의 영향을 받지 않는다.

④ '마디마디'는 '마디'와 '마디'로 형태소를 분석할 수 있다.

15
답 ⑤

구개음화는 하나의 형태소 안에서는 일어나지 않는다. ⑤ '가을걷이'는 '걷-'의 받침 'ㄷ'이 뒤에 모음 'ㅣ'로 시작하는 형식 형태소와 만나 구개음화가 일어나서 [가을거지]로 소리 난다.

오답 풀이 ① '설거지'는 표기 그대로 [설거지]로 소리난다.

②, ③ '티끌', '부디'의 '티'와 '디'는 하나의 형태소이기 때문에 구개음화가 일어나지 않는다.

④ '손마디'는 '손+마디'로 된 합성어인데, '마디'는 하나의 형태소이기 때문에 구개음화가 일어나지 않는다.

16
답 ④

구개음화는 'ㄷ, ㅌ'이 소리 나는 위치(윗잇몸)보다 'ㅈ, ㅊ'이 소리 나는 위치(센입천장)가 모음 'ㅣ'가 소리 나는 위치와 가깝기 때문에 발음을 편하게 하기 위해 'ㄷ, ㅌ'을 'ㅈ, ㅊ'으로 바꾸어 소리 내는 것이다.

오답 풀이 ① 구개음화는 표준 발음에만 적용되며 표기법에는 적용되지 않는다. 따라서 '해돋이'라고 써야 바른 표기이다.

② 뒤의 모음 'ㅣ'의 영향으로 앞의 자음 'ㄷ'이 'ㅈ'으로 소리 나는 것이다.

③ 음절의 끝소리 규칙이 아닌 구개음화에 따라 '해돋이'가 [해도지]로 소리 나는 것이다.

⑤ 경쾌한 느낌을 주기 위해서가 아니라 발음하기 편하게 소리가 바뀐 것이다.

> ⊙ 구개음화가 일어나는 이유
>
>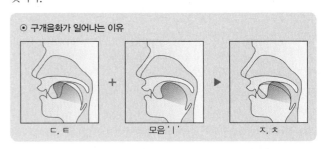
>
> ㄷ, ㅌ + 모음 'ㅣ' ▶ ㅈ, ㅊ

07 음운 축약

| 본문 27쪽 |

1단계 01 한(1) 02 ㅎ 03 거센소리 04 ㅋ 05 ㅌ 06 ㅍ 07 ㅊ 08 다처
09 바카 10 자피다 11 저치자 12 올타구나 13 일킨다 14 가팔
2단계 15 ④ 16 ③ 17 ④

15

답 ④

음운 축약은 두 음운이 하나의 음운으로 줄어드는 것이다. 자음 축약은 발음과 관련된 것으로 표기에는 영향을 주지 않는다. 따라서 'ㄱ, ㄷ, ㅂ, ㅈ'이 'ㅎ'과 만나 'ㅋ, ㅌ, ㅍ, ㅊ'으로 소리가 나더라도 표기에는 본래의 형태대로 적어야 한다.

오답 풀이 ①, ② 자음 축약은 예사소리 'ㄱ, ㄷ, ㅂ, ㅈ'의 앞이나 뒤에 'ㅎ'이 올 때 일어난다. 예를 들어 '좁히다'의 경우, 'ㅎ'이 'ㅂ' 뒤에 있지만 [조피다]로 축약되어 소리 난다.
③ 자음 축약은 예사소리 'ㄱ, ㄷ, ㅂ, ㅈ'이 'ㅎ'과 만나 같은 위치의 거센소리 'ㅋ, ㅌ, ㅍ, ㅊ'으로 줄어들어 소리 나는 것이다.
⑤ 축약은 두 개의 음운이 하나의 음운으로 줄어드는 것으로, 원래 있던 하나의 음운이 없어지는 탈락과는 다르다.

16

답 ③

음운이 주어진 환경에 따라 변화가 일어나는 음운 변동에는 다른 음운으로 바뀌는 교체, 두 개의 음운이 하나로 줄어드는 축약, 하나의 음운이 없어지는 탈락, 하나의 음운이 더해지는 첨가가 있다. 〈보기〉의 '좋다'는 'ㅎ'과 'ㄷ'이 'ㅌ'으로 줄어들어 [조타]로 발음되면서 글자의 음운 수보다 발음되는 음운의 수가 적다. ③ '축하'도 'ㄱ'과 'ㅎ'이 'ㅋ'으로 줄어들어 [추카]로 발음된다.

오답 풀이 ① '신라'는 유음화가 일어나 [실라]로 발음되지만, 글자의 음운 수와 발음되는 음운 수는 동일하다.
②, ④ '먹다'와 '잡다'는 뒤의 'ㄷ'이 된소리 'ㄸ'으로 교체되어 각각 [먹따], [잡따]로 발음되지만, 글자의 음운 수와 발음되는 음운 수는 동일하다.
⑤ '잔디'는 음운의 변동 없이 표기 그대로 [잔디]로 발음된다.

17

답 ④

'묻히다'가 [무티다]로 바뀌는 것은 'ㄷ'과 'ㅎ'이 결합하여 'ㅌ'이 되는 자음 축약 즉 거센소리되기가 일어난 결과이며, [무티다]가 [무치다]로 발음되는 것은 'ㅌ'이 모음 'ㅣ' 앞에서 [ㅊ]으로 발음되는 구개음화의 결과이다.

오답 풀이 ① 자음 축약과 구개음화(교체)가 차례로 일어난다.
②, ③ 축약으로 인해 두 음운이 하나의 음운으로 결합하여 음운의 수는 줄었다.
⑤ 자음 축약과 구개음화는 모두 두 형태소가 서로 만날 때 이루어진다.

08 음운 탈락과 음운 첨가

| 본문 29쪽 |

1단계 01 탈락 02 음운 03 × 04 ○ 05 × 06 따님 07 머니 08 조은
09 너어 10 써 11 시낸물 12 맨닙 13 논닐 14 제산날
2단계 15 ⑤ 16 ③ 17 ② 18 ⑤

15

답 ⑤

음운 첨가는 형태소가 결합할 때 원래 없던 음운이 덧나는 음운 변동이다. ⑤의 '눈＋요기'가 결합할 때 원래 없던 음운인 'ㄴ'이 덧나 [눈뇨기]로 발음되는 것은 음운 첨가이다.

오답 풀이 ① 원래 있던 'ㅅ'이 탈락하였다.
② 원래 있던 'ㄹ'이 탈락하였다.
③ 원래 있던 모음 'ㅏ'가 탈락하였다.
④ 원래 있던 'ㅎ'이 탈락하였다.

16

답 ③

〈보기〉에서 '아드님'은 '아들＋-님'이 결합하면서 '아들'의 받침 'ㄹ'이 없어지는 음운 탈락이 일어난 것이다.

오답 풀이 ① 원래 없던 'ㄴ' 소리가 덧나는 것은 'ㄴ' 첨가 또는 사잇소리 현상이다.
② 예사소리가 거센소리로 발음되는 것은 거센소리되기 현상이다.
④ 모음 'ㅣ'의 영향으로 'ㄷ, ㅌ'이 센입천장소리인 'ㅈ, ㅊ'으로 발음되는 것은 구개음화이다.
⑤ '고프-＋-아서 → 고파서'와 같이 모음 'ㅡ'가 없어지는 것을 모음 탈락이라 한다.

17

답 ②

음운 탈락은 원래 있던 음운 중 하나가 특정한 환경에서 없어지는 것이다. ②의 '놓아'는 '놓-＋-아'에서 'ㅎ'이 탈락한 [노아]로 발음되므로 음운 탈락에 해당한다.

오답 풀이 ① '놓고[노코]'는 'ㅎ＋ㄱ'이 'ㅋ'으로 축약된 것이다.
③ '놓다[노타]'는 'ㅎ＋ㄷ'이 'ㅌ'으로 축약된 것이다.
④ '놓지[노치]'는 'ㅎ＋ㅈ'이 'ㅊ'으로 축약된 것이다.
⑤ '놓기로[노키로]'는 'ㅎ＋ㄱ'이 'ㅋ'으로 축약된 것이다.

18

답 ⑤

'ㄴ' 첨가는 합성어나 파생어에서 자음 뒤에 모음 'ㅣ'로 시작하는 형태소가 결합될 때 'ㄴ'이 덧나는 것이다. ⑤의 '솜이불'은 원래 없던 'ㄴ'이 첨가되어 [솜니불]로 소리 난다.

오답 풀이 ① '밭이'는 구개음화가 일어나 [바치]로 발음된다.
② '신라'는 유음화가 일어나 [실라]로 발음된다.
③ '하얗다'는 자음 축약이 일어나 [하야타]로 발음된다.
④ '바늘＋-질'은 '바늘'의 'ㄹ'이 탈락하여 '바느질'이 된다.

음운 변동	전	후	음운 변동	전	후
음운 탈락	A＋B	B	음운 첨가	A＋B	A＋C＋B

01 ① 02 ④ 03 ① 04 ① 05 ④ 06 ① 07 ① 08 ③ 09 ① 10 ② 11 ②
12 ③ 13 ② 14 ⑤ 15 ④ 16 ③ 17 ④ 18 ③

01 [답] ①

〈보기〉에서 '숱한'은 먼저 음절의 끝소리 규칙에 따라 'ㅌ'이 'ㄷ'으로 바뀌어 [숟한]이 된다. 이는 다른 음운으로 바뀐 '교체'에 해당한다. 그리고 [숟한]은 다시 'ㄷ'과 'ㅎ'이 결합하여 'ㅌ'으로 줄어들어 [수탄]으로 소리 난다. 이는 두 개의 음운이 합쳐져서 하나가 되는 '축약'에 해당한다.

02 [답] ④

음절의 끝소리 규칙은 음절의 끝소리에서 대표음 'ㄱ, ㄴ, ㄷ, ㄹ, ㅁ, ㅂ, ㅇ'의 7개 소리로만 발음되는 것이다. ④에서 '읊고'의 겹받침 'ㄼ'은 'ㅍ'이 남고, 음절의 끝소리 규칙에 따라 'ㅂ'으로 소리 난다. 이로 인해 뒤 음절의 첫소리는 된소리로 바뀌어 [읍꼬]로 소리 난다.

오답 풀이 ① '밭'은 [받]으로 소리 난다.
② '무릎'은 [무릅]으로 소리 난다.
③ '깎지'는 [깍찌]로 소리 난다.
⑤ '없다'는 [업따]로 소리 난다.

03 [답] ①

음절의 끝소리 규칙에 따라 뒤에 이어지는 소리가 모음이고 형식 형태소인 경우에는 겹받침 중 뒤의 자음이 다음 음절의 첫소리로 이어져 발음된다. ①의 '값이'는 '값'에 조사 '이'가 결합되면서 겹받침 'ㅄ' 중 뒤의 'ㅅ'이 뒤 음절의 첫소리로 이어지고, 남은 'ㅂ'의 영향으로 'ㅅ'이 된소리 'ㅆ'이 되어 [갑씨]로 발음된다.

오답 풀이 ② '넓이[널비]'는 'ㄼ'에서 'ㅂ'이 뒤 음절로 이어져서 발음된다.
③ '닭을[달글]'은 'ㄺ'에서 'ㄱ'이 뒤 음절로 이어져서 발음된다.
④ '몫을[목쓸]'은 'ㄳ'에서 'ㅅ'이 뒤 음절로 이어지고, 앞에 남은 'ㄱ'의 영향으로 뒤의 'ㅅ'이 된소리 'ㅆ'이 되어 발음된다.
⑤ '읊어[을퍼]'는 'ㄼ'에서 'ㅍ'이 뒤 음절로 이어져서 발음된다.

04 [답] ①

〈보기〉는 자음 두 개가 음절 끝에 놓일 때 앞의 자음이 탈락하는 경우와 뒤의 자음이 탈락하는 경우를 설명하고 있다. ㉠에는 뒤에 있는 자음이 탈락하고 앞에 있는 자음만 발음되는 경우가 들어가야 한다. '값[갑]'은 'ㅄ' 중 앞의 'ㅂ'이 남고, '넋[넉]'은 'ㄳ' 중 앞의 'ㄱ'이 남아 발음된다.

오답 풀이 ②, ③, ④, ⑤ '닭[닥]'은 'ㄺ' 중 앞의 'ㄹ'이 탈락하고 뒤의 'ㄱ'이 남는다. '삶[삼]'은 'ㄻ' 중 앞의 'ㄹ'이 탈락하고 뒤의 'ㅁ'이 남는다.

05 [답] ④

〈보기〉의 '먹는[멍는]'은 뒤의 'ㄴ'의 영향으로 'ㄱ'이 비음 'ㅇ'으로 발음되는 비음화, '백로[뱅노]'는 'ㄹ'이 'ㄴ'으로 바뀐 뒤 다시 뒤의 'ㄴ'의 영향으로 'ㄱ'이 'ㅇ'으로 발음되는 비음화, '신라[실라]'는 뒤의 'ㄹ'의 영향으로 앞의 'ㄴ'이 'ㄹ'로 발음되는 유음화이다. 모두 두 자음이 만나 비슷한 소리로 발음되는 자음 동화이다.

오답 풀이 ① 자음 축약에 대한 설명이다.
② 음운 첨가에 대한 설명이다.
③ 음운 탈락에 대한 설명이다.
⑤ 구개음화에 대한 설명이다.

06 [답] ①

'한류'는 'ㄴ + ㄹ'의 음운 환경에서 앞의 'ㄴ'이 뒤의 'ㄹ'의 영향으로 유음 'ㄹ'로 바뀌어 [할류]로 소리 나는 유음화의 예이다. ① '진리'도 뒤의 'ㄹ'의 영향으로 앞의 'ㄴ'이 'ㄹ'로 바뀌어 [질리]로 소리 난다.

오답 풀이 ② '협력 → [협녁] → [혐녁]'으로 비음화의 예이다.
③ '항로 → [항노]'로 비음화의 예이다.
④ '백로 → [백노] → [뱅노]'로 비음화의 예이다.
⑤ '남루 → [남누]'로 비음화의 예이다.

07 [답] ①

표준 발음법 제18항은 비음이 아닌 것이 비음으로 바뀌면 바뀌는 대로 발음한다는 비음화의 발음 원칙이다. ① '국물'은 받침 'ㄱ'이 뒤의 'ㅁ'의 영향으로 같은 위치의 비음 'ㅇ'으로 바뀌어서 [궁물]로 발음된다.

오답 풀이 ② '먹이[머기]'는 소리가 이어 나는 것이지, 음운 변동은 일어나지 않는다.
③ '밤낮[밤낟]'은 음절의 끝소리 규칙에 따라 'ㅈ'이 'ㄷ'으로 발음된다.
④ '손재주[손째주]'는 'ㅈ'이 된소리 'ㅉ'으로 발음된다.
⑤ '가을걷이[가을거지]'는 'ㄷ'이 'ㅈ'으로 발음되는 구개음화의 예이다.

08 [답] ③

구개음화는 'ㄷ, ㅌ'이 소리 나는 위치보다 'ㅈ, ㅊ'이 소리 나는 위치가 모음 'ㅣ'가 발음되는 위치와 가깝기 때문에 일어나는 변동이다. ③의 '붙이다 → [부치다]'는 'ㅌ'이 모음 'ㅣ'를 만나 'ㅊ'으로 소리 나는 구개음화의 예이다.

오답 풀이 ① '부엌 → [부억]'은 음절의 끝소리 규칙에 따라 'ㅋ'이 'ㄱ'으로 바뀌는 것이다.
② '막히다 → [마키다]'는 'ㄱ + ㅎ'이 'ㅋ'으로 줄어든 음운 축약이다.
④ '대관령 → [대괄령]'은 뒤의 'ㄹ'의 영향으로 앞의 'ㄴ'이 유음 'ㄹ'로 바뀐 유음화이다.
⑤ '속리산 → [속니산] → [송니산]'은 앞의 'ㄱ'이 뒤의 'ㄴ'의 영향으로 비음으로 바뀌는 비음화이다.

09 [답] ①

① '끝을'은 'ㅌ' 뒤에 모음 'ㅣ'로 시작하는 형식 형태소가 온 것이 아니라 모음 'ㅡ'로 시작하는 형식 형태소가 왔으므로 'ㅌ'이 'ㅊ'으로 소리 나는 구개음화가 일어나지 않는다. '끝을'의 'ㅌ'은 뒤 음절의 첫소리로 이어져서 [끄틀]로 발음된다.

오답 풀이 ② '밭이[바치]'는 'ㅌ'이 'ㅣ'와 만나 'ㅊ'으로 발음된다.

③ '붙이다[부치다]'는 'ㅌ'이 'ㅣ'와 만나 'ㅊ'으로 발음된다.
④ '해돋이[해도지]'는 'ㄷ'이 'ㅣ'와 만나 'ㅈ'으로 발음된다.
⑤ '가을걷이[가을거지]'는 'ㄷ'이 'ㅣ'와 만나 'ㅈ'으로 발음된다.

10　답 ②
② '파란'은 '파랗-'과 '-(으)ㄴ'이 만나 'ㅎ'이 탈락한 것이다.
오답 풀이 ① '속히[소키]'는 'ㄱ'과 'ㅎ'이 'ㅋ'으로 축약되었다.
③ '국화[구콰]'는 'ㄱ'과 'ㅎ'이 'ㅋ'으로 축약되었다.
④ '넓히는[널피는]'은 'ㅂ'과 'ㅎ'이 'ㅍ'으로 축약되었다.
⑤ '입혀[이펴]'는 'ㅂ'과 'ㅎ'이 'ㅍ'으로 축약되었다.

11　답 ②
'맏형수[마텽수]'는 첫 음절의 끝소리 'ㄷ'과 다음 음절의 첫소리 'ㅎ'이 결합하여 [ㅌ]으로 발음되는 것으로, 음절의 끝소리 규칙은 적용되지 않았다.

12　답 ③
'잡히다'는 [자피다]로 발음되므로, 발음되는 음운 수는 'ㅈ, ㅏ, ㅍ, ㅣ, ㄷ, ㅏ'로 6개이다.
오답 풀이 ①, ④, ⑤ '잡히다'는 'ㅂ'과 'ㅎ'이 만나 'ㅍ'으로 줄어드는 음운 축약이 일어나 [자피다]로 소리 난다.
② 글자의 음운 수는 'ㅈ, ㅏ, ㅂ, ㅎ, ㅣ, ㄷ, ㅏ'로 모두 7개이다.

13　답 ②
원래 있던 음운이 없어지는 것은 음운 변동 중 탈락에 해당한다. ㉠의 '살- + -는 → [사는]'은 'ㄹ'이 탈락한 것이고, ㉡의 '넣- + -어 → [너어]'는 'ㅎ'이 탈락한 것이다.
오답 풀이 ① ㉠은 'ㄹ', ㉡은 'ㅎ'이 탈락하였다.
③ ㉡과 ㉢은 각각 모음 'ㅏ, ㅓ' 앞에서 'ㅎ'이 탈락하였다.
④ ㉣은 모음 'ㅡ'와 'ㅓ'가 만나 앞 음절의 모음 'ㅡ'가 탈락하였다.
⑤ ㉠~㉣은 각각 원래 있던 음운 'ㄹ, ㅎ, ㅎ, ㅡ'가 탈락하였다.

14　답 ⑤
⑤의 '하얗고[하야코]'는 'ㅎ + ㄱ'이 'ㅋ'으로 줄어든 음운 축약에 해당한다.
오답 풀이 ① 'ㅎ'이 탈락하였다.
② 'ㅅ'이 탈락하였다.
③ 'ㅡ'가 탈락하였다.
④ 'ㄹ'이 탈락하였다.

> • 자음 축약: 'ㄱ, ㄷ, ㅂ, ㅈ'+'ㅎ' → 거센소리 'ㅋ, ㅌ, ㅍ, ㅊ'이 됨.
> • 모음 축약: 두 모음이 합쳐져서 다른 하나의 단모음이 됨.

15　답 ④
〈보기〉에서 '홑-'과 '이불'이 결합하면서 음절 끝의 자음 'ㅌ'이 음절의 끝소리 규칙에 의해 'ㄷ'으로 바뀌고 뒤 음절의 모음 'ㅣ'와 만나 'ㄴ'이 첨가되었다(㉠). 그리고 첨가된 'ㄴ'의 영향으로 앞의 'ㄷ'이 비음 'ㄴ'으로 바뀌는 비음화가 일어났다(㉡). '홑이불'이 [혼니불]로 소리 날 때 첫째 음절의 끝소리가 둘째 음절의 첫소리로 이동하지는 않았다.

16　답 ③
③의 '노랗다'는 'ㅎ+ㄷ'이 'ㅌ'으로 줄어든 음운 축약에 해당한다.
오답 풀이 ① '국물[궁물]'은 뒤의 비음 'ㅁ'의 영향으로 'ㄱ'이 비음 'ㅇ'으로 바뀐 비음화이다.
② '해돋이[해도지]'는 'ㄷ'이 모음 'ㅣ'와 만나 'ㅈ'으로 바뀐 구개음화이다.
④ 'ㄹ'이 탈락한 것이다.
⑤ 'ㅏ'가 탈락한 것이다.

17　답 ④
〈자료〉의 '쫓는'은 음절의 끝소리 규칙이 먼저 일어나고 이후에 비음화가 일어난 사례이다. ④의 '닭는' 역시 음절의 끝소리 규칙에 의해 [닥는]이 된 후, 뒤의 'ㄴ'의 영향으로 앞의 'ㄱ'이 비음 'ㅇ'으로 바뀌어 [당는]으로 발음된다.
오답 풀이 ① '얇은[얄븐]'은 겹받침 중 뒤의 자음이 뒤 음절의 첫소리로 이어진다.
② '맑은[말근]'은 겹받침 중 뒤의 자음이 뒤 음절의 첫소리로 이어진다.
③ '덮은[더픈]'은 뒤에 모음으로 시작하는 형식 형태소가 왔으므로 '덮-'의 받침 'ㅍ'이 뒤 음절의 첫소리로 이어진다.
⑤ '끓고'는 겹받침 'ㅀ' 중 'ㅎ'이 뒤 음절로 이어지면서 'ㄱ'과 만나 'ㅋ'으로 축약되어 [끌코]로 소리 난다.

18　답 ③

도전! 수능 맛보기

| 출제 연도 | 2014 수능 A형
| 배　　점 | 2점 ★★★★☆
| 출제 의도 | 음운의 변동 이해

㉠은 음절의 끝소리 규칙에 따라 받침 'ㅅ, ㅍ, ㄲ'이 각각 'ㄷ, ㅂ, ㄱ'으로 발음되는 것이다. ㉡은 받침 'ㄱ, ㅂ'의 영향으로 뒤의 예사소리 'ㅂ, ㄷ'이 된소리 'ㅃ, ㄸ'으로 발음되는 것이다. ㉢은 'ㅎ + ㅈ'이 'ㅊ'으로, 'ㄷ + ㅎ'이 'ㅌ'으로 축약된 것이나. ③의 '따뜻하다'는 음절의 끝소리 규칙에 따라 'ㅅ'이 'ㄷ'로 바뀌어 [따뜬하다]가 된 뒤에 'ㄷ + ㅎ'이 'ㅌ'으로 축약되어 [따뜨타다]로 소리 나므로 ㉠과 ㉢이 모두 일어난 예로 적절하다.
오답 풀이 ① ㉠만 음절 종성에 놓인 자음이 바뀐다.
② ㉠은 음절의 끝에서 예사소리 'ㄱ, ㄴ, ㄷ, ㄹ, ㅁ, ㅂ, ㅇ' 중 하나로 소리 나는 것이고, ㉢은 예사소리가 거센소리로 나는 것이다.
④, ⑤ ㉡은 교체, ㉢은 축약이다.

09 형태소

문제로 개념 확인 | 본문 37쪽 |

1단계 01 뜻, 형태소 02 자립 형태소, 의존 형태소 03 실질 형태소, 형식 형태소 04 의존 형태소, 형식 형태소 05 자립 형태소, 실질 형태소 06 의존 형태소, 실질 형태소 07 의존 형태소, 실질 형태소 08 한(1) 09 두(2) 10 세(3) 11 두(2) 12 날씨/가/덥/다 13 나/는/네/가/좋/아 14 경서/가/등/을/긁/었/다

2단계 15 ④ 16 ③ 17 ④ 18 ④

15
답 ④

형태소는 더 이상 쪼갤 수 없는 가장 작은 말의 단위이다. 따라서 '가을 하늘은 높고 푸르다.'를 형태소로 나누면 '가을＋하늘＋은＋높＋－고＋푸르＋－다'이므로, 정답은 ④이다.

> **⊙ 용언의 형태소 분석**
> 용언은 동사와 형용사를 묶어 이르는 말이며, 형태가 변하지 않는 '어간'과 형태가 변하는 '어미'로 나뉜다. 어간과 어미를 각각 형태소로 분석해야 한다.
>
> | 용언 | 어간 | 어미 | 형태소 분석 |
> |---|---|---|---|
> | 보다 | 보– | –다 | 보–, –다 |
> | 본다 | 보– | –ㄴ, –다 | 보–, –ㄴ, –다 |
> | 보았다 | 보– | –았–, –다 | 보–, –았–, –다 |

16
답 ③

'동생이 수박을 먹었다.'를 형태소로 나누면 '동생＋이＋수박＋을＋먹＋－었－＋－다'이다. 따라서 이 문장의 형태소의 개수는 모두 일곱 개이다.

17
답 ④

실질 형태소는 실질적인 뜻, 곧 구체적인 대상이나 대상의 상태, 동작을 나타내는 형태소이다. 의존 형태소는 실질적인 뜻은 없고 문법적인 역할을 더하는 형태소이다. 따라서 '소희가 동생에게 몰래 사과를 주었다.'를 '소희＋가＋동생＋에게＋몰래＋사과＋를＋주－＋－었－＋－다'로 형태소 분석을 한 뒤에 실질 형태소와 형식 형태소로 구분해야 한다. 실질 형태소는 '소희, 동생, 몰래, 사과, 주－'이고, 형식 형태소는 '가, 에게, 를, －었－, －다'이다. 따라서 ④의 '를'만 형식 형태소이고, 나머지는 모두 실질 형태소이다.

18
답 ④

ⓐ '사람들'은 '사람＋－들'로 형태소를 분석할 수 있으므로, 두 개의 형태소로 구성되었다.

오답 풀이 ① ㉠ '시장'은 자립 형태소이면서 실질 형태소이다.
② ㉡ '물건'은 자립 형태소이면서 실질 형태소이다.
③ ㉢ '사는'은 '사－＋－는' 두 개의 형태소로 구성되었다.
⑤ ㉤ '많다'는 '많－＋－다' 두 개의 형태소로 구성되었다.

10 어근과 접사

문제로 개념 확인 | 본문 39쪽 |

1단계 01 어근 02 접두사 03 접미사 04 ○ 05 × 06 ○ 07 맨－ 08 –님 09 새－ 10 –꾸러기 11 아이들, 사냥꾼 12 먹이, 반듯이, 학생답다, 공부하다

2단계 13 ③ 14 ④ 15 ① 16 ①

13
답 ③

③은 접두사 '헛－'과 어근인 '소문'이 결합해 만들어진 단어이다.

오답 풀이 ①, ② 어근만으로 이루어진 단어이다.
④ 두 개의 어근인 '돌'과 '다리'로 이루어진 단어이다.
⑤ 두 개의 어근인 '사과'와 '나무'로 이루어진 단어이다.

14
답 ④

'가위질'은 접미사 '－질'을 포함하고 있는 단어로, 가위로 자르거나 오리는 일을 뜻한다.

오답 풀이 ① 접두사 '뒤－'＋섞다 → 물건 따위를 한데 그러모아 마구 섞다.
② 접두사 '잔－'＋기침 → 작은 소리로 잇따라 자주 하는 기침.
③ 접두사 '처－'＋넣다 → 마구 집어넣다.
⑤ 접두사 '햇－'＋병아리 → 새로 부화된 병아리. 또는 풋내기를 비유적으로 이르는 말.

> | | |
> |---|---|
> | 접두사 | • 어근의 앞에 붙음.
• 어근과 붙어 있어 다른 말이 들어가지 못함. |
> | 접미사 | • 어근의 뒤에 붙음.
• 뜻을 더하기도 하고, 단어의 품사를 바꾸기도 함. |

⊙ 접두사 vs 접미사

15
답 ①

'달리기'에서 '－기'는 어근의 뒤에 붙어 단어의 품사를 명사로 만드는 접미사이다. ①의 '먹이'에서 '－이'도 단어의 품사를 바꾸는 접미사이다.

오답 풀이 ② 접두사 '풋－': '처음 나온', 또는 '덜 익은', '미숙한', '깊지 않은'의 뜻을 더한다.
③ 접미사 '－들': '복수(둘 이상)'의 뜻을 더한다.
④ 접미사 '－꾼': '어떤 일을 전문적으로 하는 사람', '어떤 일을 즐겨 하는 사람' 등의 뜻을 더한다.
⑤ 접미사 '－꾸러기': '그것이 심하거나 많은 사람'의 뜻을 더한다.

16
답 ①

① '믿음'에서 밑줄 친 접미사 '－음'은 단어의 품사를 명사로 만드는 접미사이다.

오답 풀이 ② '뛰－'는 어근이다.
③ '참－'은 '진짜' 또는 '진실하고 올바른'의 뜻을 더하는 접두사이다.
④ '－이'는 어근 뒤에 붙어 단어의 품사를 부사로 바꾸는 접미사이다.
⑤ '－쟁이'는 '그것이 나타내는 속성을 많이 가진 사람', '그것과 관련된 일을 업으로 하는 사람'의 뜻을 더하는 접미사이다.

⑪ 단일어와 복합어

문제로 개념 확인　　　　　| 본문 41쪽 |

> **1단계** 01 가방, 나무　02 헛기침, 부채질, 출렁거리다　03 ○　04 ○　05 ×
> 06 ㉠　07 ㉡　08 ㉠　09 ㉡　10 ㉢　11 ㉢　12 손발, 오가다, 높푸르다
> **2단계** 13 ④　14 ⑤　15 ⑤　16 ㉠ 어근, ㉡ 파생어, ㉢ 형용사

13
답 ④

'밤하늘'은 어근 '밤'과 '하늘'로 이루어진 합성어로 어근이 모두 2개이다.
오답 풀이 ①, ② 1개의 어근으로만 이루어진 단일어이다.
③ 접사 '덧-'과 어근 '신'으로 이루어진 파생어이다.
⑤ 어근 '어른'과 접사 '-답(다)'로 이루어진 파생어이다.

14
답 ⑤

'책가방'은 '책을 넣어 다니는 가방'이라는 의미로, 앞의 어근인 '책'이 뒤의 어근인 '가방'을 꾸며 주는 방식이므로 종속 합성어이다.

> **⊙ 통사적 합성어 vs 비통사적 합성어**
> 합성어는 대등 합성어, 종속 합성어, 융합 합성어 외에도 우리말의 단어 배열법과 일치하는지의 여부에 따라 통사적 합성어와 비통사적 합성어로 나눌 수 있다.
>
> | 통사적 합성어 | 비통사적 합성어 |
> | --- | --- |
> | 우리말의 일반적인 단어 배열법과 일치하는 방식으로 합성된 합성어 | 우리말의 일반적인 단어 배열법과 일치하지 않는 방식으로 합성된 합성어 |

15
답 ⑤

'부채질'은 어근 '부채'와 접미사 '-질'이 결합한 파생어이다. 이때 '-질'은 어근에 붙어 '그 도구를 가지고 하는 일'이란 뜻을 더할 뿐, 품사를 바꾸지는 않는다.
오답 풀이 ① 어근 '꾸(다)'에 접미사 '-(으)ㅁ'이 붙어 품사가 동사에서 명사로 바뀌었다.
② 어근 '조용(하다)'에 접미사 '-히'가 붙어 품사가 형용사에서 부사로 바뀌었다.
③ 접두사 '풋-'과 어근 '사과'가 결합한 단어이다.
④ 접두사 '치-'와 어근 '솟다'가 결합한 단어이다.

> **⊙ 품사를 바꾸는 접미사와 뜻을 더하는 접미사**
>
> | 품사를 바꾸는 접미사 | 먹이, 달리기, 반듯이, 공부하다, 학생답다 |
> | --- | --- |
> | 뜻을 더하는 접미사 | 선생님, 사냥꾼, 아이들 |

16
답 ㉠ 어근, ㉡ 파생어, ㉢ 형용사

'고생스럽다'는 어근 '고생'과 접미사 '-스럽(다)'로 이루어진 단어이다. '고생'은 단어에서 실질적 의미를 담당하는 어근이고 품사는 명사이다. 여기에 품사를 형용사로 바꾸는 접미사 '-스럽(다)'가 결합하여 품사가 형용사로 바뀌었다.

[09 ~ 11]

문제로 실력 평가　　　　　| 본문 42~45쪽 |

> 01 ⑤　02 ③　03 ③　04 ④　05 ⑤　06 ②　07 ②　08 ①　09 ②　10 ④　11 ②
> 12 ③　13 ②　14 ⑤　15 ②　16 ㉠: 멋(어근)＋-쟁이(접사) ㉡: 햇-(접사)＋과일(어근)　17 ④　18 ②

01
답 ⑤

'하늘'은 더 이상 쪼갤 수 없으므로, 하나의 형태소로 이루어진 단어(낱말)이다.
오답 풀이 ① '논＋밭', ② '들＋꽃', ③ '밤＋낮', ④ '손＋발'은 모두 두 개의 형태소로 이루어진 단어이다.

02
답 ③

'형은 집에 있다.'는 '형 / 은 / 집 / 에 / 있- / -다'로 형태소 분석을 할 수 있다. 이 중 실질적 의미가 있는 형태소는 '형, 집, 있-'이고, 형식적인 의미, 즉 문법적 의미만을 표시하는 형태소는 '은, 에, -다'이다.

03
답 ③

③ '군것질'은 '쓸데없는' 혹은 '덧붙은'이라는 뜻을 더하는 접두사 '군-'이 명사 '것'과 합쳐진 '군것'에 다시 접미사 '-질'이 붙어 이루어진 단어이다.
오답 풀이 ① '참-＋말', ② '일＋-꾼', ④ '손＋버릇', ⑤ '말썽＋-꾸러기'로, 모두 두 개의 형태소로 이루어진 단어이다.

04
답 ④

'닮아서'는 기본형 '닮다'의 '닮-'이 어미 '-아서'와 결합한 형태이다. 따라서 형태소는 '닮 / 아서'로 분석해야 한다.

05
답 ⑤

제시된 단어들은 모두 접미사를 포함한 파생어에 해당한다. ㉠은 품사를 바꾸는 접미사 '-(으)ㅁ', '-이', '-히', '-하다'가 결합한 단어들이고, ㉡은 뜻을 더하는 접미사 '-꾼', '-쟁이', '-꾸러기'가 결합한 단어들이다.
오답 풀이 ① ㉠과 ㉡에 있는 단어들의 어근은 모두 1개이다.
② ㉠에 있는 단어들은 어근의 품사가 동사, 명사, 형용사로 다양하고, ㉡에 있는 단어들은 어근의 품사가 모두 명사이다.
③ ㉠과 ㉡에 있는 단어들은 모두 접사가 어근의 뒤에 위치하고 있다.
④ ㉠과 ㉡에 있는 단어들은 모두 접사가 결합하였다.

06
답 ②

'밤공기'는 어근과 어근이 결합된 합성어이다. 반면 ②의 '깊이'는 어근 '깊-'과 품사를 바꾸는 접미사 '-이'가 결합된 파생어이다.
오답 풀이 ① '앞＋뒤', ③ '손＋발', ④ '솔＋나무', ⑤ '돌＋다리'는 모두 어근과 어근이 결합된 합성어이다.

07

답 ②

〈보기 2〉에서 ㉠은 하나의 어근만으로 이루어진 단어인 단일어, ㉡은 접사가 결합되어 있는 단어인 파생어, ㉢은 둘 이상의 어근으로 이루어진 합성어에 해당하는 단어가 들어가야 한다. 제시된 단어들 중 '바다', '소리'는 어근 하나만으로 이루어진 단일어이다. '군살', '맨손', '일꾼'은 각각 '군- + 살', '맨- + 손', '일 + -꾼'으로 이루어진 단어들이며, 모두 어근과 접사가 결합되어 있으므로 파생어이다. 그리고 '큰집', '논밭'은 어근과 어근의 결합으로 이루어진 합성어이다.

◉ 단어의 유형	
단일어	하나의 어근
복합어	• 합성어(어근 + 어근) • 파생어(접사 + 어근 / 어근 + 접사)

08

답 ①

'눈사람'은 어근과 어근이 결합된 합성어이고, '햇감자'는 접두사와 어근으로 이루어진 파생어이다. 그러므로 ㉠에는 합성어인 '물방울(물 + 방울), 밥그릇(밥 + 그릇), 뛰놀다(뛰- + 놀다)'가 들어갈 수 있고, ㉡에는 파생어인 '드높다(드- + 높다), 한겨울(한- + 겨울)'이 들어갈 수 있다.

오답 풀이 '보조개'는 하나의 어근으로 이루어진 단일어이다.

09

답 ②

'물고기'는 어근 '물'과 '고기'로 구성된 합성어이고, '책가방'은 어근 '책'과 '가방'으로 구성된 합성어이다. 반면, '지우개'는 '지우-(어근) + -개(접사)'로 구성된 파생어이며, '심술쟁이'는 '심술(어근) + -쟁이(접사)'로 구성된 파생어이다.

10

답 ④

'군소리'는 접사 '군-'과 어근 '소리'가 결합하였으므로, 복합어의 종류는 파생어이다. '풋고추' 역시 접사 '풋-'과 어근 '고추'가 결합한 파생어이다. 한편 ⑤의 '돌다리'는 어근 '돌'과 '다리'가 결합한 합성어이다.

11

답 ②

〈자료〉의 '손발'은 어근 '손'과 어근 '발'이 결합된 합성어이다. ②의 '밤낮'도 실질적인 의미를 가진 어근 '밤'과 '낮'이 결합된 합성어이다.

12

답 ③

'오가다'는 어근 '오-(-다)'와 어근 '가-(-다)'가 결합되었으므로 합성어이다.

13

답 ②

〈자료〉에 제시된 '돌다리(돌 + 다리)', '콩밭(콩 + 밭)', '밤나무(밤 + 나무)'는 모두 어근과 어근이 결합된 합성어이다. ②의 '굿판' 역시 실질적 의미를 가진 어근 '굿'과 '판'이 결합된 합성어이다.

오답 풀이 ①, ③, ⑤ 하나의 어근으로 이루어진 단일어이다.
④ 어근 '뚱-'에 '그것을 특성으로 지닌 사람'의 뜻을 더하는 접미사 '-보'가 결합된 파생어이다.

14

답 ⑤

'달리기'는 동사의 어근 '달리-'에 품사를 바꾸는 접미사 '-기'가 결합되었으므로 복합어 중 파생어이다. 접미사 '-기'는 동사의 어근에 결합하여 품사를 명사로 바꾸었다. '먹이', '줄기'도 같은 방법으로 만들어진 파생어의 예에 해당한다.

15

답 ②

㉠ '팔다리(팔 + 다리)', ㉡ '책가방(책 + 가방)'은 모두 합성어이지만, ㉠은 '팔과 다리'라는 의미로 어근끼리 대등하게 연결된 대등 합성어이며, ㉡은 '책을 넣는 가방'이라는 의미로 앞의 어근이 뒤의 어근을 꾸며 주는 종속 합성어이다.

오답 풀이 ① ㉠, ㉡은 모두 우리말의 일반적인 배열에 따른 통사적 합성어이다.
③ ㉠, ㉡은 모두 실질 형태소인 어근끼리의 결합으로 이루어진 단어이다.
④ ㉠, ㉡은 모두 원래 어근의 의미를 유지하고 있다.
⑤ ㉠, ㉡은 모두 자립 형태소끼리의 결합으로 이루어진 단어이다.

◉ 대등 합성어와 종속 합성어	
대등 합성어	두 개의 어근이 대등하게 결합한 합성어이다. ⑩ 남녀, 팔다리, 오가다, 높푸르다 등
종속 합성어	한쪽 어근이 다른 쪽 어근에 종속되어 결합한 합성어이다. 곧 앞의 어근이 뒤의 어근을 꾸며 주는 의미 관계를 보인다. ⑩ 등지다, 책가방, 돌다리, 물결레, 도시락밥

16

답 ㉠: 멋(어근) + -쟁이(접사), ㉡: 햇-(접사) + 과일(어근)

'멋쟁이'는 어근 '멋'과 접미사 '-쟁이'로 이루어진 파생어이고, '햇과일'도 접두사 '햇-'과 어근 '과일'로 이루어진 파생어이다. '-쟁이', '햇-'은 어근에 뜻을 더하는 접사이다.

17

답 ④

〈보기 1〉에서 ㉠에는 단일어, ㉡에는 합성어, ㉢에는 파생어에 해당하는 단어가 들어가야 한다. 한편 〈보기 2〉에서 하나의 어근으로 이루어진 단일어는 '가을' 하나뿐이다. '물결레'와 '높푸르다'는 어근과 어근이 결합된 합성어이고, '꿈, 새롭다'는 어근과 접사가 결합된 파생어이다.

18

답 ②

도전! 수능 맛보기

| 출제 연도 | 2013 6월 수능 모의평가
| 배　 점 | 2점 ★★★☆☆
| 출제 의도 | 파생어의 의미 이해

접두사 '덧-'은 어근 '대다' 앞에 붙어서 '거듭' 또는 '겹쳐'의 뜻을 더한다. 따라서 '덧대어'는 '겹쳐 대어'의 의미로 풀어서 표현할 수 있다.

오답 풀이 ① '치-'는 '위로 향하게'라는 뜻을 가진 접두사이다.
③ '들-'은 '마구, 몹시'의 뜻을 더하는 접두사이다.
④ '되-'는 '도로, 다시'의 뜻을 더하는 접두사이다.
⑤ '휘-'는 '마구, 매우 심하게'의 뜻을 더하는 접두사이다.

12 체언

| 본문 47쪽 |

문제로 개념 확인

1단계 01 단어 02 체언 03 학교, 연필 04 백두산, 이순신 05 학교, 연필, 백두산, 이순신 06 것 07 ㉠ 08 ㉣ 09 ㉢ 10 ㉡ 11 × 12 ○ 13 ○

2단계 14 ② 15 ④ 16 ⑤

14
답 ②

〈보기〉의 단어들은 사람이나 사물의 이름을 나타내는 단어인 명사이다. 자립 유무를 기준으로 명사를 자립 명사와 의존 명사로 분류할 때, 〈보기〉의 단어들은 홀로 자립하여 사용할 수 있는 자립 명사에 해당한다.

오답 풀이 ① 명사는 활용하지 않아 형태의 변화가 없는 불변어이다.
③, ⑤ 명사는 조사와 결합해 주로 문장에서 주어, 목적어, 보어와 같은 주성분의 역할을 한다.
④ 명사는 사람이나 사물의 이름을 가리키는데, 〈보기〉에서 '하늘, 동생, 자전거'는 같은 종류의 대상에 두루 쓰이는 보통 명사이며, '경기도'는 특정한 지명에 쓰이는 고유 명사이다.

15
답 ④

대명사는 사람, 사물, 장소의 이름을 대신해 나타내는 단어로, ㉣은 멀리 있는 도서관을 대신해 가리키는 지시 대명사이다.

오답 풀이 ① ㉠의 '나'는 일인칭 대명사로, 말하는 이인 '병현'을 대신해 가리킨다.
② ㉡의 '너'는 이인칭 대명사로, 듣는 이인 '정필'을 대신해 가리킨다.
③ ㉢의 '우리'는 일인칭 대명사로, 대화 참여자인 '병현'과 '정필'을 모두 포함해 가리킨다.
⑤ ㉤의 '무엇'은 대상의 이름이나 신분을 모를 때에 사용하는 미지칭 대명사이다.

16
답 ⑤

사람이나 사물의 수량이나 순서를 나타내는 단어를 수사라고 하는데 수사는 격조사와 결합하는 특징을 지닌다. 관형사 중 수 관형사 또한 사물의 수와 양을 나타내며 체언을 꾸미지만 조사와 결합하지 않는다. ⑤의 '한'은 조사와 결합할 수 없기 때문에 수사가 아닌 관형사이다.

오답 풀이 ① '둘'은 사물의 수량을 나타내는 양수사로, 조사 '을'과 결합하고 있다.
② '셋'은 사물의 수량을 나타내는 양수사로, 조사 '이'와 결합하고 있다.
③ '둘째'는 사물의 순서를 나타내는 서수사로, 조사 '로'와 결합하고 있다.
④ '하나'는 사물의 수량을 나타내는 양수사로, 조사 '를'과 결합하고 있다.

⊙ **수사의 종류**

서수사	순서를 나타냄. ⑩ 첫째, 둘째, 셋째 / 제일, 제이, 제삼
양수사	수량을 나타냄. ⑩ 하나, 둘, 셋 / 일, 이, 삼

13 용언

| 본문 49쪽 |

문제로 개념 확인

1단계 01 용언 02 서술 03 ○ 04 × 05 × 06 × 07 ○ 08 자다, 눕다, 웃다, 노래하다 09 많다, 둥글다, 미끄럽다 10 열고, 열어라, 열겠다, 여니, 열면, 열 등 11 읽어, 읽자, 읽어서, 읽으려, 읽을, 읽는 등 12 높은, 높구나, 높지, 높아서, 높으면 등

2단계 13 ② 14 ⑤ 15 ①

13
답 ②

용언 중에서 사람 또는 사물의 움직임이나 과정, 작용을 나타내는 단어를 동사라고 하며, 사람 또는 사물의 성질이나 상태를 나타내는 단어를 형용사라고 한다. 동사와 형용사는 어간에 '-는다/-ㄴ다'가 결합하여 쉽게 구별할 수 있다. 이때 결합할 수 있으면 동사, 결합할 수 없으면 형용사로, ②의 '부지런하다'는 형용사이다.

오답 풀이 ①, ③, ④, ⑤ 어간에 '-는다/-ㄴ다'가 결합해 각각 '건넌다, 달린다, 태어난다, 부른다'로 쓰일 수 있는 동사이다.

14
답 ⑤

품사 중에서 동사, 형용사, 서술격 조사 '이다'는 어간에 여러 가지 어미가 붙어 다양하게 활용한다. ⑤의 '자상하다'는 형용사, '먹다, 사랑하다'는 동사로, 모두 활용하는 가변어이다.

오답 풀이 ① '어머니, 학교'는 명사, '하나'는 수사 또는 명사로, 형태가 변하지 않는 불변어이다.
② '매우'는 부사로 활용하지 않으며, '건너다, 쓰다'는 동사로 활용하는 가변어이다.
③ '푸르다, 맑다'는 형용사로 활용하는 가변어이며, '선생님'은 명사로 활용하지 않는 불변어이다.
④ '그분'은 대명사, '친구'는 명사로 활용하지 않는 불변어이며, '좋아하다'는 동사로 활용하는 가변어이다.

15
답 ①

㉠은 용언(형용사) '맑고', '시원하다' 2개로 이루어진 문장이며, ㉡은 용언(동사) '이루려고', '달린다' 2개로 이루어진 문장이다.

오답 풀이 ② 동사는 '-아라/-어라'의 명령형, '-자'의 청유형 종결 어미와 결합할 수 있다.
③ 동사에는 명령형 어미 '-아라/-어라'가 결합하지만, 형용사에 '-아라/-어라'가 결합할 경우에는 명령형이 아닌 감탄형으로 사용된다.
④ ㉠에는 용언(형용사) 2개, ㉡에는 용언(동사) 2개가 사용되어 ㉠, ㉡에는 용언 4개가 사용되었다.
⑤ ㉠에는 사람 또는 사물의 성질이나 상태를 나타내는 형용사가, ㉡에는 사람 또는 사물의 움직임이나 과정을 나타내는 동사가 쓰였다.

⊙ **동사와 형용사의 구분 방법**
① '-는다/-ㄴ다'를 붙여 보자. ⑩ 동사: 뛴다(○), 형용사: 높는다(×)
② '-자'를 붙여 청유형을 만들어 보자. ⑩ 동사: 뛰자(○), 형용사: 높자(×)
③ '-아라/-어라'를 붙여 명령형을 만들어 보자.
　　⑩ 동사: 뛰어라(○), 형용사: 높아라(×)
④ 의도를 나타내는 '-(으)려', 목적을 나타내는 '-(으)려'를 붙여 보자.
　　⑩ 동사: 뛰려 해(○), 형용사: 높으려 해(×)

1단계 01 ○ 02 × 03 ○ 04 ○ 05 부사 06 관형사 07 관형사 08 부사 09 관형사 10 ㉠, ㉢ 11 성분 부사 12 성분 부사 13 문장 부사 14 성분 부사 15 문장 부사

2단계 16 ④ 17 (1) 모쪼록 (2) 설마 18 ③

16
답 ④

〈보기〉의 단어 중에서 '온갖'은 뒤에 오는 체언을 꾸며 주는 관형사이며, '펑펑, 갑자기'는 주로 뒤에 오는 용언을 꾸며 주는 부사이다.

오답 풀이 ① 관형사는 조사와 자유롭게 결합할 수 없다.
② 관형사와 부사는 활용하지 않아 형태가 변하지 않는다.
③ 관형사와 부사는 자립하여 홀로 쓰일 수 있는 단어이다.
⑤ 관형사는 문장에서 '어떠한(어떤)'의 방식으로 체언을 꾸며 주는 역할을 하며, 부사는 문장에서 '어떻게'의 방식으로 주로 용언을 꾸며 주는 역할을 한다.

17
답 (1) 모쪼록 (2) 설마

말하는 이의 심리적 태도를 드러내는 양태 부사는 문장 안에서 서술어와 호응해야 한다. '모쪼록'은 '될 수 있는 대로'의 뜻을 갖는 양태 부사로, '빌다, 바라다' 등의 서술어와 호응한다. '설마'는 '그럴 리는 없겠지만'의 뜻을 갖는 양태 부사로, 의문형과 호응하며 부정적인 추측을 강조한다. 따라서 (1)에는 '모쪼록', (2)에는 '설마'가 적절하다.

오답 풀이 '절대'는 부정문과 호응하며, '오직'은 수량이나 가치를 한정하는 표현과 호응한다.

18
답 ③

부사는 문장에서 '어떻게'의 방식으로 주로 용언을 꾸며 주는 역할을 하지만, 용언 이외의 품사를 꾸며 주거나 문장 전체를 수식하여 화자의 심리 태도를 드러내기도 한다. ③은 '어떤(관형사) + 사람(명사) + 이(조사) + 나(대명사) + 를(조사) + 뒤따랐다(동사)'로, 부사는 사용되지 않았다.

오답 풀이 ① '제일', '먼저'란 부사가 사용되었다.
② '깡충깡충'이란 부사가 사용되었다.
④ '문득', '갑자기'란 부사가 사용되었다.
⑤ '역시'란 부사가 사용되었다.

⊙ 문장 부사의 종류
부사는 성분 부사와 문장 부사로 나눌 수 있다. 성분 부사는 주로 뒤에 오는 용언을 수식하지만, 문장 부사는 문장 전체를 수식하며 말하는 이의 심리 태도를 드러내거나 앞의 말을 뒤의 말과 이어 주기도 한다.
문장 부사는 다시 양태 부사와 접속 부사로 나눌 수 있다.

양태 부사	문장 전체를 수식하며 말하는 이의 심리 태도를 나타냄.
접속 부사	앞의 체언이나 문장의 뜻을 뒤의 체언이나 문장에 이어 주면서 뒤의 말을 꾸밈.

1단계 01 관계, 뜻 02 체언 03 형태, 이다 04 ㉢ 05 ㉡ 06 ㉠ 07 × 08 × 09 ○ 10 저런, 어머나 11 글쎄, 천만에 12 뭐, 에 13 예, 오냐

2단계 14 ③ 15 ④ 16 ③

14
답 ③

조사는 주로 체언 뒤에 붙어 그 말과 다른 말과의 문법적인 관계를 나타내는 역할을 하거나 앞에 오는 말에 붙어 특별한 의미를 더한다. 이때 의미를 더하는 조사를 보조사라고 한다. ③의 '부터'는 명사 '오늘'에 붙어 '시작, 먼저'의 의미를 더한다. 반면에 ①, ②, ④, ⑤는 앞의 체언이 일정한 자격을 갖추도록 하는 격 조사이다.

오답 풀이 ① '이니'는 대명사 '이것'이 문장에서 서술어의 자격을 갖도록 하는 서술격 조사 '이다'의 활용형이다.
② '에서'는 명사 '집'에 붙어 부사어의 자격을 갖도록 하는 부사격 조사이다.
④ '의'는 명사 '여자'에 붙어 관형어의 자격을 갖도록 하는 관형격 조사이다.
⑤ 어떤 일의 원인이나 이유를 나타내는 격 조사 '로'는 의존 명사 '마디'에 붙어 부사어의 자격을 갖도록 하는 부사격 조사이다.

15
답 ④

조사는 형태가 고정되어 활용하지 않지만, 서술격 조사 '이다'는 예외적으로 활용한다. ㉢의 '물건이야'에서 서술격 조사 '이다'의 활용형인 '이야'는 명사 '물건'에 붙어, '물건'이 문장 안에서 서술어의 역할을 하도록 한다.

오답 풀이 ① ㉠은 '할머니'가 주어의 역할을 하도록 하는 높임의 주격 조사이다.
② ㉡의 '까지만'은 보조사 '까지'와 보조사 '만'이 결합한 형태로, 조사는 다른 조사와 결합해 쓰일 수 있다.
③ ㉢은 '나'와 '너'를 같은 자격으로 이어 주는 접속 조사이다.
⑤ ㉤은 '시골'이 부사어의 역할을 하도록 하는 부사격 조사이다.

16
답 ③

㉠~㉤은 문장 안에서 다른 성분들과 문법적 관계를 맺지 않고 말하는 이의 놀람, 느낌, 부름이나 대답을 나타내는 감탄사이다. ㉢의 '그래'는 상대방의 말에 대한 긍정을 표현하는 대답이다.

오답 풀이 ① ㉠은 벌써 아홉 시가 되었다는 사실에 대한 놀람의 감정을 드러낸다.
② ㉡은 상대방의 말에 대한 긍정을 나타내는 대답이다.
④ ㉣은 상대방의 말에 대한 안타까움을 드러낸다.
⑤ ㉤은 상대방의 말에 대해 분명하지 않은 태도를 드러낸다.

⊙ 감탄사가 아닌 경우
① 용언의 감탄형 ⑩ 네 마음이 예쁘구나. → 형용사
② 문장 첫머리의 제시어나 표제어 ⑩ 청춘, 그 이름만으로 푸르다. → 명사
③ 이름 뒤에 호격 조사가 붙은 형태 ⑩ 재승아, 밥 먹어. → 명사+조사

01 ④ 02 ⑤ 03 ③ 04 ③ 05 ② 06 ⑤ 07 ② 08 ① 09 ③ 10 ⑤ 11 ③
12 ⑤ 13 ⑤ 14 ② 15 ⑤ 16 ② 17 ④ 18 ③ 19 ② 20 ④ 21 ③

01
답 ④

품사는 단어를 공통된 성질을 가진 것끼리 분류해 놓은 갈래로, 우리말에는 '명사, 대명사, 수사, 동사, 형용사, 관형사, 부사, 조사, 감탄사'의 아홉 가지의 품사가 있다.

오답 풀이 ① 아홉 가지 품사 중에서 '동사', '형용사'의 용언과, 서술격 조사 '이다'는 활용하여 형태가 변한다.

② 품사는 단어를 공통된 성질을 가진 것끼리 분류한 것이다.

③ 품사는 단어의 형태, 기능, 의미에 따라 분류할 수 있는데, 의미에 따라 '명사, 대명사, 수사, 동사, 형용사, 관형사, 부사, 조사, 감탄사'의 아홉 가지로 분류할 수 있다.

⑤ 품사는 기능에 따라 체언, 용언, 수식언, 관계언, 독립언으로 나눈다.

⊙ 품사의 분류 기준	
형태	가변어, 불변어
기능	체언, 용언, 수식언, 관계언, 독립언
의미	명사, 대명사, 수사, 동사, 형용사, 관형사, 부사, 조사, 감탄사

02
답 ⑤

품사는 단어의 형태, 기능, 의미에 따라 분류할 수 있다. ㉠은 체언, ㉡은 관계언, ㉢은 용언, ㉣은 수식언, ㉤은 독립언으로, 이는 문장 속에서 단어의 기능에 따라 분류한 것이다.

오답 풀이 ① 형태소는 뜻을 가진 가장 작은 말의 단위로 품사와는 관련이 없다.

② 어절의 개수와 품사는 관련이 없다.

③ 단어들이 지닌 의미에 따라 '명사, 대명사, 수사, 동사, 형용사, 관형사, 부사, 조사, 감탄사'의 아홉 가지로 분류할 수 있다.

④ 단어의 형태에 따라 형태가 변하는 가변어와 형태가 변하지 않는 불변어로 분류할 수 있다. 가변어에는 '동사', '형용사'의 용언과, 서술격 조사 '이다'가 해당하며, 불변어에는 '명사, 대명사, 수사, 관형사, 부사, 조사, 감탄사'가 해당한다.

03
답 ③

단어들이 공통적으로 지닌 의미에 따라 '명사, 대명사, 수사, 동사, 형용사, 관형사, 부사, 조사, 감탄사'의 아홉 가지로 분류할 수 있다. '꽃, 어머니, 하늘'은 사람이나 사물의 이름을 나타내는 단어인 명사이다.

오답 풀이 ① '처음, 막내'는 명사이며, '둘'은 수사이다.

② '가방'은 명사이며, '나'는 대명사, '에게'는 조사이다.

④ '새'는 관형사이며, '가다'는 동사, '천천히'는 부사이다.

⑤ '동생'은 명사이며, '이/가'는 조사이다. '달리다'는 동사이다.

04
답 ③

③의 '차다'는 형용사로 어간과 어미가 결합할 때 형태가 변하며 활용하

는 가변어이다.

오답 풀이 ① '한라산'은 명사, ② '첫째'는 수사, ④ '어머나'는 감탄사, ⑤ '취미'는 명사로 모두 불변어에 해당한다.

05
답 ②

명사는 사람이나 사물의 이름을 나타내는 단어이다. '꽃'은 명사에 해당한다. 사람, 사물, 장소의 이름을 대신하여 나타내는 단어는 대명사이다.

오답 풀이 ① '어머'는 말하는 이의 놀람, 느낌을 나타내는 감탄사이다.

③ '이'는 체언 뒤에 붙어 다른 말과의 문법적인 관계를 나타내는 격 조사이다.

④ '예쁘게'는 사물의 성질이나 상태를 나타내는 형용사이다.

⑤ '피었구나'는 사물의 움직임이나 작용을 나타내는 동사이다.

06
답 ⑤

〈보기〉의 '연필, 공원'은 사람이나 사물의 이름을 나타내는 명사, '당신, 우리'는 사람이나 사물의 이름을 대신하여 가리키는 대명사, '셋째'는 사물의 수량이나 순서를 나타내는 수사 또는 명사이다. '명사, 대명사, 수사'를 묶어 체언이라고 하는데, 체언은 조사와 결합해서 문장 안에서 주로 주체의 역할을 한다.

오답 풀이 ① 수식언인 관형사와 부사는 뒤에 오는 다른 단어를 꾸며주는 역할을 한다. 보조사 또한 단어의 의미를 보충하는 역할을 한다.

② 부사는 문장에서 '어떻게'의 방법으로 주로 동사, 형용사를 꾸며 주는 역할을 한다.

③ 체언은 자립하여 홀로 쓰일 수 있다. 자립하여 홀로 쓰일 수 없는 단어는 조사이다.

④ 동사와 형용사는 문장에서 주로 주어를 서술하는 역할을 한다. 서술격 조사 '이다' 또한 체언과 결합하여 문장에서 서술어의 역할을 한다.

07
답 ②

의존 명사는 명사의 특성을 지니고 있지만, 자립하여 사용할 수 없고 반드시 관형어의 수식을 받아야만 한다. ②의 '과자'는 관형어의 수식을 받지 않아도 홀로 자립해 쓸 수 있는 자립 명사이다.

오답 풀이 ① '대로'는 관형어 '아는'의 수식을 받는다.

③ '만큼'은 관형어 '먹을'의 수식을 받는다.

④ '채'는 관형어 '입은'의 수식을 받는다.

⑤ '뿐'은 관형어 '싶을'의 수식을 받는다.

08
답 ①

'그가 산 것은 불량품이다.'의 '것'은 물건을 의미한다. 따라서 정답은 ① 이다.

오답 풀이 ②는 '심정', ③은 '현상', ④는 '판단', ⑤는 '사실'을 의미한다.

09
답 ③

대명사는 체언에 속하며 조사와 결합할 수 있지만, 관형사는 조사와 결합할 수 없다. ③에서 '저'는 조사와 결합할 수 없다는 점에서 대명사 '저'가 아니라 관형사임을 알 수 있다.

오답 풀이 ① '우리' + '의', ② '너희' + '는', ④ '누구' + '도', ⑤ '이것' + '은', '무엇' + '과', '도'와 결합했다.

10 답 ⑤

수사는 사물의 수량이나 순서를 나타내며, 수 관형사는 사물의 수와 양을 나타내며 체언을 꾸민다는 점에서 그 의미가 유사하다. 하지만 수사는 체언의 일부이기 때문에 조사와 결합해 문장에서 주로 주체의 역할을 하지만, 수 관형사는 조사와 결합할 수 없다.

오답 풀이 ① '하나'는 조사 '를'과 결합한 수사이다.

② '둘'은 조사 '이'와 결합한 수사이다.

③ '일곱'은 조사 '이다'와 결합한 수사이다.

④ '셋째'는 조사 '로'와 결합한 수사이다.

11 답 ③

ⓒ은 사람이나 사물의 동작이나 작용을 나타내는 동사인 '사랑하다'의 활용형이다. 관형사는 형태가 고정되어 활용하지 않는다.

오답 풀이 ① '나'는 사람이나 사물의 이름을 대신 나타내는 대명사이다.

② '가장'은 동사 '사랑하는'의 앞에서 이를 꾸며 주는 부사이다.

④ '은'은 명사 '사람' 뒤에 붙어 앞에 오는 말에 의미를 더해 주는 조사이다.

⑤ '어머니'는 사람이나 사물의 이름을 나타내는 명사이다.

12 답 ⑤

용언은 문장에서 주로 주체(주어)가 어떠한지, 어찌하는지를 서술하는 역할을 하는데, 이 중에서 어떠한지를 서술하는 형용사는 명령형, 청유형의 어미와 결합할 수 없다.

오답 풀이 ①, ② 용언의 기본형은 '―다'로 끝나며, 활용할 때에 변하지 않는 어간과 형태가 변하는 어미로 이루어져 있다.

③ 어간과 어미가 결합할 때에는 어미가 다양하게 변화하며 활용한다.

④ 동사, 형용사를 묶어 '용언'이라고 한다.

> ⊙ 동사와 형용사의 구별
> 형용사가 '-아라/-어라'와 결합할 경우에는 명령형이 아닌 감탄형의 의미를 지닌다.
> ⓔ 동사: 어서 읽어라. → 명령형
> 형용사: 아, 정말 예뻐라. → 감탄형

13 답 ⑤

〈보기〉의 '뛰다'는 현재 시제를 나타내는 선어말 어미 '-ㄴ-/-는-'과 결합해 '뛴다, 뛰는군'으로 쓰이며, 또한 명령형 '뛰어라', 청유형 '뛰자'로도 쓰여 동사임을 알 수 있다. ⑤의 '무섭다'는 현재형의 '무섭는다', 명령형 '무서워라', 청유형 '무섭자'로 활용할 수 없어 형용사이다.

오답 풀이 ①, ②, ③, ④ 동사이며, '뛰다'처럼 활용할 수 있다.

14 답 ②

형태가 변하지 않으며 체언을 수식하는 단어는 관형사이다. ② '모든'은 관형사이다.

오답 풀이 ① '이다'는 서술격 조사이다.

③ '하지만'은 접속 부사이다.

④ '아니다'는 형용사이다.

⑤ '생각하다'는 동사이다.

15 답 ⑤

〈보기〉의 '아주, 벌써'는 뒤에 오는 형용사인 '좋다', 동사인 '떠났다'를 수식하는 부사이다. ⑤의 '수'는 앞에 오는 관형어 '그릴'의 수식을 받는 의존 명사이다.

오답 풀이 ① '꼭'은 뒤에 오는 동사 '맞다'를 꾸며 준다.

② '더'는 뒤에 오는 형용사 '크다'를 꾸며 준다.

③ '조금씩'은 뒤에 오는 동사 '지쳐 갔다'를 꾸며 준다.

④ '몹시'는 뒤에 오는 형용사 '피곤하다'를 꾸며 준다.

16 답 ②

〈자료〉의 '새'는 뒤에 오는 명사 '구두'를 꾸며 주는 관형사이다. 관형사는 형태가 변하지 않는 불변어이며 조사와 결합할 수 없다.

오답 풀이 ① ㉠은 형태가 변하지 않고 조사 '이/가', '을/를'이 뒤에 붙을 수 있는 품사로 〈자료〉에서 대명사 '나', 명사 '구두'가 이에 해당한다.

③ ㉢은 형태가 변하지 않고 조사 '이/가', '을/를'이 붙을 수 없으며, 명사를 꾸밀 수 없기 때문에 부사와 감탄사에 대한 설명이다. 〈자료〉에는 부사와 감탄사가 나타나지 않는다.

④ ㉣은 형태가 변하며 현재형을 나타낼 수 있는 품사로 〈자료〉에서 동사 '버리고', '샀다'가 해당한다.

⑤ ㉤은 형태가 변하지만 현재형을 나타낼 수 없는 품사로 형용사에 대한 설명이지만, 〈자료〉에서는 형용사가 나타나지 않는다.

17 답 ④

㉠~㉤의 밑줄 친 단어는 부사의 다양한 예이다. ㉣의 '역시'는 문장 부사 중에서 양태 부사로 말하는 이의 태도를 드러낸다.

오답 풀이 ① ㉠은 장소를 지시하는 지시 부사이다.

② ㉡은 대상의 모양을 나타내는 의태 부사이다.

③ ㉢은 부정의 의미를 지닌 부정 부사이다.

⑤ ㉤은 단어와 단어를 연결해 주는 접속 부사이다.

18 답 ③

문장 부사 중에서 양태 부사는 문장 전체를 수식하는 동시에 말하는 이의 태도를 드러낸다. 이때 문장 부사는 문장의 다른 성분과 일정한 호응 관계를 나타낸다. ③의 '앞으로'는 명사 '앞'과 조사 '으로'가 결합한 부사로, 미래를 나타내는 서술어와 호응한다.

오답 풀이 ① '설마', ② '혹시'는 의문형의 종결 표현을 나타내는 서술어와 호응한다.

④ '결코'는 부정 표현의 서술어와 호응한다.

⑤ '왜냐하면'은 '~하기 때문이다'와 호응한다.

19 답 ②

'가, 을'은 체언 뒤에 붙어 그 말과 다른 말과의 문법적인 관계를 나타내는 격 조사이며, '는, 요'는 특별한 의미를 더해 주는 보조사이다.

오답 풀이 ① 조사는 자립하여 홀로 쓰일 수 없으며, 반드시 앞말에 붙어서 쓰인다.
③ '가, 을'은 체언 뒤에 붙어 그 말과 다른 말과의 문법적인 관계를 나타내는 격 조사이다.
④ '요'는 존대의 의미를 나타내는 보조사로, 용언처럼 활용하는 조사는 서술격 조사 '이다'이다.
⑤ '는'은 대조의 의미를 더하는 보조사이다.

20
답 ④

밑줄 친 '아'는 감탄사로 놀람, 부름, 대답 등을 나타내는 단어이다.
오답 풀이 ① 문장에서 사용될 때 형태가 변하지 않는 불변어이다.
② 문장 속에서 다른 성분들과 문법적 관계를 맺지 않고 독립적이기 때문에, 비교적 문장 내에서 위치의 이동이 자유롭다.
③ 뒤에 오는 단어를 수식하는 단어는 관형사, 부사로 수식언이다.
⑤ 감탄사는 조사와 결합하지 않으며, 조사와 결합하여 다양한 성분으로 쓰이는 단어는 체언이다.

21
답 ③

도전! 수능 맛보기

| 출제 연도 | 2014 수능 A형
| 배　　점 | 2점 ★★★☆☆
| 출제 의도 | 조사의 특징 파악

"우리 학교에서 사람들이 운동을 한다."의 '에서'는 앞말이 행동이 이루어지고 있는 처소의 부사어임을 나타내는 격 조사로 '에서 ①'의 용례에 해당한다.
오답 풀이 ① '에'는 앞말이 부사어임을 나타내는 격 조사와 둘 이상의 사물을 같은 자격으로 이어 주는 접속 조사로 쓰이지만, '에서'는 앞말이 부사어와 주어임을 나타내는 격 조사로만 쓰인다.
② '에②'는 둘 이상의 사물을 같은 자격으로 이어 주는 접속 조사이다. "오늘 저녁은 밥에, 국에, 떡에 아주 잘 먹었다."의 문장에서 '에'는 밥, 국, 떡'을 이어 주는 접속 조사이다.
④ '에①①'은 앞말이 처소의 부사어임을 나타내는 격 조사이기 때문에, 그 의미가 '에서'와 달라 바꾸어 쓸 수 없다.
⑤ '에①②'는 앞말이 진행 방향의 부사어이기 때문에, 그 의미가 '에서'와 달라 바꾸어 쓸 수 없다.

Ⅲ. 어휘의 의미 관계

16 유의 관계와 반의 관계

문제로 개념 확인 | 본문 61쪽 |

1단계 01 유의어, 유의 관계　02 대립　03 한(1)　04 강직하다　05 고요하다
06 똑바르다　07 터득하다　08 입다　09 받다　10 닫다　11 내리다
2단계 12 ②　13 ④　14 ②

12
답 ②

유의 관계는 뜻이 비슷한 둘 이상의 단어가 맺는 관계이고, 반의 관계는 뜻이 서로 정반대인 단어가 맺는 관계이다. ②의 '벗다'는 '사람이 자기 몸 또는 몸의 일부에 착용한 물건을 몸에서 떼어 내다.'의 뜻을 지니는 단어이고, '신다'는 '신, 버선, 양말 따위를 발에 꿰다.'의 뜻을 지니는 단어로 둘은 반의 관계를 이룬다.
오답 풀이 ①, ③, ④, ⑤ 유의 관계를 이루는 단어들이다.

13
답 ④

〈보기〉의 '바로'는 '시간적인 간격을 두지 아니하고 곧', '곧장'은 '곧이어 바로'라는 뜻을 지닌 단어로 서로 뜻이 비슷한 유의 관계를 이룬다. ④의 '막다'와 '지키다' 역시 외부의 공격 등에서 보호한다는 뜻을 지니므로, 유의 관계를 이룬다.
오답 풀이 ①, ②, ⑤ 반의 관계를 이루는 단어들이다.
③ 상하 관계를 이루는 단어들이다.

14
답 ②

의미를 나타낼 때 의미 성분을 [ ]로 표시하고, 그 요소가 있으면 '+', 없으면 '−' 기호로 표시한다. 반의 관계는 다른 의미 요소는 모두 동일하지만 단 하나의 의미 요소만 달라야 한다. ㉠의 '총각'과 ㉡의 '처녀'는 다른 의미 요소는 같고 [남성]이라는 의미 요소에서만 차이를 보이기 때문에 반의 관계를 이룬다.
오답 풀이 ① '총각'과 '처녀'는 반의 관계이다.
③, ④ '총각'과 '소녀'는 [성인], [남성]의 의미 요소가 다르므로 반의 관계도, 유의 관계도 아니다.
⑤ '처녀'와 '소녀'는 나머지 의미 요소는 같고 [성인]의 의미 요소만 다르기 때문에 반의 관계이다.

◉ 반의 관계의 특징

의미 관계	정의	성립 요건
반의 관계	뜻이 서로 정반대인 단어들의 관계	공통적인 의미 요소 + 1개의 다른 의미 요소

문제로 개념 확인　　　　　　　　　　　　　| 본문 63쪽 |

> **1단계** 01 상하　02 상의어, 하의어　03 중심적 의미, 주변적 의미　04 소리
>
> 05 예술　06 과일　07 곤충　08 나무　09 다　10 동　11 동　12 다　13 다
>
> **2단계** 14 ③　15 ①

14

답 ③

동음이의 관계는 둘 이상의 서로 다른 단어가 의미와 상관없이 같은 형태를 지닌 것이다. 〈보기〉의 하늘에서 내리는 '눈(雪)'과 사람의 '눈(眼)'은 형태는 같으나 의미가 전혀 다르기 때문에 동음이의 관계를 이룬다. 반면 ③의 '머리'는 '사람이나 동물의 목 위의 부분'이라는 의미에서 '단체의 우두머리'라는 의미로 확장된 것으로, 한 단어가 여러 가지 의미를 지니는 다의 관계를 이룬다.

오답 풀이 ① '밤(夜)'과 '밤(栗)'은 형태는 같으나 뜻이 다른 동음이의 관계이다.

② '(머리를) 감다'는 '머리나 몸을 물로 씻다.'의 뜻이고, '(눈꺼풀을) 감다'는 '눈꺼풀을 내려 눈동자를 덮다.'의 뜻으로 동음이의 관계이다.

④ '말(馬)'과 '말(言)'은 동음이의 관계이다.

⑤ '발(簾)'과 '발(足)'은 동음이의 관계이다.

⊙ 다의어와 동음이의어

의미 관계	뜻	성립 요건
다의어	하나의 단어가 여러 가지 의미를 지님.	중심적 의미 + 주변적 의미
동음이의어	둘 이상의 단어가 형태는 같지만 뜻이 다름.	형태의 일치

15

답 ①

국어사전에서 동음이의어는 다리⁰¹과 다리⁰²와 같이 다른 번호를 부여한 표제어로 오르지만, 다의어는 같은 표제어 아래에서 뜻풀이를 달리하여 제시된다. ①에서 다리⁰¹과 다리⁰²는 동음이의어이므로 한쪽이 다른 쪽을 포함하거나 포함되는 상하 관계가 아니다.

오답 풀이 ② 다리⁰¹과 다리⁰²는 국어사전에서 표제어를 달리하는 동음이의 관계이다.

③, ④ 다리⁰¹에서 「1」의 의미가 중심적 의미이며, 「2」는 확장된 주변적 의미이다.

⑤ 다리⁰²에서 「1」의 물을 건넌다는 의미가 중심적 의미이며, 관계를 이어 주거나 거쳐 가는 단계를 뜻하는 「2」~「4」의 의미로 확장되었다.

⊙ 중심적 의미와 주변적 의미
• 중심적 의미: 기본적, 핵심적 의미
• 주변적 의미: 중심적 의미에서 확장되어 사용된 의미

국어사전에서는 같은 표제어 아래에 먼저 중심적 의미를 제시하고, 그다음부터 주변적 의미를 제시하는 것이 일반적이다.

문제로 실력 평가　　　　　　　　　　　　　| 본문 64~67쪽 |

> 01 ③　02 ②　03 ⑤　04 ④　05 ②　06 ②　07 ①　08 ①　09 ⑤　10 ②　11 ③
>
> 12 ②　13 ④　14 ①　15 ②　16 ②　17 ③

01

답 ③

반의 관계는 서로 대립되는 단어들 사이의 의미 관계로, 다른 의미 요소는 공통적이나 하나의 의미 요소만 다를 때 성립한다. ③에서 반의 관계는 공통적인 의미 요소만 있으면 성립하는 것이 아니라, 하나의 의미 요소는 달라야 성립한다.

오답 풀이 ① '총각'과 '소년'은 [+남성], [−결혼] 등의 의미 요소는 공통적이나 연령으로 구분되는 [성인]이라는 의미 요소만 다르므로 반의 관계가 성립한다.

② '총각'과 '처녀'는 [−결혼], [+성인] 등의 의미 요소는 공통적이나 성별로 구분되는 [남성]이라는 의미 요소만 다르므로 반의 관계가 성립한다.

④ '할머니'와 '손자'는 연령으로 구분되는 [성인], 성별로 구분되는 [남성]이라는 두 개의 의미 요소가 다르므로 반의 관계가 성립하지 않는다.

⑤ '할아버지'와 '할머니'는 [+결혼], [+성인] 등의 의미 요소는 공통적이나 성별로 구분되는 [남성]이라는 의미 요소만 다르므로 반의 관계가 성립한다.

02

답 ②

〈보기〉의 '사랑하다'는 '좋아하다'와는 유의 관계이고, '미워하다'와는 반의 관계이다. ②의 '얻다'는 '획득하다', '가지다'와 모두 유의 관계이다.

오답 풀이 ① '가깝다'는 '친하다'와 유의 관계, '멀다'와 반의 관계이다.

③ '헤어지다'는 '이별하다'와 유의 관계, '만나다'와 반의 관계이다.

④ '멈추다'는 '정지하다'와 유의 관계, '가다'와 반의 관계이다.

⑤ '부유하다'는 '넉넉하다'와 유의 관계, '가난하다'와 반의 관계이다.

03

답 ⑤

⑤에서 '풀다' [1]과 [2]는 '풀다'라는 한 단어의 여러 가지 뜻으로 등재된 것이므로 중심적 의미인 [1]의 「1」에서 주변적 의미인 [2]로 확장된 것이다. 동음이의어의 경우에만 각각의 표제어로 따로 등재된다.

오답 풀이 ① '풀다 [1]'의 묶이거나 감긴 상태를 푼다는 뜻은 '묶다(끈이나 풀, 실, 노끈 따위를 얽어 매듭을 만든다.)'와 반대된다.

② '풀다 [2]'와 '다량의 액체에 소량의 액체나 가루 따위를 넣어 섞다.'는 뜻의 '타다'가 비슷하므로 유의어로 볼 수 있다.

③ '한'은 '몹시 원망스럽고 억울하거나 안타깝고 슬퍼 응어리진 마음.'이므로 ㉠의 예로 적절하다.

④ '풀다 [1]'의 「4」의 뜻이다.

04

답 ④

④의 '무서움'과 '겁'은 유의 관계이고, '학교'와 '중학교'는 상하 관계이다. 상의어 '학교'에 하의어 '중학교'가 포함된다.

오답 풀이 ① '옷'과 '의복'은 유의 관계이고, '밝음'과 '어둠'은 반의 관계이다.

② '서점'과 '책방'은 유의 관계이고, '기쁨'과 '슬픔'은 반의 관계이다.
③ '사랑'과 '증오'는 반의 관계이고, '사다'와 '팔다'는 반의 관계이다.
⑤ '가다'와 '서다'는 반의 관계이고, '학용품'과 '공책'은 상하 관계이다.

05 **답** ②
다의어는 의미가 중심적 의미에서 주변적 의미로 확대된 단어이다. '길'의 중심적 의미는 가장 기본적이고 핵심적인 의미인 '사람이나 동물 또는 자동차가 따위가 지나갈 수 있게 땅 위에 낸 일정한 너비의 공간'이므로, ②의 '길'이 해당된다.

오답 풀이 ① 사람이 삶을 살아가거나 사회가 발전해 가는 데에 지향하는 방향, 지침, 목적이나 전문 분야
③ 방법이나 수단
④ 어떠한 일을 하는 도중이나 기회
⑤ 시간의 흐름에 따라 개인의 삶이나 사회적·역사적 발전 따위가 전개되는 과정

06 **답** ②
'바르다'는 동음이의어이다. '바르다01'은 '물건의 표면에 고루 붙이다.', '바르다02'는 '껍질을 벗기어 속에 들어 있는 알맹이를 집어내다.', '바르다03'은 '겉으로 보기에 비뚤어지거나 굽은 데가 없다.'는 의미를 지닌다. ②와 같이 ㉠, ㉡은 '바르다03', ㉢, ㉣, ㉥은 '바르다01', ㉤, ㉦은 '바르다02'와 관련 있다.

07 **답** ①
'닫다'는 '열린 문짝, 뚜껑, 서랍 따위를 도로 제자리로 가게 하여 막다.'나 '회의나 모임 따위를 끝내다.' 등의 의미를 지닌 단어이다. 따라서 ①의 '열다'는 '닫다'와 반의 관계이다.

오답 풀이 ②, ③, ④, ⑤ 유의 관계이다.

08 **답** ①
'타다'가 국어사전에 각각 다른 표제어로 등재되어 있으므로 이들은 동음이의 관계에 있음을 알 수 있다. ①에서 '타다01'과 '타다02'는 품사가 같고 다름에 상관없이 형태는 같으나 의미의 관련성이 없으므로 동음이의어이다. 한편 다의어는 한 단어가 여러 가지 의미로 쓰이는 것이다.

오답 풀이 ② '타다01'과 '타다03'은 동음이의어이므로 발음이 같다.
③ '타다02'는 '탈것에 타다.'는 뜻의 '오르다'와 유의 관계이다.
④ '타다03'과 '타다04'는 서로 의미의 관련성이 없는 동음이의 관계이다.
⑤ '타다04'는 '팔자를 타고 태어나다.'와 같이 선천적으로 가지는 것에 어울려 쓰일 수 있다.

09 **답** ⑤
〈보기〉를 통해 '맞다'에는 외부의 힘에 의해 움직이는 피동의 뜻이 포함되어 있고, '맡다'에는 주체가 자발적으로 움직이는 능동의 뜻이 포함되어 있음을 알 수 있다. 따라서 ⑤는 '맞다'와 '맡다'의 의미를 잘못 파악한 것이다.

오답 풀이 ① '맞다'와 '맡다'는 표기는 다르지만 발음은 모두 [맏따]이다.
② '맞다'와 '맡다' 모두 움직임을 나타내는 품사인 동사이다.
③ '맞다'와 '맡다'에 각각 중심적 의미인 (1)과 여기에서 확대된 주변적 의미인 (2)가 제시되어 있다.
④ '맞다'는 '…에게', '…에'에 해당하는 부사어를 필요로 하지만, '맡다'는 '…을'에 해당하는 목적어만 필요로 한다.

10 **답** ②
〈보기〉에서 '길이 막히다.'의 '길'은 '사람이나 동물 또는 자동차 따위가 지나갈 수 있게 땅 위에 낸 일정한 너비의 공간'이고, '발전해 온 길'의 '길'은 앞의 '길'에서 확장된 의미인 '시간의 흐름에 따라 개인의 삶이나 사회적·역사적 발전 따위가 전개되는 과정'이라는 뜻이므로 다의 관계이다. ②에서 '손으로 잡다.'의 '손'은 '사람의 팔목 끝에 달린 부분.', '손이 많이 간다.'의 '손'은 앞의 '손'에서 확장된 의미인 '어떤 일을 하는 데 드는 사람의 힘이나 노력, 기술'을 의미하므로 다의 관계이다.

오답 풀이 ① 앞의 '싸다'는 '물건의 가격이 보통보다 낮다.', 뒤의 '싸다'는 '물건을 인에 넣고 보이지 않게 두르는 것'으로 동음이의 관계이다.
③ 앞의 '김'은 '해조류로 먹는 김'을 말하고, 뒤의 '김'은 '어떤 일의 기회나 계기'로 동음이의 관계이다.
④ 앞의 '배'는 '긴 물건 가운데의 불룩한 부분', 뒤의 '배'는 '배나무의 열매'로 동음이의 관계이다.
⑤ 앞의 '눈'은 사람의 신체 기관의 눈이고, 뒤의 '눈'은 하늘에서 내리는 눈이므로 동음이의 관계이다.

11 **답** ③
다의어는 국어사전에 하나의 표제어 아래 중심적 의미와 주변적 의미가 차례대로 실린다.

12 **답** ②
②의 '부르다'는 '말이나 행동 따위로 다른 사람의 주의를 끌거나 오라고 하다.'는 중심적 의미에서 '값이나 액수 따위를 얼마라고 말하다.'라는 주변적 의미로 확장된 다의어이다. 또한 '배가 부르다.'에서와 같이 '먹은 것이 많아 속이 꽉 찬 느낌이 들다.'라는 뜻의 '부르다'가 있다. 앞의 '부르다'와 뒤의 '부르다'는 동음이의 관계이다.

13 **답** ④
'머리'는 사람의 신체 기관을 나타내는 ㉠의 의미와 여기에서 확대된 주변적 의미들(㉡~㉤)을 지닌 단어이다. ④의 '머리'는 '머리털', '머리카락'을 의미하는 ㉢의 예로 적절하다.

14 **답** ①
'사색'은 '어떤 것에 대하여 깊이 생각하고 이치를 따짐.', '고안'은 '연구하여 새로운 안을 생각해 냄.', '기억'은 '이전의 인상이나 경험을 의식 속에 간직하거나 도로 생각해 냄.', '의도'는 '무엇을 하고자 하는 생각이나 계획'을 뜻하는 한자어이다. 따라서 이들을 모두 아우르는 단어로는 '생각'이 적절하다.

오답 풀이 ② 느낌: 몸의 감각이나 마음으로 깨달아 아는 기운이나 감정
③ 흐름: 흐르는 것. 또는 한 줄기로 잇따라 진행되는 현상을 비유적으로 이르는 말

④ 자취: 어떤 것이 남긴 표시나 자리

⑤ 자국: 다른 물건이 닿거나 묻어서 생긴 자리

15 답 ②

〈보기〉에서 ㉠ '서리'가 ㉡ '된서리'를 포함하므로 이 둘은 상하 관계이다. ②에서도 '과일'이 '사과'를 포함하므로 상하 관계이다.

오답 풀이 ① '비행기'와 '기차'는 교통수단의 하나이다.

③ 반의 관계이다.

④, ⑤ 유의 관계이다.

16 답 ②

〈보기〉에서 '맛'은 ㉠, ㉡의 뜻을 지닌 다의어로, 각각의 의미에 따라 유의어와 상·하의어가 다를 수 있다. ②의 '미각'은 '맛을 느끼는 감각'이므로 ㉠의 유의어이다.

오답 풀이 ① '맛'은 뜻이 여러 가지이므로 다의어이다.

③ '단맛'과 '쓴맛'은 ㉠에 포함되므로 ㉠의 하의어이다.

④ '감정'은 '어떤 현상이나 일에 대하여 일어나는 마음이나 느끼는 기분'이므로 ㉡의 상의어이다.

⑤ '재미'는 '아기자기하게 즐거운 기분이나 느낌', '흥미'는 '흥을 느끼는 재미'이므로 ㉡의 유의어이다.

17 답 ③

| 출제 연도 | 2011 수능
| 배   점 | 2점 ★★★☆☆
| 출제 의도 | 동음이의어의 구별

'밖에서 안으로 이동하는 것'과 '아래에 있는 것을 위로 올리는 것'의 뜻을 지닌 '들다'는 서로 동음이의 관계이다. 따라서 방향성을 바탕으로 '밖에서 안으로 이동'하는 뜻의 '들다'가 쓰인 것은 ㄱ, ㄷ, ㅂ이고, '아래에서 위로'의 방향성을 지닌 '들다'가 쓰인 것은 ㄴ, ㄹ, ㅁ이다. 따라서 ③이 적절하다.

오답 풀이 ①, ②, ④, ⑤ '들다'를 방향성에 따라 분류하지 못했다.

⊙ '들다'의 여러 가지 의미

들다⁰¹
[1] 【…에】【…으로】
 「1」밖에서 속이나 안으로 향해 가거나 오거나 하다.
 「2」빛, 별, 물 따위가 안으로 들어오다.

들다⁰⁴
[1] 【…을 …에】
손에 가지다.
[2] 【…을】
 「1」아래에 있는 것을 위로 올리다.

Ⅳ. 문장 성분과 문장 구조

18 주성분

문제로 개념 확인 | 본문 71쪽 |

1단계 01 주성분 02 주어, 서술어, 목적어, 보어 03 서술어의 자릿수 04 ㉠
05 ㉣ 06 ㉢ 07 ㉡ 08 ㉡ 09 ㉠ 10 ㉢ 11 한 자리 12 두 자리 13 세 자리
2단계 14 ⑤ 15 ④ 16 ②

14 답 ⑤

주어는 문장의 주성분이지만 경우에 따라 생략될 수 있다. 예를 들어 친구를 보며 '어디 가?'라고 말한다면, 주어인 '너(친구)'가 생략된 것이다. 따라서 주어는 생략될 수 없다고 한 ⑤는 적절하지 않다.

15 답 ④

주성분에는 주어, 서술어, 목적어, 보어가 있다. ④의 '먼저'는 부사어로, 문장을 이루는 데 꼭 필요한 주성분이 아니라 부속 성분에 해당한다.

오답 풀이 ① '천재가'는 보어, ② '대학생이다'는 체언에 서술격 조사 '이다'가 붙어 만들어진 서술어, ③ '그림을'은 목적어, ⑤ '선생님께서는'은 주어이다.

16 답 ②

㉠ '아버지께서는'은 주어, ㉡ '얻었다'는 서술어, ㉢ '밥을'은 목적어, ㉣ '화가가'는 서술어 '되다' 앞에서 주어를 보충하는 역할을 하므로 보어이다.

19 부속 성분과 독립 성분

문제로 개념 확인 | 본문 73쪽 |

1단계 01 부속 성분 02 관형어, 부사어 03 체언 04 부사어 05 ㉡ 06 ㉠
07 ㉢ 08 ㉣ 09 ㉤ 10 응 11 지훈아 12 사랑
2단계 13 ③ 14 ③ 15 ①

13 답 ③

㉡ '너의'는 체언 '너'에 관형격 조사 '의'가 붙어 만들어진 관형어로, 뒤에 이어지는 체언 '능력'을 꾸며 준다. 이처럼 관형어는 체언 앞에서 체언을 꾸며 주는 문장 성분이므로, 체언 없이 단독으로 쓰일 수는 없다.

14 답 ③

'계수나무'는 체언으로 다른 성분을 수식하는 기능을 하지 않으며, '한'은 뒤에 이어지는 체언 '나무'를 꾸며 준다.

오답 풀이 ① '푸른'은 명사 '하늘'을, '하얀'은 명사 '쪽배'를 꾸며 준다.

② '푸른'과 '한'은 모두 관형어이다.

④ '아니'는 부사어로, 서술어 '달다'를 꾸며 준다.

⑤ '삿대도'는 문장에서 주어 역할을 한다.

15

답 ①

'우리'는 뒤에 이어지는 체언인 '마을'을 수식하므로, 문장 성분은 관형어이다.

오답 풀이 ② '네', ③ '수지야', ④ '어머나', ⑤ '바다'가 독립어이다.

---

20 이어진문장

문제로 개념 확인 | 본문 75쪽 |

1단계 01 주어, 서술어 02 이어진문장 03 대등하게, 종속적으로 04 홑 05 겹 06 겹 07 ㉢ 08 ㉠, ㉡ 09 목적 10 원인

2단계 11 ③ 12 ③ 13 ③

11

답 ③

'영우가 아직 오지 않았다.'에서는 주어 '영우가'와 서술어 '오지 않았다'가 한 번 나타나므로 홑문장이다. '오지'는 본용언이고, '않았다'는 보조 용언이다. 보조 용언은 본용언의 뜻을 보충하는 역할을 하며, 홀로 주체를 서술하지 못한다.

오답 풀이 ① 서술어가 '착하고', '예쁘다'로 두 번 나타나므로 겹문장이다.

② 서술어가 '사러', '갔다'로 두 번 나타나므로 겹문장이다.

④ 서술어가 '받아서', '좋다'로 두 번 나타나므로 겹문장이다.

⑤ 서술어가 '웃고', '먹는다'로 두 번 나타나므로 겹문장이다.

12

답 ③

〈보기〉는 이어진문장 중 '종속적으로 이어진 문장'에 대하여 설명하고 있다. ③은 앞 절 '비가 오니까'가 뒤 절 '마음이 차분해진다.'의 원인이 되므로 종속적으로 이어진 문장이다.

오답 풀이 ①, ②, ④, ⑤ 대등하게 이어진 문장이다.

⊙ 이어진문장의 종류 및 특징

대등하게 이어진 문장	종속적으로 이어진 문장
• 앞 절과 뒤 절의 순서를 바꿀 수 있음. • 앞 절과 뒤 절의 서술어가 같을 때에는 앞 절의 서술어를 생략할 수 있음.	• 앞 절과 뒤 절의 순서를 바꿀 수 없음. • 앞 절과 뒤 절의 서술어가 같아도 앞 절의 서술어를 생략할 수 없음.

13

답 ③

③은 앞 절 '코끼리를 보러'가 뒤 절 '동물원에 갔다.'의 목적을 나타내는 의미 관계로 이어진 문장이다.

오답 풀이 ① '눈이 와서'는 연결 어미 '-아서'가 쓰여 뒤 절의 원인을 나타낸다.

② '비가 와도'는 연결 어미 '-(아/어)도'가 쓰여 뒤 절의 가정을 나타낸다.

④ '열심히 노력하면'은 연결 어미 '-(으)면'이 쓰여 뒤 절의 조건을 나타낸다.

⑤ '내가 집에 가고 있는데'는 연결 어미 '-(은/는)데'가 쓰여 뒤 절의 배경(상황)을 나타낸다.

---

21 안은문장 · 안긴문장

문제로 개념 확인 | 본문 77쪽 |

1단계 01 ○ 02 × 03 ○ 04 × 05 × 06 ㉣ 07 ㉠ 08 ㉡ 09 ㉢ 10 ㉤
11 눈이 예쁘다 12 그가 옳음음 13 내일 만나자고 14 어제 만났던

2단계 15 ③ 16 ④ 17 ③

15

답 ③

③ '그는 그녀가 온 사실을 몰랐다.'는 관형사형 어미 '-(으)ㄴ'이 붙어서 만들어진 '그녀가 온'이라는 관형절을 안은 문장이다.

오답 풀이 ① 명사절 '색깔이 희기'를 안은 문장이다.

② 서술절 '다리가 불편하시다'를 안은 문장이다.

④ 관형절 '어제 보았던'을 안은 문장이다.

⑤ 인용절 '연극이 끝났다고'를 아은 무장이다.

16

답 ④

'아직은 집에 돌아가기에 이르다.'는 명사절 '집에 돌아가기'를 안은 문장이다. 명사형 어미 '-기'를 통해 명사절이 된 '집에 돌아가기'를 안고 있는 문장이지만, 이를 통해 과거 시간을 나타내고 있지는 않다.

17

답 ③

㉢에서 안긴문장은 '눈이 그치기'이다. 명사절 '눈이 그치기'가 안은문장 전체에서 목적어의 역할을 하고 있다.

[18 ~ 21]

문제로 실력 평가 | 본문 78~81쪽 |

01 ④ 02 ④ 03 ④ 04 ④ 05 ⑤ 06 ④ 07 ① 08 ⑤ 09 ① 10 ④ 11 ②
12 ④ 13 [예시답] 안긴문장은 '그의 말이 사실이었음'이고, 문장에서 주어 역할을 한다. 14 ⑤ 15 ① 16 ④ 17 어제 소설을 읽었다. 18 ② 19 ④

01

답 ④

문장 내 다른 성분과 관련이 없는 것은 독립 성분이다. 부속 성분은 다른 성분을 꾸며 주는 기능을 하는 성분으로, 관형어와 부사어가 해당된다.

02

답 ④

'되다', '아니다' 앞에 위치하며 주어를 보충해 주는 역할을 하므로 밑줄 친 부분의 문장 성분은 '보어'이다.

03

답 ④

㉠은 주어, ㉡은 보어, ㉢은 서술어, ㉣은 주어, ㉤은 부사어이다. 먼저 이 문장을 이루는 데 꼭 필요한 성분은 ㉠, ㉡, ㉢, ㉣이다. 그리고 '누가', '무엇이'에 해당하는 문장 성분은 주어와 보어인 ㉠, ㉡, ㉣이다. 그 중에 주체 역할을 하는 것은 주어인 ㉠, ㉣이다. 여기서 특별한 의미만을 더하는 조사, 즉 보조사 '도'와 결합한 것은 ㉣이다.

〈보기〉에서 ㉠은 앞 절 '눈이 와서'가 뒤 절 '길이 미끄럽다'의 원인을 나타내는 의미 관계로 결합한 종속적으로 이어진 문장이다. ㉡은 앞 절 '인생은 짧고'와 뒤 절 '예술은 길다'가 대등하게 이어진 문장이다.

[오답 풀이] ①, ② ㉠, ㉡ 모두 이어진문장으로, 겹문장이다.

③, ⑤ ㉠, ㉡ 모두 이어진문장이므로, 명사절이나 서술절, 인용절을 포함하고 있지 않다.

②의 '이것은 내가 좋아하는 인형이다.'는 관형절 '내가 좋아하는'을 안은 문장이고, 나머지는 모두 명사절을 안은 문장이다.

[오답 풀이] ① 명사절 '그를 만나기'가 안긴문장이다.

③ 명사절 '엄마가 옳았음'이 안긴문장이다.

④ 명사절 '잠을 자기'가 안긴문장이다.

⑤ 명사절 '그가 착한 사람임'이 안긴문장이다.

> ⊙ 안은문장 vs 안긴문장
> 안긴문장이 들어 있는 문장을 '안은문장'이라고 하고, 그 안에 들어 있는 문장을 '안긴문장'이라고 한다.
> 예 나는 (웃음이 예쁜) 네가 좋다.
> – '나는 웃음이 예쁜 네가 좋다' → 안은문장
> – '웃음이 예쁜' → 안긴문장

㉡은 앞 절 '비가 와서'가 뒤 절 '체육 대회가 취소되었다'의 원인을 나타내므로, 종속적으로 이어진 문장이다. 종속적으로 이어진 문장은 앞 절과 뒤 절의 순서를 바꿀 수 없다. 만일 ㉡의 순서를 바꾸면 '체육 대회가 취소되어서 비가 왔다.'가 되므로 문장이 어색해진다.

13 답 안긴문장은 '그의 말이 사실이었음'이고, 문장에서 주어 역할을 한다. '그의 말이 사실이었음이 밝혀졌다.'는 명사절을 안은 문장이고, '그의 말이 사실이었음'이 안긴문장에 해당한다. 이 안긴문장은 주격 조사 '이'와 결합하여 문장에서 주어의 역할을 하고 있다.

> ⊙ 안긴문장의 기능
> • 명사절 + 주격 조사 → 주어
> • 명사절 + 목적격 조사 → 목적어
> • 관형절 → 관형어
> • 부사절 → 부사어
> • 서술절 → 서술어

'농부들은 비가 내리기를 기다렸다.'는 '비가 내리기'라는 명사절을 안은 문장이다. 안긴문장은 안은문장 내에서 목적어의 기능을 하고 있으며, 주어, 서술어가 두 개 이상 나타나 있으므로 겹문장이다. 따라서 ㉠, ㉡, ㉢, ㉣, ㉤ 모두 옳다.

〈자료〉에서 부사절은 부사 형성 접사 '−이'가 붙어서 되는 경우가 있다고 하였다. 또한 부사어와 같이 주로 용언을 꾸미는 역할을 하므로 용

> ⊙ 문장 성분과 품사의 차이 알기

문장 성분	품사
• 붙는 조사나 쓰이는 위치에 따라 문장 성분이 달라짐. • '~어'(주어, 목적어, 보어 등)	• 형태가 달라져도 품사는 변하지 않음. • '~사'(명사, 대명사, 동사 등)

〈보기〉에서 '이것'은 부속 성분에 해당하며, 서술어나 관형어, 다른 부사어, 문장 등을 수식한다고 하였으므로, '이것'은 부사어를 가리킨다.
④는 '어머니께서(주어) 새(관형어) 신발을(목적어) 사셨다(서술어).'이므로, 부사어를 포함하지 않은 문장이다.

[오답 풀이] ① '이제', '집으로', ② '멀리', ③ '낯설게', ⑤ '오늘따라', '무척'이 부사어이다.

ㄷ에서 '주었다'는 주어(그녀는)와 부사어(나에게), 목적어(선물을)를 필요로 하므로 세 자리 서술어이다. 또한 ㅁ에서 '넣었다'는 주어(그녀는)와 목적어(책을), 부사어(가방에)를 필요로 하므로 세 자리 서술어이다.

[오답 풀이] ㄱ의 '가르쳤다'는 주어와 목적어를 필요로 하는 두 자리 서술어이다.

ㄴ의 '되었다'는 주어와 보어를 필요로 하는 두 자리 서술어이다.

ㄹ의 '잤다'는 주어와 생략되어 있는 목적어 '잠을'을 필요로 하는 두 자리 서술어이다.

④의 '말했다'는 주어(그는), 부사어(엄마에게), 목적어(사실을)를 필요로 하는 세 자리 서술어이다.

[오답 풀이] ① '되었다', ③ '아니다'는 주어와 보어를 필요로 하는 두 자리 서술어이다.

② '좋아한다', ⑤ '만났다'는 주어와 목적어를 필요로 하는 두 자리 서술어이다.

'나는 아침에 운동을 했다.'에서 주어는 '나는', 서술어는 '했다'로 주어와 서술어가 문장에서 한 번만 나타나므로 홑문장이다.

〈보기〉의 '비가 와서, 땅이 젖었다.'는 앞 절 '비가 와서'가 뒤 절 '땅이 젖었다'의 원인을 나타내므로 종속적으로 이어진 문장이다. ⑤ 역시 앞 절 '지우개를 사려고'가 뒤 절 '문구점에 갔다'의 목적을 나타내므로 종속적으로 이어진 문장이다.

〈보기〉의 ㉠에는 안은문장이 들어가야 한다. ①의 '민수는 성격이 좋은 학생이다.'는 '성격이 좋은'이라는 관형절(안긴문장)을 안은 문장이다.

[오답 풀이] ②, ③ 홑문장이다.

④, ⑤ 이어진문장이다.

언 앞에 위치해야 한다. 따라서 '소리가 없다'에 '-이'를 덧붙여 '소리가 없이'로 만든 후 안은문장의 서술어 앞에 위치하게 하면 '그들이 소리가 없이 돌아왔다.'가 된다.

16
답 ④

'엄마는 나보다 동생을 좋아해.'에서 주어는 '엄마는' 한 개뿐이며, 서술어 역시 '좋아해' 한 개뿐이므로 홑문장이다.

오답 풀이 ① 명사절 '그를 만나기'가 안긴문장이다.
② 관형절 '내가 사려던'이 안긴문장이다.
③ 부사절 '말도 없이'가 안긴문장이다.
⑤ 인용절 '"오늘 바빠."라고'가 안긴문장이다.

17
답 어제 소설을 읽었다.

예1)의 1단계에서는 어떤 말을 꾸미는 부분을 분리하여 두 문장으로 우선 만든 후, 2단계에서는 꾸미는 부분에서 생략된 성분, 곧 꾸밈 받는 문장과 중복되어 나타났으므로 원래 문장에서 생략된 성분이었던 '영화를'을 추가하였다. 이를 토대로 예2)는 1단계에서는 '어제 읽었다. / 소설이 재미있었다.'로 나눌 수 있고, 2단계에서는 중복되어 생략되었던 성분 '소설을'을 살려 '어제 소설을 읽었다. / 소설이 재미있었다.'로 만들 수 있다.

18
답 ②

'이것은 내가 좋아했던 인형이야.'에서 주어는 '이것은'과 '내가' 2개이다. 또한 '내가 좋아했던'을 관형절로 안은 문장이다.

오답 풀이 ㉡ 겹문장 중 안은문장에 해당한다.
㉣ '이것은'은 주어이므로, 다른 성분을 수식하지 않는다.
㉤ '-던'은 연결하는 어미가 아니라 관형사형 어미이다.

19
답 ④

도전! 수능 맛보기

| 출제 연도 | 2014 9월 수능 모의평가 A형
| 배 점 | 2점 ★★★☆☆
| 출제 의도 | 관형절로 안긴 문장 이해

<보기>는 관형절로 다른 문장에 안길 때, 원래 있던 주어가 생략되는 경우에 대해 설명하고 있다. ④의 '나는 정수가 은희와 결혼한 사실을 몰랐다.'에서는 '정수가 은희와 결혼했다.'가 '나는 사실을 몰랐다.'에 관형절로 안겨 있다. 안은문장의 주어는 '나는'이고, 안긴문장의 주어는 '정수가'이므로 원래 있던 주어가 생략되지 않았다.

오답 풀이 ① '(동생이) 숙제를 했다.'가 '형이 동생을 불렀다.'에 관형절로 안긴 문장이다.
② '(형이) 대학생이 되었다.'가 '동생은 형과 여행을 했다.'에 관형절로 안긴 문장이다.
③ '(경희가) 버스에 탔다.'가 '영수는 경희에게 말을 걸었다.'에 관형절로 안긴 문장이다.
⑤ '(화가가) 이 그림을 그렸다.'가 '그는 화가의 전시회에 갔다.'에 관형절로 안긴 문장이다.

V. 문법 요소

22 문장 종결 표현

문제로 개념 확인 | 본문 85쪽 |

1단계 01 ㉡ 02 ㉠ 03 ㉢ 04 ㉤ 05 ㉣ 06 -자 07 -어라 08 -다 09 -니 10 -구나 11 청유문, 명령 12 평서문, 명령 13 의문문, 명령
2단계 14 ②, ③ 15 ① 16 수사 의문문

14
답 ②, ③

문장 종결 표현은 문장을 끝맺는 표현으로, 문장의 맨 끝에 오는 종결 어미에 의해 평서문, 의문문, 명령문, 청유문, 감탄문으로 나타난다. 또한 서술어의 종결 어미를 선택해 말하는 이의 생각이나 느낌을 표현할 수 있다.

오답 풀이 ① 두 개의 문장을 이어 주는 것은 연결 어미이다.
④ 선어말 어미와 특수 어휘, 조사 등을 통해 높임 표현과 시간 표현을 나타낸다.
⑤ 종결 표현을 통해 말하는 이의 생각과 느낌을 표현한다.

◆ 문장의 유형

평서문	말하는 이가 듣는 이에게 하고 싶은 말을 단순하게 진술하는 문장
의문문	말하는 이가 듣는 이에게 질문하여 대답을 요구하는 문장
명령문	말하는 이가 듣는 이에게 어떤 행동을 하도록 요구하는 문장
청유문	말하는 이가 듣는 이에게 어떤 행동을 함께하자고 요청하는 문장
감탄문	말하는 이가 듣는 이를 의식하지 않거나 거의 독백하는 상태에서 자신의 감정이나 느낌을 표현하는 문장

15
답 ①

㉠은 평서문, ㉡은 의문문, ㉢은 명령문, ㉣은 청유문, ㉤은 감탄문이다. ㉠은 종결 어미 '-다'를 붙여 표현한 평서문으로, 말하는 이가 듣는 이에게 특별히 요구하는 것 없이 하고 싶은 말을 단순히 진술한다.

오답 풀이 ② ㉡은 종결 어미 '-ㄹ까'에 의해 실현된 의문문으로 말하는 이가 듣는 이에게 대답을 요구한다.
③ ㉢은 종결 어미 '-어라'에 의해 실현된 명령문으로 말하는 이가 듣는 이에게 행동을 하도록 요구한다.
④ ㉣은 종결 어미 '-자'에 의해 실현된 청유문으로 말하는 이가 듣는 이에게 행동을 함께할 것을 요청한다.
⑤ ㉤은 종결 어미 '-구나'에 의해 실현된 감탄문으로 말하는 이가 듣는 이를 크게 의식하지 않은 상태에서 느낌을 표현한다.

16
답 수사 의문문

의문문은 상대에게 어떠한 대답을 요구하느냐에 따라서 판정 의문문, 설명 의문문, 수사 의문문으로 구분할 수 있다. '어서 빨리 들어오지 못하겠니?'의 경우, 빨리 들어오라는 명령의 의미를 담고 있으므로 수사 의문문으로 볼 수 있다.

23 높임 표현

문제로 개념 확인 | 본문 87쪽 |

1단계 01 아버지 02 선생님 03 부모님 04 여러분 05 ○ 06 ○ 07 ✕
08 주무신다 09 편찮으시다 10 계시다 11 ㉠ 12 ㉣ 13 ㉡ 14 ㉲ 15 ㉢
16 ㉲

2단계 17 ⑤ 18 ③ 19 ④

17
답 ⑤

우리말의 높임법은 문장의 주어, 즉 서술의 주체를 높이는 주체 높임법과 문장의 목적어나 부사어가 지시하는 대상을 높이는 객체 높임법, 문장의 종결 어미를 통해 대화 상대방인 청자를 높이거나 낮추는 상대 높임법이 있다. ⑤는 특수 어휘 '모시고'를 사용해 문장의 목적어에 해당하는 '부모님'을 높이는 객체 높임법이다.

오답 풀이 ① 조사 '께서'와 특수 어휘 '주무시다'를 통해 서술의 주체인 '아버지'를 높이는 주체 높임법이다.
② 주어에 붙는 접미사 '-님', 조사 '께서', 특수 어휘 '말씀', 높임의 선어말 어미 '-시-'를 통해 서술의 주체인 '교장 선생님'을 높이는 주체 높임법이다.
③, ④ 조사 '께서'와 높임의 선어말 어미 '-시-'를 통해 각각 서술의 주체인 '어머니', '할머니'를 높이는 주체 높임법이다.

18
답 ③

〈보기〉는 주어 '할아버지'와 관련된 대상인 신체 일부분 '귀'를 높임으로써 주어인 '할아버지'를 간접적으로 높이는 간접 높임법이다. ③은 서술의 주체인 '선생님'을 직접적으로 높인다.

오답 풀이 ① 주어 '사장님'과 관련한 부속물 '돈'을 높이며 주어인 '사장님'을 간접적으로 높인다.
② 주어 '선생님'의 신체 일부분인 '눈'을 높이며 주어인 '선생님'을 간접적으로 높인다.
④ 주어 '할머니'의 신체 일부분인 '다리'를 높이며 주어인 '할머니'를 간접적으로 높인다.
⑤ 주어 '할아버지'와 관련한 '걱정'을 높이며 주어인 '할아버지'를 간접적으로 높인다.

⊙ 주어를 높이는 특수 어휘

예사말	높임말	예사말	높임말
있다	계시다	말	말씀
아프다	편찮으시다	밥	진지
자다	주무시다	집	댁

19
답 ④

〈보기〉의 ㉠은 동생이나 친구에게 말할 때 사용하는 방식으로, 상대방을 높이지 않는 '해체'이다. 반면 ㉡은 상대방을 높이는 '하십시오체'이다.

24 시간 표현

문제로 개념 확인 | 본문 89쪽 |

1단계 01 ✕ 02 ○ 03 ○ 04 ✕ 05 ㉢ 06 ㉡ 07 ㉠ 08 장차, 되겠다
09 지금, 한다 10 어제, 읽던, 가져갔다 11 진행상 12 진행상 13 완료상
14 완료상

2단계 15 ⑤ 16 ④ 17 ②

15
답 ⑤

'현준'의 말에서 현재를 나타내는 시간 부사어 '지금', 동사 '있다'와 관형사형 어미 '-는'의 결합으로 현재 시제가 실현된다.

오답 풀이 ①, ②, ③ 감탄사는 시제를 나타내는 문법 요소가 아니다.
④ 명사는 시제를 나타내는 문법 요소가 아니다.

16
답 ④

과거 시제 선어말 어미 '-았-/-었-', 현재 시제 선어말 어미 '-ㄴ-/-는-', 미래 시제 선어말 어미 '-겠-'은 시제를 나타내는 것 외에도 다양한 의미로 쓰인다. ㉣에서 '-ㄴ-'은 미래를 나타내는 시간 부사어 '내일'과 함께 쓰여 미래의 시제를 나타낸다.

오답 풀이 ① '-겠-'은 선어말 어미 '-았-/-었-'과 결합해 미래의 일이나 추측을 나타낸다.
② '-겠-'은 가능성이나 능력의 의미를 지닌다.
③ '-겠-'은 말하는 이의 의지를 나타낸다.
⑤ '-ㄴ-/-는-'은 반복되는 습관을 의미한다.

⊙ '-겠-'의 용법
① 동사나 '이다'의 어간에 붙어 미래를 나타낸다.
  예 새벽에 도착하겠다.
② 용언이나 '이다'의 어간 또는 어미 '-시-'나 '-았-/-었-'에 붙어 추측의 뜻을 나타낸다.
  예 지금쯤 추수가 끝났겠다.
③ 동사나 '이다'의 어간에 붙어 가능성을 나타낸다.
  예 그 정도면 충분하겠다.
④ 동사나 '이다'의 어간에 붙어 화자의 의지를 나타낸다.
  예 나는 선생님이 되겠다.

17
답 ②

동작상은 과거, 현재, 미래라는 시간 영역 속에서 어떤 동작이 진행 중인지, 완료되었는지를 나타낸다. 동작이 계속되고 있을 때에는 진행상, 동작이 끝났을 때에는 완료상을 써서 동작상을 표현한다. ②에서는 연결 어미 '-(으)면서'에 의해 진행상이 나타난다.

오답 풀이 ①, ③ 연결 어미 '-어서', ④ 연결 어미 '-고서', ⑤ 연결 어미 '-다가'에 의해 완료상이 나타난다.

⊙ 형용사는 진행상과 결합할 수 없다.
  예 가을 하늘이 높고 있다.(✕)

25 피동 표현과 사동 표현

> **1단계** 01 능동, 주동 02 피동 03 사동 04 피동문 05 능동문 06 피동문
> 07 마을이 폭풍에 휩쓸렸다. 08 수수께끼가 태준이에 의해 풀렸다. 09 -히-
> 10 -이- 11 -게 하다 12 -시키다
> **2단계** 13 ⑤ 14 ④ 15 ②

13
답 ⑤

⑤는 피동 표현으로 고칠 때에 '에게'와 '~에 의해' 중에서 어떠한 것과 결합하느냐에 따라 의미가 달라진다. ⑤의 '아버지가 벽에 못을 박았다'의 피동 표현은 '못이 아버지에 의해 벽에 박혔다.'로 써야 '아버지가 벽에 못을 박았다.'의 의미를 지닌다. '못이 아버지에게 박혔다.'는 '아버지의 몸에 못이 박혔다.'라는 의미를 지닌다.

오답 풀이 ① 피동 접미사 '-이-', ② 피동 접미사 '-기-', ③ 피동 접미사 '-히-', ④ 피동 접미사 '-리-'에 의해 피동 표현이 실현되고 있다.

⊙ 피동 표현의 실현 방법	
피동 접사	어근과 '-이-', '-히-', '-리-', '-기-'의 결합
'-아/-어지다'	어간과 '-아/-어지다'의 결합
'-게 되다'	-게(연결 어미) + 되다(보조 동사)
명사+'-되다'	명사와 '-되다'의 결합

14
답 ④

주체가 다른 힘에 의해 동작을 당하는 것을 '피동', 어떤 주체가 다른 주체나 대상에게 행동을 하게 하는 것을 '사동'이라고 한다. ④에서 '풀린다'는 어근 '풀-'에 피동 접미사 '-리-'가 결합한 피동사이다.

오답 풀이 ① 어근 '낮-' + 사동 접미사 '-추-'가 결합한 사동사 '낮추다'가 사용된 사동 표현이다.

② 어근 '오르-' + 사동 접미사 '-리-'가 결합한 사동사 '올리다'가 사용된 사동 표현이다.

③ 어근 '깨-' + 사동 접미사 '-우-'가 결합한 사동사 '깨우다'가 사용된 사동 표현이다.

⑤ 명사 '퇴원' + 사동 접미사 '-시키다'가 결합한 사동사 '퇴원시키다'가 사용된 사동 표현이다.

15
답 ②

주동문을 사동문으로 바꿀 때에는 대부분 ㉠, ㉡과 같이 새로운 주어가 나타난다. ㉠과 같이 주동문에 목적어가 나타나지 않을 때에는 주동문의 주어가 사동문의 목적어로 변하며, ㉡과 같이 주동문에 목적어가 있을 때에는 주동문의 주어가 사동문의 부사어로 변하고 목적어는 그대로 목적어로 쓰인다.

오답 풀이 ① ㉠, ㉡의 사동문에는 모두 새로운 주어 '엄마'가 등장했다.

③ ㉠, ㉡은 모두 각각 통사적 방식의 사동의 형태인 '웃게 한다', '입게 한다'와 같이 사동문을 만들 수 있다.

④, ⑤ ㉠에서 주동문의 주어 '아기가'는 사동문의 '아기를'과 같이 목적어가 되었다. ㉡에서 주동문의 주어 '아기가'는 사동문의 부사어 '아기에게'가 되었으며, 주동문의 목적어 '옷을'은 사동문에서 그대로 목적어 '옷을'로 쓰였다.

26 부정 표현과 중의적 표현

> **1단계** 01 × 02 × 03 ○ 04 의지 부정 05 능력 부정 06 상태 부정 07
> 마치지 못했다 08 받지 않는다 09 들리지 않는다 10 × 11 ○ 12 ○
> **2단계** 13 ⑤ 14 ② 15 [예시답] '다리'라는 단어가 동음이의어이기 때문이다.

13
답 ⑤

부정 표현은 어떤 명제의 사실성이나 가능성을 부인하는 표현으로 부정 부사 '안', '못', '-지 아니하다(않다)', '-지 못하다' 등에 의해 실현된다. 한편 서술격 조사 '이다'의 부정은 '~이/가 아니다'로 실현되며, 명령형과 청유형은 각각 '-지 마/-지 마라', '-지 말자'로 실현된다. ⑤는 의미상으로 부정의 의미를 지니고 있지만 부정 표현을 나타내는 요소들이 사용되지 않아 부정 표현에 해당하지 않는다.

오답 풀이 ①, ③ 각각 부정 부사 '안', '못'이 사용되었다.

②, ④ '-지 못하다'가 사용되었다.

14
답 ②

㉠은 의지 부정으로 주체 '나'는 그녀를 만날 의지가 없는 반면에, ㉡은 주체 '나'의 의지가 아닌 외부의 원인 때문에 주체 '나'가 그녀를 만날 수 없는 상황이다.

오답 풀이 ①, ③, ④, ⑤ ㉠은 안 부정문, ㉡은 못 부정문으로 모두 짧은 부정문이다. ㉠은 의미상 주체의 의지 때문에 그 행위가 일어나지 않는 것을 표현하며, ㉡은 주체의 무능력이나 외부의 원인 때문에 그 행위가 일어나지 못함을 표현한다.

> ⊙ '안 부정문'의 사용
> 의미를 기준으로 분류할 때에 의지 부정이지만, 사건이나 사실을 단순히 부정할 때에도 사용된다.
> 예 사과가 안 익었다.
> 　비가 안 온다.
> → 주체의 의지에 의해 사과가 익지 않거나, 비가 안 오는 것이 아니므로, 단순 부정의 의미를 지닌다.

15
답 '다리'라는 단어가 동음이의어이기 때문이다.

〈보기〉의 '다리가 매우 길다.'는 문장은 동음이의어에 의한 중의적 표현으로, '다리'가 한편에서 다른 편으로 건너다닐 수 있도록 만든 시설물이라는 의미와 신체의 일부분이라는 의미를 모두 가진다. 따라서 〈보기〉의 문장은 '시설물 다리가 길다.'라는 의미와 '신체의 일부인 다리가 길다.'라는 의미를 모두 지닌다.

> ⊙ 동음이의어(同音異議語)
> 소리는 같지만 뜻이 서로 다른 낱말로, 두 개 이상의 낱말이 우연히 소리만 같을 뿐 전혀 다른 뜻으로 사용됨.
> 예 ┌ 배: 곱절
> 　 └ 4는 2의 두 배이다.
> 　 ┌ 배: 신체의 일부분
> 　 └ 아침부터 배가 아프다.
> 　 ┌ 배: 과일. 먹는 배
> 　 └ 배가 맛있게 익었다.
> 　 ┌ 배: 교통 수단. 타는 배
> 　 └ 배를 타고 강을 건넜다.

01 ⑤ 02 ⑤ 03 ③ 04 ④ 05 ⑤ 06 ② 07 ③ 08 ① 09 ① 10 ② 11 ②
12 (1) 아름이를 생포하였다. (2) 아름이 13 ① 14 ③ 15 ② 16 ① 17 ④ 18 ④
19 ⑤ 20 ③

01
답 ⑤

ⓗ은 형용사 '아름답다'에 종결 어미 '-구나'가 결합한 감탄문으로 말하는 이가 듣는 이에게 자신이 원하는 상태를 요구하는 것이 아니라, 말하는 이가 듣는 이를 크게 의식하지 않는 상태에서 자신의 감정과 느낌을 표현한다.

오답 풀이 ① ㉠은 종결 어미 '-다'에 의해 실현된 평서문이다.
② ㉡은 종결 어미 '-니'에 의해 실현된 의문문이다.
③ ㉢은 종결 어미 '-아라/-어라'에 의해 실현된 명령문이다.
④ ㉣은 종결 어미 '-자'에 의해 실현된 청유문이다.

> ⊙ '-어라' 계열의 감탄문은 서술어가 형용사일 때와 느낌의 주체가 말하는 이인 경우에만 가능하다. 또 듣는 이를 전혀 고려하지 않는 독백체에서 나타나기 때문에 상대 높임에 따른 구분이 없다.
> ⓐ 형용사: 아이고, 더워라!(O)
>   형용사: 건물이 참 높아라!(X)
> → 느낌의 주체가 말하는 이가 아닌 '건물'이므로, '높다'가 형용사임에도 불구하고 '-어라' 계열의 감탄문이 성립하지 않는다.

02
답 ⑤

〈보기〉의 문장들은 모두 동사 '가다'에 동일한 종결 어미 '-아'가 결합한 형태로 종결 표현이 동일하게 나타난다. 이처럼 종결 어미가 동일하면 억양이 문장의 유형을 결정한다. 〈보기〉에서 문장의 끝을 내려서 읽으면 단순하게 집에 간다는 사실을 진술하는 평서문이 되며, 문장의 끝을 올려서 읽으면 질문에 대한 대답을 요구하는 의문문이 된다. 또한 문장의 끝을 억양의 변화 없이 읽으면 듣는 이의 행동을 요구하는 명령문이 된다.

오답 풀이 ① 제시된 문장의 종결 어미는 '-아'로 동일하다.
② 종결 어미가 동일하므로 종결 어미가 문장의 종결 표현을 결정짓지 못한다.
③ 종결 어미가 동일하게 나타날 경우에 대화 상황과 억양에 의해 문장의 유형이 결정된다.
④ 종결 어미가 동일해도 억양에 의해 〈보기〉와 같이 평서문, 의문문, 명령문으로 각각 종결 표현이 다르게 나타난다.

03
답 ③

'아버지께서 주무신다.'는 선어말 어미 '-시-'와의 결합에 의해서가 아닌 특수 어휘 '주무시다'에 의해 주체 높임법이 실현된 것이다.

오답 풀이 ① 말하는 이가 종결 표현 '-ㅂ니다'에 의해 듣는 이를 높이는 상대 높임법이다.
② 조사 '께', 특수 어휘 '드리다'를 통해 부사어인 '아버지'를 높이는 객체 높임법이다.
④ 조사 '께서', 선어말 어미 '-시-'에 의해 주체 '아버지'를 높이는 주체

높임법이다.
⑤ 선어말 어미 '-시-'를 통해 '부르다'의 주체 '아버지'를 높이는 주체 높임법과 종결 표현 '-습니까'를 통해 듣는 이인 '아버지'를 높이는 상대 높임법이 실현되었다.

04
답 ④

④에서 선생님과 관련된 '걱정거리'를 높임으로써 주체인 '선생님'을 간접적으로 높이지만, 간접 높임에는 '계시다'와 같은 특수 어휘를 사용할 수 없으므로 '선생님께서 걱정거리가 있으시다.'의 형태로 고쳐 써야 한다.

오답 풀이 ① 선생님의 신체와 관련한 '목소리'를 높임으로써 주어 '선생님'을 간접적으로 높였다.
② '께서'와 '-시-'로 주어 '선생님'을 높였다.
③ 선생님의 소유물인 '넥타이'를 높임으로써 주어 '선생님'을 간접적으로 높였다.
⑤ 선생님과 관련한 '말씀'을 높임으로써 주어 '선생님'을 간접적으로 높였다.

05
답 ⑤

〈보기〉는 객체인 '할머니'를 '모시다'라는 특수 어휘를 사용해 높이고 있으므로, 객체 높임법이 사용되었다. 객체 높임법은 종결 표현으로 실현되는 것이 아니므로, ⑤는 적절하지 않다.

06
답 ②

㉠은 학급 회의라는 공식적인 상황이고, ㉡은 비공식적인 상황이다. 상대 높임법을 사용할 때에는 공식적인 상황에서는 격식체를, 비공식적인 상황에서는 비격식체를 사용할 수 있다. 격식체에는 '하십시오체, 하오체, 하게체, 해라체'가 해당하며, 비격식체에는 '해요체, 해체'가 해당한다. ㉠의 격식체는 단정하고 딱딱하며 심리적 거리감을, ㉡의 비격식체는 부드럽고 친근하며 상대방과 가까운 느낌을 준다.

오답 풀이 ① ㉠의 '바랍니다'는 격식체 중에서 '하십시오체'에 해당하며, ㉡의 '가'는 비격식체 중에서 '해체'에 해당한다.
③ ㉠, ㉡에서 '민혁'은 모두 동일한 대상인 '다원'과 대화하고 있다.
④ ㉠은 학급 회의라는 공식적인 상황이며, ㉡은 방과 후에 친구들끼리 대화를 나누는 비공식적인 상황이다.
⑤ ㉠, ㉡은 공식적인 대화 상황인지, 비공식적인 대화 상황인지의 여부에 의해 높임법이 다르게 나타난다.

> ⊙ **상대 높임법**
>
> | 높임 | 하십시오체 | 낮춤 | 하게체 |
> |---|---|---|---|
> | | 하오체 | | 해라체 |
> | | 해요체 | | 해체 |

07
답 ③

상황이나 동작이 일어나는 시점을 나타내는 사건시와 말하는 시점을 나타내는 발화시가 일치하는 것은 현재 시제이다. ③은 현재 시제 선어말 어미 '-ㄴ-'에 의해 현재 시제가 실현되었다.

오답 풀이 ①, ② 선어말 어미 '-었-'에 의해 과거 시제가 실현되었다.

④ 관형사형 어미와 의존 명사의 결합형 '-(으)ㄹ 것이-'에 의해 미래 시제가 실현되었다.
⑤ 선어말 어미 '-겠-'에 의해 미래 시제가 실현되었다.

08 　　　　　　　　　　　　　　　답 ①

'2년 전'은 과거를 나타내는 시간 부사어, '짝이던'에서 관형사형 어미 '-던', '보았다', '친구였다'에서 과거 시제 선어말 어미 '-았/었-'에 의해 과거 시제가 실현되었다.

오답 풀이 ② '크다', '좋아진다'는 현재 시제를 실현하는 요소이다.
③ '않는', '좋아진다'는 현재 시제를 실현하는 요소이다.
④, ⑤ '중학교', '처음'은 과거 시제를 실현하는 요소가 아니다.

09 　　　　　　　　　　　　　　　답 ①

①은 주어가(이 문장에서는 생략되어 있음.) 다른 주체(동생)에 의해 빼앗기는 동작을 당하고 있으므로 피동 표현이 사용된 문장이다.

오답 풀이 ②, ③은 능동 표현이다.
④ '숙이다'는 '앞이나 한 쪽으로 기울어지게 하다'라는 의미를 나타내고 있으므로 피동 표현이 아니다.
⑤ '굽히다'는 '굽게 하다'의 의미를 나타내고 있으므로 피동 표현이 아니다.

10 　　　　　　　　　　　　　　　답 ②

②의 '보이다'는 어근 '보-'에 사동 접미사 '-이-'가 결합해 주체가 다른 대상인 '친구'에게 손해를 보게 하는 사동 표현이다.

오답 풀이 ①, ③, ④, ⑤ 각각 어근 '보-'에 피동 접미사 '-이-'가 결합한 피동 표현이다.

11 　　　　　　　　　　　　　　　답 ②

피동 표현을 실현하는 방법을 두 가지 이상 겹친 이중 피동의 형태로 사용하지 않도록 주의해야 한다. ②의 '지워지지'는 어간 '지우-'와 피동을 나타내는 '-어지다'와 결합한 형태로 (나)의 ⓒ의 방법에 의해 실현된 것이다.

오답 풀이 ① 자신의 생각을 전달할 때 피동 표현을 습관적으로 사용하는 경우가 많은데, 이는 잘못된 표현이다. '생각되어긴다'는 '생각한다'의 능동 표현으로 고쳐 써야 한다.
③ '믿겨지지'는 (나)의 ㄱ의 방법으로 파생된 피동사 '믿기다'에 (나)의 ⓒ의 방법인 '-어지다'가 결합한 이중 피동의 형태로, '믿기지', '믿어지지'와 같이 고쳐 써야 한다.
④ '보여진다'는 (나)의 ㄱ의 방법으로 파생된 피동사 '보이다'에 (나)의 ⓒ의 방법인 '-어지다'가 결합한 이중 피동의 형태로, '보인다'와 같이 고쳐 써야 한다.
⑤ '잡혀지지'는 (나)의 ㄱ의 방법으로 파생된 피동사 '잡히다'에 (나)의 ⓒ의 방법인 '-어지다'가 결합한 이중 피동의 형태로, '잡히지', '잡아지지'와 같이 고쳐 써야 한다.

12 　　　　　　　답 (1) 아름이를 생포하였다. (2) 아름이

㉠에서 '생포되었다'는 명사 '생포'에 접미사 '-되다'가 붙어 주체 '아름

이'가 사육사에 의해 붙잡힘이라는 동작을 당한 피동 표현이다. 이를 동작을 행한 주체 '사육사는'을 주어로 바꾸어 쓰면 능동 표현이 된다. 따라서 주어인 '아름이는'을 목적어 '아름이를'과 같이 바꾸어 쓰고, 피동사 '생포되었다'를 '생포하였다.'와 같이 능동사로 바꾸어 써야 한다. 피동 표현은 동작을 당하는 주체에 초점을 둘 때 사용한다.

13 　　　　　　　　　　　　　　　답 ①

'어머니가 아이에게 밥을 먹이셨다.'는 주체인 '어머니'가 다른 대상인 '아이'가 밥을 먹도록 시킨다는 의미를 지닌 사동 표현이다. 어근 '먹-'과 사동 접미사 '-이-'가 결합한 사동사 '먹이다'의 활용형 '먹이셨다'가 나타난다.

오답 풀이 ②, ③, ④, ⑤ 어떤 주체가 스스로 동작이나 행동을 하는 주동 표현에 해당한다.

⊙ 사동 표현의 실현 방법	
접사	어근과 '-이-', '-하-', '-리-', '-기-', '-우-', '-구-', '-추-'의 결합
'-게 하다'	-게(연결 어미) + 하다(보조 동사)
명사 + '-시키다'	명사와 '-시키다'의 결합

14 　　　　　　　　　　　　　　　답 ③

ㄴ에서 '못'은 능력 부정이나 외부의 원인에 의한 불가능을 나타내는 부사로, 축구를 하고 싶어도 할 수 없는 '그'의 상황을 부정하고 있다.

오답 풀이 ① ㄱ에서 '안'을 '못'으로 바꾸면 '나팔꽃이 못 예쁘다.'가 되어 어색한 문장이 된다.
② ㄱ에서 '안'은 '예쁘다'라는 상태를 부정하고 있다.
④ ㄴ을 '그는 다리를 다쳐 축구를 하지 못한다.'로 바꾸어도 어법상에 문제가 생기지는 않는다.
⑤ ㄷ의 '아니다'는 '고래'가 '어류'라는 것을 부정하고 있다.

15 　　　　　　　　　　　　　　　답 ②

② '못'은 주체의 능력 부족이나 외적 원인으로 행위가 일어나지 못할 때 쓰여 주로 동사와만 어울리고 형용사 앞에는 올 수 없다. 하지만 일부의 형용사 '넉넉하다, 만족하다, 뛰어나다, 넓다' 등에는 긴 부정문의 형태로 쓰이며 기대에 미치지 못했다는 의미를 나타낸다.

오답 풀이 ① '고치다, 알다, 깨닫다'는 주어의 의지가 작용할 수 없는 말이기 때문에 '안' 부정문을 사용할 수 없다.
③ 종결 어미 '-자'가 결합한 청유형 문장은 '말다'를 활용해 '-지 말자'의 형태로 써야 한다.
④ '아름답다, 날카롭다, 가파르다' 등의 형용사는 반드시 긴 부정문의 형태로 쓰이며 기대에 미치지 못했다는 의미를 나타낸다.
⑤ '공부하다, 노력하다' 등은 긴 부정문의 형태만 사용할 수 있는데, 이를 통해 긴 부정문이 짧은 부정문보다 광범위하게 사용됨을 알 수 있다.

16 　　　　　　　　　　　　　　　답 ①

①은 문장에서 '귀여운'이 수식하는 말이 '동생'인지, '동생의 강아지'인지 불분명하여 중의적으로 해석되는 문장이다.

오답 풀이 ② '좋아한다'의 비교 대상이 불분명하다.

③ '신고 계신다'가 진행인지 완료인지 불분명하다.
④ '나'와 '그녀'가 결혼한 것인지 '나'와 '그녀'가 각각 다른 사람과 결혼한 것인지 불분명하다.
⑤ '사과'와 '귤'이 각각 하나씩 총 두 개인지, '사과'와 '귤'이 각각 두 개인지 불분명하다.

17 　　　　　　　　　　　　　　　　 답 ④

〈자료〉의 '나는 그와 민우를 만났다.'의 문장은 조사 '와'에 의해 '민우를 만난 사람이 나와 그이다.', '내가 만난 사람이 그와 민우이다.'와 같은 중의적 의미를 지닌다. ④의 '민우는 준수와 영희를 도왔다.' 또한 조사 '와'에 의해 '민우와 준수가 함께 영희를 도왔다.', '민우가 도운 사람이 준수와 영희 두 사람이다.'의 중의적 의미를 지닌다.

18 　　　　　　　　　　　　　　　　 답 ④

'누나는 나보다 먹을 것을 더 좋아한다.'라는 문장은 비교 표현에 의해 중의적 의미가 생겨 '누나는 내가 먹을 것을 좋아하는 것보다 먹을 것을 더 좋아한다.'는 의미와 '누나는 나를 좋아하는 것보다 먹을 것을 더 좋아한다.'는 의미를 지닌다.

19 　　　　　　　　　　　　　　　　 답 ⑤

〈자료〉에서 '성실한 아무개의 부인'은 수식 범위에 의해 '아무개가 성실하다.', '아무개의 부인이 성실하다.'의 두 가지 의미로 해석되는 문제점이 있다. ⑤의 '예쁜 친구의 동생' 또한 '예쁜'의 수식 범위에 의해 중의적 의미로 해석되어, '친구가 예쁘다.', '친구의 동생이 예쁘다.'의 두 가지 의미로 해석된다.

20 　　　　　　　　　　　　　　　　 답 ③

도전 수능 맛보기

| 출제 연도 | 2014 수능 A형
| 배　　점 | 2점 ★★★☆☆
| 출제 의도 | 높임 표현의 파악

㉠은 특수 어휘에 의한 주체 높임법, ㉡은 명사에 의해 실현되는 간접 높임법에 대한 설명이다. ③에서 명사 '연세'는 ㉡과 같이 주체인 '할머니'를 간접적으로 높이는 실현 방법이며, 주체를 높이는 용언인 특수 어휘 '잡수신다'는 주체 '할머니'를 높이고 있어 ㉠에 해당하는 실현 방법이다.

오답 풀이 ① '그분'은 높여야 할 인물을 직접 높이는 명사, '성함'은 높여야 할 인물과 관련된 것을 높이는 명사이다.
② 특수 어휘 '여쭈다'를 통해 생략된 부사어 '할머니'를 높이는 객체 높임법이 나타나며, 높여야 할 인물과 관련된 것을 높이는 명사인 '댁'도 사용되었다.
④ 목적어 '부모님'을 특수 어휘 '모시다'를 통해 높이는 객체 높임법이다.
⑤ '피곤하셨는지'의 선어말 어미 '-시-'와 특수 어휘 '주무시다'에 의해 실현된 주체 높임법이다.

VI. 어문 규정

27 한글 맞춤법과 표준어 규정

문제로 개념 확인 　　　　　　　　　 | 본문 103쪽 |

1단계 01 같이 02 신여성 03 합격률 04 성장률 05 갑자기 06 남존여비 07 아는∨것이 08 먹을∨만큼 09 연필∨한∨자루 10 청군∨대∨백군 11 갈게 12 하든 말든 13 먹었던 14 × 15 ○ 16 ○ 17 × 18 ㉠ 19 ㉢ 20 ㉣ 21 ㉡
2단계 22 ④ 23 ④ 24 ③

22 　　　　　　　　　　　　　　　　 답 ④

두 말을 이어 주거나 열거할 적에 쓰이는 말들은 '겸, 대, 및, 등' 등으로, 이러한 말들은 띄어 쓰는 것이 원칙이다. ④의 '할 수 있다'는 '의존 명사는 띄어 쓴다.'에 해당하는 예로 적절하다.

23 　　　　　　　　　　　　　　　　 답 ④

위쪽을 의미하는 말은 '윗–'으로 통일하지만 된소리나 거센소리 앞에서는 '위'로 쓰고, 위와 아래의 대립이 없는 경우에는 '웃–'을 사용한다. 그러므로 '어른'은 위와 아래의 대립이 없으므로 '웃–'을 쓰는 것이 적절하다.
오답 풀이 ① 윗니, ② 윗도리, ③ 윗잇몸, ⑤ 윗입술이 표준어이다.

24 　　　　　　　　　　　　　　　　 답 ③

기술자에게는 '–장이'를 붙이고, '그것이 나타내는 속성을 많이 가진 사람'이라는 뜻을 나타낼 때에는 '–쟁이'를 붙인다. '멋쟁이'는 '멋있거나 멋을 잘 부리는 사람'이므로 '–쟁이'가 붙는 것이 적절하다.

28 외래어 표기법과 국어의 로마자 표기법

문제로 개념 확인 　　　　　　　　　 | 본문 105쪽 |

1단계 01 파이팅 02 파리 03 카페 04 커피숍 05 인터넷 06 피아노 07 버스 08 t 09 j 10 ch 11 ss 12 m 13 Imsil 14 Gumi 15 Gyeonggi–do 16 Apgujeong 17 Busan
2단계 18 ④ 19 ④

18 　　　　　　　　　　　　　　　　 답 ④

일단 우리말에 들어와 굳어진 외래어는 그 형태가 외래어 표기법에 어긋나더라도 관용을 존중하여 널리 쓰이는 형태를 인정한다. 그러므로 'gum'은 '껌'으로 표기한다.

19 　　　　　　　　　　　　　　　　 답 ④

'ㄱ, ㄷ, ㅂ'은 모음 앞에서는 'g, d, b'로, 자음 앞이나 어말에서는 'k, t, p'로 적어야 한다. 그러므로 '백암'은 'Baegam'이 바른 로마자 표기이다.

[27~28]

문제로 실력 평가　　　　　　| 본문 106~109쪽 |

01 ①　02 ⑤　03 ①　04 ④　05 ④　06 ④　07 ①　08 ①　09 (1) 의지를 (2) 띠
우려고　10 ①　11 ②　12 ④　13 ⑤　14 ③　15 ②　16 ②　17 ③

01
目 ①

한글 맞춤법 조항 중 제42항에서 '의존 명사는 띄어 쓴다.'라고 제시되
어 있다. ①의 '나도 할수 있다.'에서 '수'는 의존 명사이므로 '나도 할 수
있다.'로 띄어 써야 한다.

오답 풀이 ② 단위를 나타내는 명사는 띄어 쓰므로 '옷 한 벌'이 맞다.
③ '바'가 의존 명사이므로 앞말과 띄어 쓴다.
④의 '겸', ⑤의 '대'는 두 말을 이어 주거나 열거할 적에 쓰이는 말로 앞
말과 띄어 써야 한다.

02
目 ⑤

⑤의 '대로'는 앞에 오는 말에 근거하거나 달라짐이 없음을 나타내는 보
조사이므로 앞말에 붙여 써야 한다. 그러므로 '법대로'로 쓰는 것이 옳다.

오답 풀이 ①, ②, ③, ④ '대로'는 모두 의존 명사이므로 앞말과 띄어 쓰
는 것이 맞다.

03
目 ①

'고래'와 '기름'은 순 우리말이다. 따라서 '제30항–1'에 따라 어떤 세부
조항과 관련되는지 찾아야 한다. 하지만 '고래기름'을 발음하면 [고래기
름]으로 소리 나므로 사이시옷이 붙는 어떤 환경과도 관련되어 있지 않
다. 따라서 '고랫기름'이 아닌 '고래기름'으로 적어야 한다.

오답 풀이 ② '바다'와 '물'은 순 우리말이며, [바단물]로 소리 나므로 뒷
말의 첫소리 'ㄴ, ㅁ' 앞에서 'ㄴ' 소리가 덧나는 경우이다. 따라서 '제30
항–1–(2)'에 따라 사이시옷을 받치어 적은 '바닷물'로 적어야 한다.
③ '뒤'와 '일'은 순 우리말이며, [뒨닐]로 소리 나므로 뒷말의 첫소리 모
음 앞에서 'ㄴㄴ' 소리가 덧나는 경우이다. 따라서 '제30항–1–(3)'에 따
라 사이시옷을 받치어 적은 '뒷일'로 적어야 한다.
④ '등교'는 한자어, '길'은 순 우리말이며, [등교낄/등굔낄]로 소리 나므
로 순 우리말과 한자어로 된 합성어에서 뒷말의 첫소리가 된소리로 나
는 경우이다. 따라서 '제30항–2–(1)'에 따라 사이시옷을 받치어 '등굣
길'로 적어야 한다.
⑤ '양치'는 한자어, '물'은 순 우리말이며, [양친물]로 소리 나므로 순 우
리말과 한자어로 된 합성어에서 뒷말의 첫소리 'ㄴ, ㅁ' 앞에서 'ㄴ' 소
리가 덧나는 경우이다. 따라서 '제30항–2–(2)'에 따라 사이시옷을 받치
어 '양칫물'로 적어야 한다.

> ⊙ 사이시옷을 받치어 적는 예
> 1. 순 우리말로 된 합성어로서 앞말이 모음으로 끝난 경우
>   (1) 뒷말의 첫소리가 된소리로 나는 것
> | 귓밥 나룻배 나뭇가지 냇가 맷돌 모깃불 바닷가 선짓국 쇳조각 |
> | 아랫집 잿더미 조갯살 찻집 쳇바퀴 킷값 핏대 햇볕 혓바늘 |
>   (2) 뒷말의 첫소리 'ㄴ, ㅁ' 앞에서 'ㄴ' 소리가 덧나는 것
> | 아랫니 텃마당 아랫마을 뒷머리 잇몸 냇물 빗물 |

> (3) 뒷말의 첫소리 모음 앞에서 'ㄴㄴ' 소리가 덧나는 것
> | 두렛일 뒷일 베갯잇 깻잎 나뭇잎 댓잎 |
> 2. 순 우리말과 한자어로 된 합성어로서 앞말이 모음으로 끝난 경우
>   (1) 뒷말의 첫소리가 된소리로 나는 것
> | 귓병 머릿방 샛강 아랫방 자릿세 전셋집 찻잔 콧병 탯줄 텃세 핏기 햇수 |
>   (2) 뒷말의 첫소리 'ㄴ, ㅁ' 앞에서 'ㄴ' 소리가 덧나는 것
> | 곗날 제삿날 훗날 툇마루 양칫물 |
>   (3) 뒷말의 첫소리 모음 앞에서 'ㄴㄴ' 소리가 덧나는 것
> | 가욋일 사삿일 예삿일 훗일 |
> 3. 두 음절로 된 다음 한자어
> | 곳간(庫間) 셋방(貰房) 숫자(數字) 찻간(車間) 툇간(退間) 횟수(回數) |

04
目 ④

한글 맞춤법에서 모음이나 'ㄴ' 받침 뒤에 이어지는 '렬, 률'은 '열, 율'로
적어야 한다고 정하였으므로, '성장율'이 아니라 '성장률'로 적어야 한다.

05
目 ④

'안절부절못하다'는 '마음이 초조하고 불안하여 어찌할 바를 모르다.'의
뜻을 가진 단어이다. 따라서 비표준어 '안절부절하지'를 표준어 '안절부
절못하지'로 고쳐야 한다.

06
目 ④

'짜장면'과 '자장면'은 둘 다 표준어이다.

07
目 ①

'옥수수'와 '강냉이', '천연스럽다'와 '천연덕스럽다'는 복수 표준어이다.
①의 '우레'와 '천둥' 역시 복수 표준어이다.

오답 풀이 ② 언제나, ③ 부스러기, ④ 알사탕, ⑤ 밀짚모자만 표준어
이다.

> ⊙ 한 가지 의미를 나타내는 여러 가지 형태가 모두 널리 쓰이고 표준어 규정에
> 맞으면 그 모두를 표준어로 삼는다. 이를 '복수 표준어'라고 한다.
> ⓓ 모쪼록 – 아무쪼록　곰곰 – 곰곰이　　　밑층 – 아래층
> 　차차 – 차츰　　아무튼 – 여하튼 – 어쨌든　넝쿨 – 덩굴

08
目 ①

자음과 자음이 만날 때, 서로 비슷한 소리로 변하는 음운 동화 중 비음
화에 대해 확인하는 문제이다. '국물'은 [궁물]로 소리가 나는데, 그 이
유는 받침 'ㄱ'이 비음인 'ㅁ'의 영향을 받아서 비슷한 자리에서 소리가
나는 비음인 'ㅇ'으로 변하기 때문이다. 그러므로 '국물'은 표준 발음법
제18항에 해당하는 예로 적절하다.

09
目 (1) 의지를 (2) 띠우려고

㉠에서 'ㅢ'는 〈자료 1〉에 제시된 표준 발음법 제5항에 따라 이중 모음
인 [ㅢ]로 발음하지만, ㉡에서 'ㅢ'는 자음을 첫소리로 가지고 있으므로
표준 발음법 제5항의 '다만 3'에 따라 [ㅣ]로 발음한다. 그러므로 ㉠은
[의지를], ㉡은 [띠우려고]가 표준 발음이다.

10
답 ①

〈자료〉에 따라 '값이'는 겹받침 중 뒤엣것인 'ㅅ'을 뒤 음절 첫소리로 옮겨 발음하고, 'ㅅ'은 된소리로 발음해야 하므로 [갑씨]가 표준 발음이다.

11
답 ②

'어른'은 위, 아래의 구분이 없으므로 ㉢에 해당하기 때문에 '웃어른'이라고 쓰는 것이 적절하다.

12
답 ④

모음 조화가 지켜지지 않은 채 굳어진 경우는 이를 표준어로 삼는다. '깡총깡총'이라고 쓰는 것이 모음 조화를 지킨 표현이지만 '깡충깡충'으로 굳어져 쓰이므로 '깡충깡충'이 표준어이다.

13
답 ⑤

영어의 [f] 발음은 ㉢에 따라 'ㅍ'으로만 적는 것이 외래어 표기의 원칙이다. 따라서 '화이팅'이 아니라 '파이팅'으로 표기해야 한다.

14
답 ③

영어의 'piano' [piǽnou]는 규정에 따른 표기로는 '피애노'이지만, 관용을 존중하여 '피아노'로 표기한다. 'gum'도 '검'이 아니라 '껌'으로 표기한다. 이는 외래어 표기법 제5항 '이미 굳어진 외래어는 관용으로 존중하되, 그 범위와 용례는 따로 정한다.'에 따른 것이다.

15
답 ②

'ㄹ'은 ㉠을 통해 모음 앞에서 'r'로 적고, ㉡을 통해 어말에서는 'l'로 적고, ㉢을 통해 자음 앞에서 'l'로 적고, ㉣을 통해 'ㄹㄹ'은 'll'로 적음을 알 수 있다. 따라서 '설악[서락]'에서 'ㄹ'은 모음 앞에서 소리 나는 경우이므로 'r'로 적어야 한다. 따라서 바른 표기는 'Seorak'이다.

16
답 ②

'ㄱ, ㄷ, ㅂ'을 로마자로 적을 때에는 모음 앞에서는 'g, d, b'로 써야 하므로, '구미'는 'Gumi'로 적어야 한다.

17
답 ③

도전! 수능 맛보기

| 출제 연도 | 2014 예비 수능 B형
| 배   점 | 2점 ★★★☆☆
| 출제 의도 | 한글 맞춤법의 이해

③에서 '푸-'라는 용언의 어간에 어미 '-어서', '-었다'가 결합했으나 어간과 어미를 구분하여 적지 않았으므로, '퍼서', '펐다'는 소리대로 적은 예에 해당한다.

오답 풀이 ① '먹어', '먹은'은 소리대로 적지 않고 어간과 어미를 분리해서 적었으므로 ㉡에 해당한다.
② '굳이', '같이'로 어근과 접사를 구분하여 적었으므로 ㉡에 해당한다.
④ '미덥다'의 어간 '믿-', '우습다'의 어간 '웃-'을 밝혀 적지 않았으므로 ㉠에 해당한다.
⑤ 한자 노(老)를 소리대로 다르게 구분하여 적었으므로 ㉠에 해당한다.

VII. 기타

29 담화의 맥락

문제로 개념 확인　　　　　　　　　| 본문 113쪽 |

[1단계] 01 담화 02 말하는 이, 듣는 이, 언어(발화), 맥락 03 ○ 04 ○ 05 ×
06 ㉡ 07 ㉣ 08 ㉢ 09 ㉣ 10 ㉠ 11 산길 12 나무꾼 13 금도끼
[2단계] 14 ④ 15 ④ 16 ⑤

14
답 ④

담화란 둘 이상의 문장이 연속되어 이루어지는 말의 단위이다. 말하는 이(화자)와 듣는 이(청자), 언어, 맥락이 담화를 이루는 구성 요소이다. 이러한 담화는 말하는 이가 어떤 의도를 갖고 있느냐에 따라 정보 제공, 호소, 약속, 친교, 선언으로 그 유형을 나눌 수 있다. ④에서 제품을 설명하는 담화는 제품에 대한 정보를 전달하기 위한 의도가 담겨 있으므로 담화의 유형 중 정보 제공 담화에 속한다.

⊙ 담화의 구성 요소
• 말하는 이(화자), 듣는 이(청자)
• 언어: 전달 매체
• 맥락: 상황 맥락과 사회·문화적 맥락

15
답 ④

담화는 말하는 이(화자), 듣는 이(청자), 언어, 맥락으로 구성된다. 제시된 담화는 '전화기에 대고', '전화기를 들고'라는 지문을 통해 전화 통화 상황임을 알 수 있다. 따라서 택배 기사가 말하고 있는 공간과 김철수가 말하고 있는 공간이 서로 다르다는 것을 알 수 있다.

오답 풀이 ① 발화 장면에 따라 말하는 이와 듣는 이가 달라질 수 있다. ㉠에서 말하는 이는 '택배 기사'이고 듣는 이는 '김철수'이다.
② 택배 기사는 물건을 둔 위치에 대한 정보를 전달하고 있다.
③ ㉡에서 말하는 이는 '김철수'이고, 듣는 이는 '택배 기사'이다.
⑤ 시간적 상황은 드러나지 않는다.

16
답 ⑤

담화의 표현 중 지시 표현은 사물이나 사람, 사건을 지시하는 표현으로, 말하는 이와 듣는 이를 기준으로 한 거리에 따라 지시 표현이 다르게 선택된다. 민정이와 가예의 대화에서 민정이에게 가까이 있는 책(㉠)은 ㉣과 같고, 민정이에겐 멀지만 가예에게 가까이 있는 책(㉡)은 ㉢과 같다. 또 민정이와 가예 모두에게 멀리 떨어져 있는 책(㉢)은 ㉤과 같다.

구분	지시하는 대상
이	말하는 이(화자)에게 가까운 대상
그	듣는 이(청자)에게 가까운 대상
저	말하는 이(화자)와 듣는 이(청자) 모두에게 멀리 있는 대상

30 한글의 창제 원리와 가치

1단계 01 상형, 가획 02 상형, 합성 03 ㉠ 04 ㉤ 05 ㉢ 06 ㉡ 07 ㉣
08 ㅅ 09 ㅇ 10 ㅂ, ㅍ 11 ㄹ, ㅿ, ㆁ 12 ㅇ 13 ㅇ 14 ✕
2단계 15 ① 16 ② 17 ④ 18 ②

15
답 ①

자음은 기본자 5개와 거기에 획을 더한 가획자, 모양이 다른 이체자로 만들어졌다. 제시된 'ㄱ'은 혀뿌리가 목구멍을 막는 모양을 본뜬 기본자이고, 'ㅋ'은 'ㄱ'에 획을 더해서 만든 가획자이다.

오답 풀이 ② 재출자는 모음의 초출자에 'ㆍ'를 합성한 것이다.
③ 자음을 나란히 쓰는 것을 각자 병서라 하며, 'ㄱ'을 나란히 쓰면 'ㄲ'이 된다.
④ 모음의 기본자를 합성하여 처음 나온 글자가 초출자이다.
⑤ 'ㄱ'은 혀뿌리가 목구멍을 막는 모양을 본떠 만든 글자이다.

> ⊙ 자음의 창제 원리
> • 상형: 기본자는 발음 기관과 발음하는 모양을 본떠서 만듦.
> • 가획: 기본자에 획을 더해서 만듦.
> • 이체: 가획하지 않은 예외적인 모양
> • 병서: 글자를 나란히 씀.

16
답 ②

자음은 기본자 'ㄱ, ㄴ, ㅁ, ㅅ, ㅇ'을 바탕으로 가획자를 만들었다. ②와 같이 기본자 'ㅅ'에 획을 더해 'ㅈ'과 'ㅊ'을 만들었다.

오답 풀이 ① 'ㄱ'에 획을 더해 'ㅋ'을 만들었다.
③ 'ㅁ'에 획을 더해 'ㅂ'과 'ㅍ'을 만들었다.
④ 'ㅇ'에 획을 더해 'ㆆ'과 'ㅎ'을 만들었다.
⑤ 'ㄴ'에 획을 더해 'ㄷ'과 'ㅌ'을 만들었다.

17
답 ④

모음은 기본자 'ㆍ, ㅡ, ㅣ'를 합성하여 초출자 'ㅏ, ㅓ, ㅗ, ㅜ', 재출자 'ㅑ, ㅕ, ㅛ, ㅠ'를 만들었다.

> ⊙ 모음의 창제 원리
> • 상형: 기본자는 천, 지, 인 삼재의 모양을 본떠서 만듦.
> • 합성: 기본자를 더해서 초출자, 재출자를 만듦.

18
답 ②

한글은 독창성, 과학성, 경제성, 실용성 등에서 우수성과 가치를 드러낸다. ②에서 이체자 'ㆁ, ㄹ, ㅿ'은 예외적으로 만든 글자로 다른 가획자와는 다르게 소리의 세기를 나타내지 않는다.

오답 풀이 ① 실용성: 음절 단위의 모아쓰기 방식으로 가독성을 높인다.
③ 경제성: 창제 당시 28개의 글자로 수많은 소리를 표현할 수 있다.
④ 독창성: 당시 널리 쓰이던 한자를 모방하지 않고 독창적으로 우리말을 표현할 글자를 만들었다.
⑤ 과학성: 획을 더할 때마다 소리의 세기가 강해지는 것을 문자로 표현했다.

[29~30]

01 ⑤ 02 ④ 03 ④ 04 ③ 05 ④ 06 ⑤ 07 ③ 08 ① 09 ② 10 ③ 11 ⑤
12 ④ 13 ③ 14 ④ 15 ③

01
답 ⑤

승강기에서 남자가 사람들을 헤치고 나오면서 "자, 좀 내립시다!"라고 한 말은 자신이 내릴 수 있도록 비켜 달라는 의도를 가지고 있다. 이는 상대의 마음을 움직여 행동을 유도하는 것이다.

02
답 ④

〈보기〉는 담화의 유형에 대한 설명으로, 이 중 ㉠ '호소'는 상대방의 행동 변화를 요구하는 담화이다. ④에서 어머니는 간접 의문문의 형태로 말하고 있지만, 아들이 음식을 천천히 먹기를 요구하고 있다.

오답 풀이 ①, ③ 친교 담화에 해당한다.
②, ⑤ 정보 제공 담화에 해당한다.

03
답 ④

제시된 담화는 뉴스 보도로, 한국은행이 올해 국내 총생산 성장률 전망치를 내렸다는 정보를 제공하고 있다. ④는 정보 제공 담화에 대한 설명이다.

오답 풀이 ①은 선언, ②는 친교, ③은 약속, ⑤는 호소 담화에 대한 설명이다.

04
답 ③

담화 상황에서 지시 표현을 사용하면 불필요한 반복을 피하고, 말하고자 하는 내용을 더욱 간결하게 전달할 수 있다. ③에서 ㉢은 말하는 이인 '지수'와 듣는 이인 '성모'로부터 멀리 떨어진 장소를 가리키는 지시 표현이다.

05
답 ④

지시 표현은 말하는 이에게 가까울 때 '이', 듣는 이에게 가까울 때 '그', 말하는 이와 듣는 이에게 모두 멀 때에는 '저'를 사용한다. ④에서 '이것(숙제)'은 말하는 이인 '영일'에게 가까이 있고, 듣는 이인 '정원'에게는 멀리 있다.

오답 풀이 ① 듣는 이인 '영일'에게 가까이 있는 부채를 가리킨다.
② '영일'과 '정원' 모두에게 멀리 있는 선풍기를 가리킨다.
③ '영일'이 앞에서 한 말을 가리킨다.
⑤ '영일'이 앞에서 말한 '숙제'를 가리킨다.

06
답 ⑤

⑤의 ㉧과 ㉫은 다른 장소를 가리킨다. ㉧은 피아노 학원 옆에 있는 가게로, '재용'과 '강현'이 그저께 갔던 곳을 가리키며, ㉫은 '재용'과 '강현'이 대화를 나누는 장소에서 멀리 보이는 문구점을 가리킨다.

오답 풀이 ① '여기'는 말하는 이인 '재용'에게 가까운 곳이다.
② ㉡(=㉢)이 가리키는 물건이 말하는 이인 '재용'에게 가까이 있고, 듣

는 이인 '강현'에게 멀리 있음을 알 수 있다.
③ ⓒ과 ⓔ은 같은 대상을 가리키는 것으로, 말하는 이인 '재용'에게 가까이 있다.
④ ⓜ과 ⓗ은 같은 장소를 가리키는 말로, '재용'과 '강현'이 다니는 피아노 학원 옆에 있는 가게이며, 둘이 그저께 간 가게이다.

07 　　　　　　　　　　　　　답 ③
'우리'는 청자를 포함할 수 있지만, '저희'는 청자를 포함하여 가리킬 수 없다. ③에서 '우리'는 청자를 포함하기 때문에 '저희'로 바꾸어 쓸 수 없다.
오답 풀이 ①, ②, ④, ⑤ 높임의 대상이자 청자인 '사장님, 여러분, 박사님, 선생님'은 '우리'에 포함되지 않으므로 '저희'로 바꿔 써야 한다.

08 　　　　　　　　　　　　　답 ①
높임 표현은 담화에 참여하는 사람들 사이의 상하 관계, 친소 관계에 따라 상대적으로 결정된다. ㉠에서 형인 '우찬'은 동생 '우현'을 높이지 않아도 되기 때문에 낮춤 표현인 '-니'를 사용했다.

09 　　　　　　　　　　　　　답 ②
높임 표현은 높임 대상에 따라 주체, 객체, 상대 높임법으로 나뉜다. ⓒ은 선생님께서 하신 말씀이므로 '있으셨니'로 표현해야 한다.
오답 풀이 ① '재령'은 높임의 대상이 아니다.
③ '선생님'은 높임의 대상이므로 '묻다' 대신에 '여쭙다'를 사용해야 한다.
④ '선생님'은 높임의 대상이므로 '자기' 대신에 높임말인 '당신'을 사용해야 한다.
⑤ '선생님'은 높임의 대상이므로 어휘 '말씀'과 높임의 선어말 어미 '-시-'를 사용하여 '말씀하셨잖아'로 바꾸어야 한다.

10 　　　　　　　　　　　　　답 ③
모음은 기본자를 합성하여 초출자를 만들고, 다시 초출자에 'ㆍ'를 합성하여 재출자를 만들었다. ③과 같이 초출자는 'ㅏ, ㅓ, ㅗ, ㅜ'이고, 'ㅑ, ㅕ, ㅛ, ㅠ'는 재출자이다.
오답 풀이 ①, ②, ④, ⑤ 'ㆍ, ㅡ, ㅣ'는 기본자이다.

11 　　　　　　　　　　　　　답 ⑤
자음은 발음 기관을 본떠 만든 기본자를 바탕으로 발음이 세게 나는 정도에 따라 기본자에 획을 더한 가획, 예외적인 글자인 이체 등으로 글자를 만들었다. ⑤에서 입 모양을 본뜬 'ㅁ'은 기본자이고, 'ㅂ'은 'ㅁ'에 획을 더해 만든 글자이다.
오답 풀이 ① 'ㄱ'과 'ㅅ' 모두 기본자이다.
② 'ㅋ'은 기본자 'ㄱ'에 가획하여 만든 글자이고, 'ㅇ'은 기본자이다.
③ 'ㄴ'은 기본자이고, 'ㄹ'은 이체자이다.
④ 'ㄷ'과 'ㅌ'은 기본자 'ㄴ'에 가획하여 만든 글자이다.

12 　　　　　　　　　　　　　답 ④
자음은 상형의 원리로 기본자를 만들고, 가획과 이체로 글자를 더했다. 그리고 운용 원리인 병서(나란히 쓰기)를 통해 된소리를 만들었다. ④에서 'ㄸ'은 'ㄷ'을 나란히 쓴 것이고, 'ㄹ'은 혓소리의 이체자이다.

오답 풀이 ① 'ㅋ'는 'ㄱ'의 가획자이고, 'ㄲ'은 'ㄱ'을 나란히 쓴 것이다.
② 'ㅃ'은 'ㅂ'을 나란히 쓴 것이고, 'ㅍ'은 'ㅁ'의 가획자이다.
③ 'ㅅ'은 기본자이고, 'ㅉ'은 'ㅈ'을 나란히 쓴 것이다.
⑤ 'ㅁ'은 기본자이고, 'ㄹ'은 혓소리의 이체자이다.

> • 이체자: 모양이 다른 글자로, 'ㆁ, ㄹ, ㅿ'이 있다.
> • 병서: 글자를 나란히 쓰는 것으로, 'ㄲ, ㄸ, ㅃ, ㅆ, ㅉ'이 있다.

13 　　　　　　　　　　　　　답 ③
상형의 원리로 만든 자음 'ㄱ'과 사람의 모양을 본뜬 'ㅣ'가 결합된 글자를 찾는 문제이다. ③ '기픈'에서 '기'는 'ㄱ'과 'ㅣ'가 결합된 글자이다.
오답 풀이 ①, ②, ④, ⑤ '기'가 포함되지 않았다.

14 　　　　　　　　　　　　　답 ④
〈보기〉는 휴대 전화의 문자 입력 방식에 한글의 창제 원리가 활용되고 있음을 설명하고 있다. 빈칸에는 가획의 원리가 적용된 사례가 들어가야 한다. ④에서 한 번 누르면 기본자 'ㄱ'이 되고, 획을 더하듯 한 번 더 누르면 'ㅋ'이 되는 것은 가획의 원리가 적용된 것이다.
오답 풀이 ① 자음과 모음을 따로 구분했지만 이는 가획의 원리와 관련 없다.
② 네 번 눌러야 입력할 수 있는 'Z'는 영어의 문자 입력 방식이 불편함을 보여 준다.
③ 기본자 'ㅣ, ㆍ, ㅡ'를 바탕으로 모든 모음자를 표현할 수 있으나, 가획의 원리와는 관련이 없다.
⑤ 조음 위치가 다른 글자를 같은 자판에 배치한 것은 한글의 창제 원리를 활용한 것으로 볼 수 없다.

15 　　　　　　　　　　　　　답 ③

| 출제 연도 | 2015 수능 B형
| 배　　점 | 3점 ★★★☆☆
| 출제 의도 | 한글의 제자 원리와 우수성

〈보기 2〉의 '가'는 상형의 원리, '나'는 가획의 원리, '다'는 병서, '라'는 모음의 합성의 원리를 말한다. 학생 3의 의견에서 〈예사소리〉-〈거센소리〉-〈된소리〉를 만들 때 거센소리는 획을 추가한 '나. 가획의 원리', 된소리는 초성자를 나란히 쓴 '다. 병서의 원리'에 대한 것이다.
오답 풀이 ① 학생 1의 의견은 '가. 상형의 원리'에 대한 것이다.
② 학생 2의 의견은 '라. 모음의 합성의 원리'에 대한 것이다.
④ 학생 4의 의견은 '가. 상형의 원리'와 '나. 가획의 원리'에 대한 것이다.
⑤ 학생 5의 의견은 모아쓰기와 종성을 별도로 만들지 않고 초성을 다시 사용한 '종성부용초성'의 원리에 대한 것이다.

중학국어 독해를 제대로 시작하려면

생각 읽기가 독해다!

생각 읽기가 독해다!

생각독해 I

디딤돌

중학 국어 │ 시작편(I) │ 기본편(II, III) │ 심화편(IV, V)

수학은 개념이다!

디딤돌의 중학 수학 시리즈는
여러분의 수학 자신감을 높여 줍니다.

개념 이해
디딤돌수학 개념연산

다양한 이미지와 단계별 접근을 통해
개념이 쉽게 이해되는 교재

개념 적용
디딤돌수학 개념기본

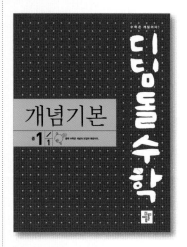

개념 이해, 개념 적용, 개념 완성으로
개념에 강해질 수 있는 교재

개념 응용
최상위수학 라이트

개념을 다양하게 응용하여
문제해결력을 키워주는 교재

개념 완성

디딤돌수학 개념연산과 개념기본은 동일한 학습 흐름으로 구성되어 있습니다.
연계 학습이 가능한 개념연산과 개념기본을 통해
중학 수학 개념을 완성할 수 있습니다.